Rüdiger Kaldewey / Franz Wendel Niehl

Christentum kompakt

Rüdiger Kaldewey • Franz W. Niehl

CHRISTENTUM KOMPAKT

Inhalte – Traditionen – Praxis

Kösel

Zum Umschlagbild
Gerhard Richter, Glasfenster im Querschiff des Kölner Doms (2007)

Verwirrend auf den Betrachter wirkt das Glasfenster, das Gerhard Richter 2007 für die südliche Front des Querhauses im Kölner Dom geschaffen hat. Es enttäuscht diejenigen Besucher, die biblische Motive, Heilige oder christliche Symbole erwarten. Stattdessen setzt sich die Glasfläche von ca. 106 Quadratmetern aus 11.263 Farbquadraten zu je 9,6 mal 9,6 Zentimetern zusammen, die nach dem Zufallsprinzip computergesteuert gemischt wurden.
Die Farben wurden aus den drei Grundfarben Rot, Gelb und Blau sowie aus der Farbe Grau entwickelt. So entstand eine rasterartige farbige Lichtfläche ohne Bildmotive, ohne Strukturen und ohne Spannungsfelder, die dem suchenden Blick Halt bieten könnten. Das Fenster ist nichts als ein Lichtphänomen, dessen Leuchtkraft und Lebendigkeit durch die Einstrahlung der Sonne und den Wechsel der Tages- und Jahreszeiten bewirkt werden.

Seit den Anfängen der gotischen Baukunst gelten die großen Fenster der Kathedralen als Einlass für das göttliche Licht und gewähren den Gläubigen Teilnahme an der göttlichen Welt des Lichts. Vielleicht eröffnet auch das Fenster von Gerhard Richter den heutigen Menschen einen Blick auf das Göttliche: Es wird nicht in vertrauten Bildern oder in dogmatischen Konturen erkannt, sondern in der Ambivalenz von Unerkennbarkeit und den tausendfachen Brechungen, in denen sein Licht in die Welt tritt.

FSC Mix
Produktgruppe aus vorbildlich bewirtschafteten Wäldern und anderen kontrollierten Herkünften
www.fsc.org Zert.-Nr. SGS-COC-001940
© 1996 Forest Stewardship Council

EOS Verlagsgruppe Random House FSC-DEU-0100
Das für dieses Buch verwendete FSC-zertifizierte Papier
EOS liefert Salzer Papier, St. Pölten, Austria.

Umschlag: Elisabeth Petersen, München
Umschlagmotiv: VISUM-Images, Foto: Christopher C. Franken
Druck und Bindung: GGP Media GmbH, Pößneck
Printed in Germany
ISBN 978-3-466-36867-9

www.koesel.de

Inhaltsverzeichnis

DRITTES KAPITEL:

Die Bibel 119

Vorwort

Sind Religionen gut oder schlecht? Tragen sie zum Frieden bei oder schüren sie Hass? – So fragen kritische Zeitgenossen und blicken dabei auf Konflikte, in denen religiöse Traditionen und Einstellungen eine Rolle spielen.

Anderes belastet Gläubige: Verschwindet Religion unter der Übermacht der Säkularisierung? Werden wir Zeitzeugen des „Todes Gottes"? Können sich christliche Wertüberzeugungen in der verwirrenden Vielstimmigkeit gesellschaftlicher Diskurse noch Gehör verschaffen?

Wer in einer Zeit aufgewachsen ist, in der persönliche Glaubensgewissheiten, kirchliche Lehre und verbreitete gesellschaftliche Überzeugungen weithin zusammenstimmten, erlebt heute, wie sich dieser Zusammenhang mehr und mehr auflöst. Veränderungen in Lebensgefühl und Weltsicht haben sich vollzogen, die als Glaubensverlust und Traditionsbruch erlebt werden.

In dieser unübersichtlichen Situation bietet *Christentum kompakt* Orientierung.

Christentum kompakt
richtet sich an Leserinnen und Leser,
- die ihr Wissen über Religionen – und vor allem über das Christentum – vertiefen und erweitern wollen,
- die sich fragen, welchen Stellenwert und welche Chancen Religionen in einer säkularisierten und globalisierten Welt haben,
- die jene Glaubensvorstellungen, die sie in ihrer Kindheit und Jugend erworben haben, mit ihrem heutigen Denken und mit ihrem heutigen Problembewusstsein in Einklang bringen möchten.

Christentum kompakt
spiegelt den grundlegenden Mentalitätswandel, der seit der Aufklärung des 18. Jahrhunderts den christlichen Glauben begleitet und ständig herausfordert. Vor diesem Problemhorizont entwirft dieses Buch Grundlagen für eine Spiritualität, die christliches Erbe mit aufgeklärtem Denken und heutigem Lebensgefühl zusammenführt.

Christentum kompakt
- fragt nach der Eigenart des Religiösen und zeigt, wie Religion eingebunden ist in das Beziehungsgefüge von Kultur und Gesellschaft,
- stellt dar, wie der christliche Glaube auf Herausforderungen der Geschichte reagiert und sich dabei verändert hat,
- beschreibt die Eigenart religiöser Sprache und leitet daraus ab, wie biblische und religiöse Texte zu interpretieren sind,
- erläutert auf dieser Grundlage die zentralen Themen des christlichen Glaubens,
- berücksichtigt die jüdischen Traditionen des Christentums und geht auf Berührungspunkte mit dem Islam ein,
- orientiert sich an den Methoden und Einsichten heutiger Theologie und bezieht daraus Anregungen für eine zeitgemäße Spiritualität.

Seine Ausrichtung verdankt *Christentum kompakt* nicht zuletzt der Berufstätigkeit der Verfasser: dem Unterricht im Gymnasium, der Arbeit in der Lehrer- und Erwachsenenbildung und als Autoren von Lehr- und Arbeitsbüchern. Auch die Grundfassung des vorliegenden Buches ist unter dem Titel „Grundwissen Religion" als Lehrbuch für den Religionsunterricht erschienen. Dessen didaktische Konzeption wurde beibehalten, weil sie Verständlichkeit und Transparenz fördert:

In den Einleitungskapiteln zu jedem Thema werden Lebensbezug und Problemhorizont ausgewiesen; eine grafische Übersicht veranschaulicht die gedankliche Struktur der einzelnen Kapitel. Fachbegriffe, die nicht immer geläufig sind, werden mit einem Asteriskus (*) gekennzeichnet und im Anhang erläutert. Durch Unterlegung werden zentrale Inhalte hervorgehoben. Gelegentliche Wiederholungen wurden bewusst in Kauf genommen, damit jeder Artikel aus sich heraus verständlich ist. Artikel, die sich mit dem Bewusstseinswandel seit der Aufklärung befassen, haben in allen Kapiteln eine zentrale Bedeutung. Denn auch religiöse Fragen werden heute weithin aus einem säkularisierten Bewusstsein heraus gestellt.

Ein Gegengewicht zu den gedanklichen Passagen des Buches bilden die eingestreuten Bilder, Texte und Lieder. Sie sprechen Anschauung und Fantasie an und sollen „Ruhezonen" für Auge und Geist sein. Sie spiegeln aber auch den Gedankenreichtum abendländischer Philosophie und Theologie, sie weisen auf den Schatz christlicher Kunst hin und zeigen an wenigen Beispielen, wie die Vergangenheit in der Kunst der Gegenwart weiterlebt.

Für die Hilfe bei der Durchsicht des Manuskripts danken wir Frau Hedy Niehl, für Anregungen zum Judentum und zum Islam danken wir Herrn Prof. Dr. Heinz-Günther Schöttler und Herrn Dr. Hermann-Josef Müller. Unser besonderer Dank gilt Frau Claudia Lueg und Herrn Winfried Nonhoff vom Kösel-Verlag für die engagierte Förderung unserer Arbeit.

Saarbrücken/Trier, September 2009
Rüdiger Kaldewey/Franz W. Niehl

ERSTES KAPITEL

Religion

Orientierung

1.1 Welche Rolle spielen Religionen?

1.2 Was sind Religionen?

1.3 Dreizehn Dimensionen der Religion

1.4 Funktionen der Religion

Vertiefung

1.5 Kann man „Religion“ lernen?

1.6 Die Sprache der Religion

1.7 Mythos

Probleme

1.8 Rechtfertigung und Kritik der Religion

1.9 Religion und Naturwissenschaft

Ausblick und Dialog

1.10 Säkularisierung und Zukunft der Religion

1.11 Wann ist eine Religion gut?

1.12 Stichwörter zum Islam

1.13 Christen und Juden

1.1. Welche Rolle spielen Religionen?

Sind Religionen gut oder schlecht? – Tragen sie zum Frieden bei oder schüren sie Hass? – Braucht man eine Religion, um ein guter Mensch zu werden, oder kann man auch ohne Religion ein wertvolles Leben führen? – Antworten auf derartige Fragen fallen aus mehreren Gründen nicht leicht:

Pluralismus der Religionen

- Religionen gibt es nur im Plural. Alle heutigen Weltreligionen sind stark zerklüftet in unterschiedliche Glaubensrichtungen, Traditionen und Gruppierungen. Es gibt Christentümer, Islamismen, Judentümer, Buddhismen und vieles mehr. – Wie könnte es da gelingen, eine Religion zutreffend zu beurteilen?

Innensicht und Außensicht

- Wenn man Eigenart und Wirkung einer Religion verstehen will, ist es entscheidend, ob man sie *von innen oder von außen betrachtet:* Wer in einer Religionsgemeinschaft aufgewachsen ist, wird seine Religion naturgemäß anders beurteilen als derjenige, der keine erlebnismäßige Bindung an diese Religion hat. Dieser grundlegende Unterschied wird in den deutschsprachigen Ländern auf zwei Ebenen wirksam:
- Es gibt Christen, die sich in kirchlichen Gemeinschaften engagieren, die also ihre Religionsgemeinschaft von innen erleben. Was ihnen selbstverständlich und einleuchtend an ihrer Religion vorkommt, erscheint Außenstehenden vielleicht merkwürdig oder sogar unverständlich. Denn es gibt andere Christen, die nur selten Kontakt zur Kirche haben (etwa bei Taufen, Hochzeiten oder Beerdigungen), und vor allem gibt es Menschen, die religiös indifferent sind oder keiner Religionsgemeinschaft angehören.
- Noch deutlicher wirkt sich der Unterschied zwischen Innen und Außen im Verhältnis zwischen der christlich geprägten Mehrheitsgesellschaft und religiösen Minderheiten aus. Was Juden oder Muslime, was Buddhisten oder Hindus für heilig halten und wie ihre Religion ihr Leben und Denken formt, bleibt Christen naturgemäß fremd und teilweise unbegreiflich.

Begegnungen und Konflikte

Trotz dieser unüberwindbaren Fremdheit ist es notwendig, sich um ein angemessenes Verständnis der eigenen Religion und der fremden Religionen zu bemühen. Denn durch Migration und Globalisierung rücken die Kulturen der Welt enger zusammen, und es kommt häufiger zu Begegnungen und auch zu Konflikten, die eine religiöse Dimension haben:

Politische Ebene

- Auf politischer Ebene gibt es immer wieder Konflikte, bei denen auch religiöse Traditionen und Denkformen eine Rolle spielen (z.B. Streit zwischen der chinesischen Regierung und den Buddhisten in Tibet, Palästinakonflikt, Anschläge hinduistischer Gruppen auf Muslime in Indien, Streit zwischen Christen und Muslimen in Nigeria usw.). Und in vielen Staaten werden religiöse Minderheiten benachteiligt oder gar verfolgt.

Gesellschaftliche und kulturelle Ebene

- Auf gesellschaftlicher und kultureller Ebene treten Religionen vielfältig in Erscheinung. Kaum abzuschätzen ist die Leistung der Kirchen auf karitativem Gebiet. Und nahezu alle Felder der Kultur sind in Europa stark geprägt durch christliche bzw. kirchliche Einflüsse: Architektur, Musik, Malerei; Wirkung der Bibel auf Sprache und Literatur, ethisches Bewusstsein usw.
- Seit einiger Zeit stellt sich darüber hinaus die Frage, welche Entfaltungsmöglichkeiten nicht-christliche Religionen (vor allem der Islam) in den deutschsprachigen Ländern haben sollen. Zur Debatte stehen etwa der Bau von Moscheen, islamischer Religionsunterricht, Lehrstühle für Islamkunde an Universitäten usw. (→ 1.12).

Persönliche Ebene

- Auf persönlicher Ebene ist Religion oft Gegenstand lebensprägender Entscheidungen oder auch tief greifender Konflikte. – Beispielsweise: Welche Rolle soll und kann der christliche Glaube in der Gestaltung des eigenen Lebens spielen? Welche Konflikte ergeben sich, wenn ein Christ und eine Muslimin sich ineinander verlieben und heiraten wollen? Welche Wertvorstellungen prallen da aufeinander und welche Lösungen sind möglich?

1.2 Was sind Religionen?

Hermeneutische Grenzen

Religionen beginnen dort, wo das Nützliche und Erklärbare an Grenzen stößt. Wie Kunst, Musik und Literatur eröffnen sie einen kulturellen Raum jenseits der Nützlichkeit. – Was Religionen sind, lässt sich nicht objektiv beschreiben. Zwei Faktoren machen das unmöglich:

- Das Erkenntnisinteresse und das Vorverständnis lenken die Auffassung von Religion. Jeder hat ja für sich eine Einstellung zur Religion erworben und jeder gehört einem Kulturkreis an, der bestimmte Wahrnehmungs- und Deutungsmuster ausgebildet hat. Diese Vorprägungen wirken sich aus auf die Wahrnehmung und die Beurteilung von Religionen.
- Die Religionen selbst sind keine stabilen Größen; vielmehr sind sie eingebunden in die Entwicklung der Gesellschaft im Ganzen, und als solche unterliegen sie fortwährend geschichtlichen Veränderungen.

Arbeitsdefinition: Religionen als kulturelle Zeichensysteme

Unter diesen Voraussetzungen kann vielleicht eine recht allgemeine Arbeitsdefinition weiterhelfen:

> *Religionen sind kulturelle Zeichensysteme*, die in Wechselbeziehung stehen zu anderen Zeichensystemen der Kultur (z.B. Politik, Familie, Bildungssystem, Arbeitswelt, Musik, Unterhaltungswesen).
>
> *Religionen haben soziale, materielle und geistige Grundlagen.* Im Unterschied zu anderen Zeichensystemen erheben Religionen aber den Anspruch, dass sie Orientierung für alle Bereiche der Kultur anbieten. Denn Religionen weisen den Menschen einen Platz in einer übergreifenden Ordnung zu.

Ziele der Religionen

Im Wesentlichen streben Religionen dabei zwei Ziele an:

- Abwehr von Unheil oder Unglück,
- Förderung des Heils oder des Wohlergehens der Gläubigen.

Mittel und Wege

Religionen haben vielfältige Mittel und Wege gefunden, um diese Ziele zu erreichen:

- *Anrufung übernatürlicher Mächte*

Gott; Götter; Heilige; Geister. – Beschwörung; Zauber; Opfer; Gebet.

- *Studium der Heiligen Bücher*

Bibel; Koran* und Hadith*; Veden*; Sutren* ...

- *Verinnerlichung der Heilslehre*

Vorbereitung auf Initiationsriten* oder Sakramentenempfang; Glaubensbekenntnis; Predigt und Unterweisung ...

- *Riten, Gebete und Wallfahrten*

Gottesdienste; Beten in der Moschee; Wallfahrt nach Mekka; Jakobsweg; Weltjugendtreffen ...

- *Einübung eines religiösen Lebensstils und entsprechender Normen*

Eucharistiefeier; Abendmahl; Zehn Gebote; Nächstenliebe; Bergpredigt; der achtteilige Pfad im Buddhismus; die fünf Säulen des Islams ...

- *Religiöse Formung und Selbsterziehung*

Meditation; Exerzitien; Besinnungstage; Aufenthalt in Klöstern ...

An diesem Überblick lassen sich schon zwei grundsätzlich verschiedene Ausprägungen von Religionen erkennen. Es gibt nämlich Religionen, die das Heil in erster Linie *von der Verehrung jenseitiger Mächte* erwarten. Andere Religionen wollen vor allem *die rechte Einstellung zum Leben* lehren und eine entsprechende Lebensführung fördern.

Supranaturales und anthropozentrisches Religionsverständnis

Diese polaren Möglichkeiten drücken zwei – durchaus gegensätzliche – Definitionen von Religion aus:

> Für Helmuth von Glasenapp (1891 – 1963) ist Religion *der Glaube an das Dasein übernatürlicher persönlicher oder unpersönlicher Mächte, von denen sich der Mensch abhängig fühlt, die er für sich zu gewinnen sucht oder zu denen er sich zu erheben trachtet.* – Eine derartige Vorstellung von Religion bezeichnet man als *supranaturales* Religionsverständnis.*

Ihm steht ein *anthropozentrisches* Religionsverständnis* gegenüber. Es geht davon aus, dass Religion eine Vorstellung von der Würde der Menschen entwirft und aufzeigt, worauf es im Leben ankommt. Unter diesem Vorzeichen schreibt PAUL TILLICH (1886 – 1965): *Religion ist im weitesten und tiefsten Sinne des Wortes das, was uns unbedingt angeht.*

Die Unterscheidung zwischen supranatural und anthropozentrisch angelegten Religionen erweist sich als hilfreich, wenn man Religionen charakterisieren will:

Der Konfuzianismus* – eine weitgehend anthropozentrische Religion – unterscheidet sich stark vom Islam, bei dem die Verehrung Allahs im Zentrum steht. Aber auch innerhalb der christlichen Konfessionen gibt es eindeutig supranatural und eher anthropozentrisch ausgerichtete Glaubensrichtungen.

Gemeinsam ist diesen unterschiedlichen Ausprägungen der Religionen vielleicht, dass in ihnen das „ganz Andere" der Wirklichkeit aufscheint, jener schwer zu benennende Grund des menschlichen Daseins, ja der Wirklichkeit insgesamt: das Göttliche, der Weg, das Heilige, Bilder der Erlösung. Daher wehren Religionen auch Oberflächlichkeit und gedankenlose Anpassung ab. Sie ermutigen zur Distanz, ja zu Widerspruch und Widerstand. Sie öffnen das Leben für die Tiefe, für seinen inneren Wert, und widersprechen den Moden des Zeitgeists.

1.3 Dreizehn Dimensionen der Religion

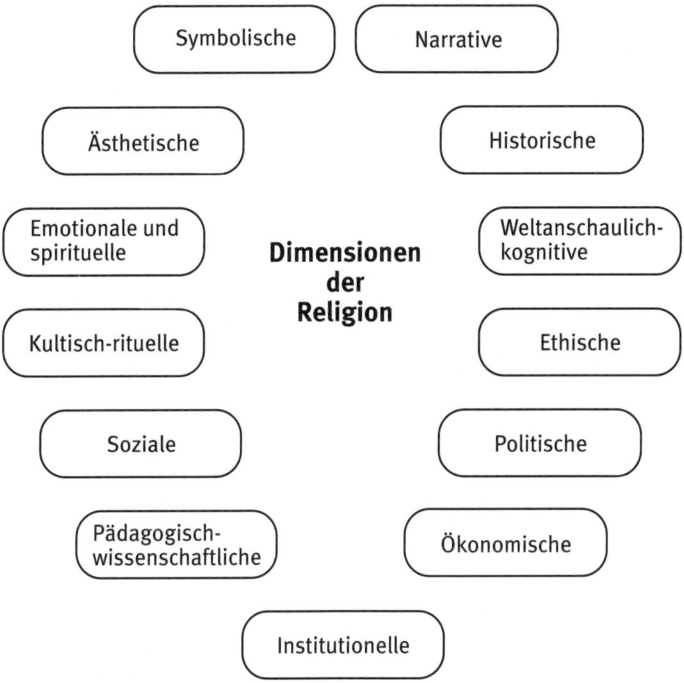

Religionen kann man verstehen als Zeichensysteme, die sich im Dialog mit anderen Zeichensystemen der Kultur herausbilden und entfalten. Religionen sind Vielfalt; es ist unmöglich, ihnen begrifflich gerecht zu werden. Deshalb werden hier dreizehn Dimensionen benannt; sie verdeutlichen am Beispiel des Christentums, wie vielschichtig Religion in die europäische Kultur eingebunden ist:

Narrative Dimension. – Erzähltraditionen, die identitätsstiftend wirken: Bibel, Legenden, geistliches Erzählgut, Erbauungsliteratur; religiöse Romane und Filme.

Historische Dimension. – Geschichtliches Erbe, auch Erinnerung an historische Krisen und Konflikte: Entstehungszeit, Kämpfe zwischen Orthodoxie und Heterodoxie; Zeiten der Verfolgung; Kreuzzüge; Reformation; Hexenverbrennung; Heilige und prägende Persönlichkeiten; regionale und familiäre Überlieferungen.

Weltanschaulich-kognitive Dimension. – Begrifflich-systematische Darstellungen der religiösen Weltsicht und der Glaubensinhalte: Glaubensbekenntnisse und Kurzformeln des Glaubens; Katechismen, Lehrschreiben und Dogmen; Theologien.

Ethische Dimension. – Gebote, Normen, Werte und Tugenden.

Politische Dimension. – Impulse für die Gestaltung der Gesellschaft; Kampf für eigene politische Interessen und Ziele; Beiträge zur Meinungsbildung; Denkschriften, Stellungnahmen und Aktionen.

Ökonomische Dimension. – Geld und Besitz: Spenden, Kirchensteuer und Zuschüsse; Vermögen und Grundbesitz; Bezahlung der Mitarbeiterinnen und Mitarbeiter.

Institutionelle Dimension. – Kirchliche Einrichtungen und Verwaltungen; Klerus und Ämter; Kirchenrecht; kirchliche Schulen, Kindergärten, Krankenhäuser, Telefonseelsorge u.v.a.

Pädagogisch-wissenschaftliche Dimension. – Katechese und Religionsunterricht, Akademien, Medienarbeit; theologische Hochschulen und Fakultäten.

Soziale Dimension. – Gemeinschaften und Zusammenschlüsse: z.B. Gemeinden, Klöster, Orden; kirchliche Vereine, Bibelkreise, Weltjugendtreffen, Kirchenchöre und Messdienergruppen.

Kultisch-rituelle Dimension. – Gottesdienste, Sakramente, Riten; Feste und Brauchtum, Prozessionen, Wallfahrten.

Emotionale und spirituelle Dimension. – Lebensgefühl, Atmosphäre christlicher Gemeinschaften, seelische Beheimatung, geistliche Formung; Rhythmus und Feste des Kirchenjahres.

Ästhetische Dimension. – Architektur (Kirchen, Kapellen, Klöster), Bilder, Musik (Lieder, Messen und Orgelwerke), religiöse Gedichte, Gesänge und Gebete; kirchliche Museen.

Symbolische Dimension. – Symbole und ikonografische* Traditionen, z.B. Kreuz, Madonna; Gottes- und Christusbilder; Himmel und Hölle, Engel, Teufel; Paradies, Arche Noah usw.; Kreuzweg, Kreuzigung, Pietà; Pfingsten/Heiliger Geist.

Zwischen den verschiedenen Dimensionen gibt es Überschneidungen; und natürlich sind die Stichwörter zu den einzelnen Dimensionen keineswegs vollständig.

1.4 Funktionen der Religion

Die Frage, welche Leistungen Religionen erbringen, hat schon in dem Religionsverständnis, das diesem Buch zugrunde liegt (→ 1.2), eine erste Antwort gefunden: Religionen haben das Ziel,

- Heil und Wohlergehen der Gläubigen zu fördern,
- Unheil und Unglück von ihnen abzuwehren.

Die Religionswissenschaften haben die Auswirkungen der Religion genauer untersucht und benennen weitere Funktionen, die sie zwei Gesichtspunkten zuordnen. Sie fragen, welche Leistungen die Religionen für den Einzelnen (*psychische Funktion*) und welche sie für die Gesellschaft (*soziale Funktion*) erbringen.

Psychische Funktionen
1. Weltdeutung

Auf der *kognitiven* Ebene bietet Religion den Gläubigen eine umfassende *Weltdeutung* an und teilt ihnen einen *Ort in der Welt und der Geschichte* zu. Trotz des Verlustes umfassender Weltbilder im Verlauf der Moderne hält Religion in ihren Schöpfungs-, Erlösungs- und Endzeitmythen den Glauben an eine verborgene Ordnung der Dinge aufrecht. Deshalb ist der Beistand der Religion auch besonders gefragt, wenn bei der Bewältigung von Lebenskrisen unser Wissen versagt und wir nach anderen Quellen der Tröstung suchen.

2. Gefühl der Geborgenheit

Dem entspricht, dass Religion *emotional* das Gefühl der *Geborgenheit in der Welt* vermittelt und das Vertrauen stärkt, dass am Ende sich doch alles zum Guten wenden könnte. Sie bietet Trost und Deutungshilfen gerade in Grenzsituationen, wo dieses Vertrauen bedroht und erschüttert wird: im Umgang mit Angst, Trauer, Schuld und Versagen. In solch prekären Lebensphasen stärkt sie die Menschen und versucht, sie vor der Gefahr eines emotionalen Zusammenbruchs zu bewahren.

3. Stabilisierende Verhaltensmuster

Schließlich bietet die Religion *pragmatisch* ein Repertoire von *Verhaltensmustern* an, das dem Handeln eine Richtung gibt und dadurch menschliches Verhalten stabilisiert.

Dieser Aufgabe dienen die Normen, Werte und Lebensformen, deren Beachtung eine Religion von ihren Anhängern erwartet. Den Christen begegnen sie z.B. im Dekalog*, in der Bergpredigt*, im Vorbild der Heiligen oder maßgebender religiöser Persönlichkeiten.

Soziale Funktionen

1. Leitbilder entwerfen

Eine soziale Funktion im engeren Sinne nehmen Religionen wahr, wenn sie *Leitbilder für eine Gesellschaft* formulieren, die dem Willen Gottes entspricht. Dabei wird in der Regel vorausgesetzt, dass eine solche Gesellschaft auch der Bestimmung der Menschen und ihrer wahren Bedürfnisse dient. Religionen begnügen sich nicht damit, solche Leitbilder nur zu predigen, sondern werden diese auch, wenn ihr Einfluss es zulässt, durchsetzen wollen. Prophetische Religionen, die den Zukunftstraum von einer besseren Welt in sich tragen, haben immer wieder Propheten und Heilige hervorgebracht, die als Kritiker des Bestehenden Sand in das Getriebe gesellschaftlicher Routine gestreut haben.

2. Sozialisierende Funktion

Zugleich hilft die Religion, durch Erziehung, Unterricht und religiöse Unterweisung die geltenden Werte und Normen in den Einzelnen so zu verinnerlichen, dass sie in ihrer Gesellschaft leben können. Dies nennt man die *sozialisierende Funktion* der Religion. Durch „rites de passage“, Übergangsriten, markiert sie den Übergang in neue Lebensphasen und unterstützt das Bemühen, in diese hineinzufinden. Typische „rites de passage“ sind im katholischen Raum die Erstkommunion, die Sakramente der Firmung, der Ehe und der Priesterweihe, im evangelischen Raum vor allem die Konfirmation. Dazu gehören aber auch die zahlreichen Feiern und Gottesdienste, die Beginn und Abschluss der Schule oder der Berufsausbildung begleiten.

3. Konfliktregulierende Funktion

Die *konfliktregulierende Funktion* zwischen Gruppen und Klassen überschreitet die sozialisierende Funktion. Religion wirkt auf die Gesellschaft im Ganzen ein. Diese besteht aus Gruppen, die sich durch Bildungsniveau, ökonomische Position und Schichtenzugehörigkeit unterscheiden und in Konkurrenz zueinander stehen. Religion kann durch Betonung gemeinsamer Werte Brücken schlagen und Konflikte entschärfen. Sie kann Gruppen wie in der Parabel vom Leib und den Gliedern (1 Kor 12,12-31) ihren Platz in der Gesellschaft zuweisen und Menschen in ihrer Position bestätigen. – Die Kirchen haben im Laufe ihrer Geschichte immer wieder Vorstellungen einer gerechten Gesellschaft entworfen und dadurch versucht, soziale Konflikte zu entschärfen. Sie haben aber auch zu Widerstand und Protest gegen ungerecht empfundene Verhältnisse aufgerufen.

Ambivalenz der Religion

Wer über die Funktionen von Religion nachdenkt, muss neben den positiven Wirkungen die unerwünschten Nebenwirkungen mitbedenken. Denn Religionen sind keine Wohlfühlenklaven in einer zerstrittenen Welt. Ihren integrativen Leistungen stehen typische Konflikte und Krisen gegenüber, die sie selbst hervorbringen:

Gefahr: Religion als radikale Forderung und Entfremdung

Religionen stellen Ansprüche an ihre Mitglieder. Sie entwickeln Vorstellungen darüber, wie Leben sein soll, und fordern deswegen auch Gehorsam und Verzicht, die Selbsthingabe und sogar das Martyrium einschließen können. Auch eine religiöse Erziehung führt nicht immer zur Entwicklung einer ichstarken Persönlichkeit. Sie kann unterdrückend und entfremdend wirken, Angst auslösen und Reifungsprozesse verhindern.

Die dunkle Seite der Religionen

Traditionalismus

Weil Religionen in der Tradition gründen und dort ihre normativen Leitbilder finden, tun sie sich häufig schwer mit der Gegenwart. *Sie neigen dazu, an alten Zeiten und überlebten Institutionen festzuhalten*; deshalb werden sie oft als Hemmnisse auf dem Weg in eine bessere Zukunft erfahren.

Gewalt im Namen der Religion

Vor allem aber gibt es den begründeten Verdacht, dass von Religionen Gewalt und Unterdrückung ausgehen. *Im Namen*

Gottes und im Namen der Wahrheit wurden und werden Religionskriege geführt; Andersgläubige werden verfolgt, vertrieben und ermordet. Unermessliches Leid hat religiöser Fanatismus schon über Millionen von Menschen gebracht.

1.5 Kann man „Religion" lernen?

Viele Leute sagen, dass sie an Gott glauben und religiös sind; andere sagen von sich, sie seien ungläubig und keineswegs religiös. Wie kommt das? – Gibt es Männer und Frauen, die für Religion begabt sind? Und andere, die „religiös unmusikalisch" sind? Kann man Religion überhaupt lernen? Wahrscheinlich ist es so: Welche religiösen Vorstellungen und Überzeugungen Menschen haben, welche Riten sie befolgen und welche Gebete sie sprechen, hängt weitgehend ab von den kulturellen, den sozialen und den seelischen Bedingungen, unter denen sie aufwachsen und leben.

Genauer betrachtet wirken drei Faktoren zusammen, wenn sich die persönlichen religiösen Verhaltensweisen und Überzeugungen entwickeln:

Faktoren religiöser Formung

- *Soziokulturelle Faktoren.* – Hierzu gehören: Familie, Milieu, Freundeskreis, Schule, Gemeinde, Kultur.
- *Innerseelische Faktoren.* – Hierzu gehören: geistige und seelische Entwicklung in Kindheit und Jugend, Ausbildung der eigenen Identität, religiöses Frageinteresse.
- *Biografische Faktoren.* – Hierzu gehören: Begegnungen, Freundschaft, Liebe und Partnerschaft, Konflikte und Krisen, Wechsel des Wohnorts oder des sozialen Milieus, Lebenswenden.

Sozialgeschichtliche Zusammenhänge

Diese verschiedenen Faktoren, die bei der Bildung einer religiösen Identität zusammenwirken, haben sich im Lauf der Sozialgeschichte erheblich verschoben.

Religion in archaischen und traditionalen Gesellschaften

Grob vereinfacht kann man sagen, dass in archaischen und traditionalen Gesellschaften Religion nicht eigens gelernt wird. Vielmehr wachsen Kinder in die Religion hinein. *In frühen Kulturen ist nämlich das Leben im Ganzen religiös geprägt.* Kultische Tänze und Gesänge, Beschwörungen und Ekstasen, (Tier-)Opfer und rituelles Fasten begleiten viele Stationen des Lebens. Geburt, Liebe und Tod, Saat und Ernte, Jagd und Krieg sind eingebettet in ein religiös geformtes Weltverhältnis. Die Menschen jener frühen Kulturen wissen sich umgeben von Göttern und Dämonen, die ihr Leben bestimmen und die sie für sich zu gewinnen suchen.

Segmentierung und Säkularisierung in der Neuzeit

Im Laufe der geschichtlichen Veränderungen kommt es nun zu Prozessen der Differenzierung, die sich in der Neuzeit beschleunigen und verschärfen (→ 1.9). Dabei geht die ursprüngliche Einheit von Gesellschaft, Religion und Kultur schrittweise verloren. *Durch die fortschreitende Arbeitsteilung entstehen in Europa stark segmentierte Gesellschaften.* Das heißt: Es entwickeln sich relativ eigenständige Teilbereiche der Gesellschaft, die stabile Institutionen ausbilden (z.B. Industrie und Banken, Gesundheits- und Bildungswesen, Medien und Unterhaltungsindustrie, staatliche Verwaltungen). *Im Zuge dieser Entwicklung werden auch Religion und Kirchen zu einem sozialen Teilsystem.* Dadurch kommt es zu einer doppelten Bewegung: zur Säkularisierung der Gesellschaft und zur Verkirchlichung der Religion. Vereinfacht gesagt: Religion wandert aus vielen Bereichen der Gesellschaft aus und etabliert sich in den Kirchen. Die Kirchen nehmen nämlich an den Segmentierungsprozessen der Neuzeit teil und gewinnen dabei auch an institutioneller Stärke (Priesterausbildung, Pfarreien und zentrale kirchliche Verwaltungen, Kirchensteuer, kulturelle und soziale Einrichtungen, kirchliche Vereine etc.).
Durch diese Prozesse geht die integrierende Funktion der Religion zurück, und von nun an muss der christliche Glaube – institutionell gesichert – gelernt werden. Der Hebel dafür ist die Professionalisierung des kirchlichen Personals. An theologischen Lehranstalten werden Priester und später Religionslehrerinnen und

Religionslehrer ausgebildet und für die religiöse Erziehung der Kinder und Jugendlichen geschult. Besonders im 19. Jahrhundert bilden sich unter diesen Vorzeichen in den deutschsprachigen Ländern starke Volkskirchen heraus, die großen Einfluss auf das Familienleben, das Bildungswesen und die religiöse Erziehung der Kinder ausüben.

Religion in der Postmoderne

Im 20. Jahrhundert kommt es erneut zu weitreichenden sozialen und geistigen Verschiebungen. Im Zuge der Demokratisierung wachsen die Freiheitsrechte des einzelnen Bürgers. Beruf, Lebensform und Religion können relativ frei gewählt werden. *Auf sozialer Ebene bildet sich eine „offene Gesellschaft“ heraus, in der immer wieder neu ausgehandelt werden muss, nach welchen Grundsätzen Menschen leben möchten.* Diese Grundströmung wird verstärkt durch die höhere Mobilität, durch die Globalisierung und den Einfluss der Medien. – Diese Entwicklungen führen auch zu einer Individualisierung des Glaubens (Jeder glaubt, was er selbst für richtig hält.) und spiegelbildlich zu einer Pluralisierung der Denk- und Lebensmuster. Es entwickelt sich ein „Markt der Möglichkeiten“, auf dem jeder aus einer Vielfalt von religiösen und weltanschaulichen Positionen wählen kann. Derartige Entwicklungen werfen eine Fülle von Fragen auf:

Offene Fragen

- Wie zufrieden werden Menschen, die in dieser unübersichtlichen Situation aufwachsen?
- Wie leicht – oder wie schwer – fällt es, unter den Bedingungen der Postmoderne einen Lebensstil zu finden, der zu einem passt?
- Wie kann der Zusammenhalt einer Gesellschaft gewahrt werden, in der alle so leben, wie es ihnen am besten scheint?
- Wie können die Einzelnen eine so stabile Identität entwickeln, dass sie innerlich frei sind und autonom handeln?
- Welche Rolle können Familien dann bei der religiösen Erziehung der Kinder und Jugendlichen spielen?
- Welche Aufgaben und welche Chancen haben die Schule und der Religionsunterricht?
- Wie verändert sich die Rolle der Kirchen in einer offenen Gesellschaft?

Der wahre Weg

Dschau-dschou fragte seinen Lehrer Nan-tjüan:

„Was ist der wahre Weg?"

Nan-tjüan erwiderte:

„Der alltägliche Weg ist der wahre Weg."

Wiederum fragte Dschau-dschou:

„Kann man den Weg erlernen?"

Nan-tjüan sagte:

„Je mehr du lernst, desto weiter kommst du vom Weg ab."

Darauf fragte Dschau-dschou:

„Wenn man dem Weg nicht durch Lernen näherkommen kann, wie kann man ihn erkennen?"

Nan-tjüan sprach:

„Der Weg ist kein sichtbares Ding,
er ist auch kein unsichtbares Ding.
Er ist nichts Erkennbares und nichts Unerkennbares.
Suche ihn nicht, lerne ihn nicht!
Sei weit und offen wie der Himmel,
und du bist auf dem Weg!"

1.6 Die Sprache der Religion

→ 3.10; → 4.10; → 5.4

Religionen müssen ein Problem lösen: Wie können sie ihre Gläubigen auf eine Wirklichkeit aufmerksam machen, die jenseits des Erklärbaren und Nützlichen liegt? Wer sich hier umsieht, begegnet zunächst der Welt der Symbole und Riten. Und er stößt auf die Grundfrage religiöser Sprache. Sie lautet: Wie lässt sich das Unsagbare sagen?

Versucht man, die religiöse Sprache zu analysieren, so lassen sich drei Ebenen unterscheiden:

Die drei Ebenen der religiösen Sprache

- *Die Ebene der Wörter,*
  z.B. Gott, Christus, Erlösung, Gnade.
- *Die Ebene der Stilmittel und Sätze,*
  z.B. Metapher, Paradoxon*, absoluter Komparativ*.
- *Die Ebene der Texte,*
  z.B. Mythos, Gleichnis, Wundererzählung, Psalm, Glaubensbekenntnis.

Was kann, was soll die religiöse Sprache leisten?

Die religiöse Sprache erfüllt mehrere Aufgaben:

- *Verständigung ermöglichen*

Wie jede Sondersprache sichert sie die Kommunikation in einer Teilgruppe der Gesellschaft. Das heißt: die religiöse Sprache ermöglicht es den Gläubigen, sich über die Vorstellungswelt ihres Glaubens zu verständigen.

- *Identifikationsmöglichkeiten anbieten*

Wie Literatur und Rhetorik will die religiöse Sprache zur Identifikation einladen. Vor allem die Erzählwelt des Glaubens (Mythen, Gleichnisse, Lehrerzählungen, Passionsgeschichte usw.) will erreichen, dass die Hörer oder Leser nachdenklich werden und vielleicht sogar ihr Leben ändern.

- *Wirklichkeit erweitern*
Nicht zuletzt will die religiöse Sprache Wirklichkeit erweitern. Das Paradoxon *Wer sein Leben bewahren will, wird es verlieren,* nötigt dazu, darüber nachzudenken, was man üblicherweise unter „Leben“ versteht und was „Leben“ sein könnte.

An zwei Beispielen soll die Leistungsfähigkeit der religiösen Sprache nun genauer dargestellt werden: an der Metapher und an der Erzählform des Mythos (→ 1.7).

Bauform und Leistung der Metapher

Betrachten wir die Metapher *In einem guten Wort ist für drei Winter Wärme.* – Was geschieht hier?

Zwei Sachbereiche, die eigentlich nichts miteinander zu tun haben, werden verknüpft (hier: Sprache und Heizvorrat).

Dabei wird *ein gutes Wort* zum Bildnehmer und *drei Winter Wärme* zum Bildgeber, d.h. der zweite Teil der Metapher erhellt den ersten. Die Bedeutungsfelder des Bildnehmers und des Bildgebers strahlen aufeinander aus: Wärme wird hineingetragen in die Bedeutung von *gutes Wort*; und *Winter* erhält die Bedeutungsschicht dunkle, kalte Zeit des Lebens.

Es entsteht also durch die Metapher ein neuer Sinn, der so in der Logik der beiden Sachbereiche nicht angelegt ist.

Durch die Metapher geraten unsere Vorstellungen in Bewegung; die Dinge werden auf einmal mehr und anderes, als sie zu sein scheinen. Deshalb können Metaphern die Grenzen des Sagbaren erweitern und auf eine Wirklichkeit aufmerksam machen, die jenseits der vordergründigen Realität liegt.

Dazu ein Beispiel: *Gott ist der Horizont meines Lebens* (nach Otto Hermann Pesch). – *Horizont* erweist sich hier als vielschichtiger Bildgeber (der Horizont wandert immer mit, der Horizont ist enger oder weiter, der Horizont ändert sich im Laufe des Lebens, der Horizont ist auch da, wenn ich ihn nicht sehe, der Horizont ist eine Grenze und zugleich unbegrenzt ...).

Die Metapher kann daher einen Suchprozess auslösen, in dem zweierlei geschieht: Der Leser kann meditierend entdecken, was für ihn *Horizont des Lebens* bedeutet, und er kann von dieser Selbsterkenntnis her seine Vorstellung von Gott überprüfen und erweitern, vielleicht sogar korrigieren. – So schickt die Metapher uns auf die Suche. Sie beschreibt die Welt nicht, sondern sie weitet unsere Welt.

Und deshalb ist die Bibel auch reich an Metaphern: *Bin ich der Hüter meines Bruders?* GEN 4,9b – *Der Herr ist mein Hirt.* PS 23,1 – *Zu dir rufe ich, Herr, mein Fels.* PS 28,1 – *Eine Lilie unter Disteln ist meine Freundin unter den Mädchen.* HLD 2,2 – *Steck mich wie einen Siegelring an deine Hand … Stark wie der Tod ist die Liebe … Auch mächtige Fluten können die Liebe nicht löschen.* HLD 8,6.7 gek. – *Ihr seid das Licht der Welt.* MT 5,14 – *Weh euch, ihr blinden Führer!* MT 23,16.

1.7 Mythos

Wortbedeutung

Das Wort *Mythos* ist ein schillernder Begriff. Im Griechischen bedeutet es ursprünglich *Rede, Erzählung*. Im Lauf der Kulturgeschichte *hat sich der Bedeutungsumfang beträchtlich erweitert*, und heute lassen sich zumindest drei Bedeutungen unterscheiden:

Götter- und Ursprungssagen

- Im engeren Sinn nennt man *Götter- und Ursprungssagen* Mythen. Hierher gehören Schöpfungsmythen, Erzählungen von Göttererscheinungen (Theophanien) oder von Kämpfen zwischen Göttern.

Fundierende Erzählungen

- Im Blick auf ihre Funktion kann man Mythen als *fundierende Erzählungen* bezeichnen. Also als Geschichten, mit denen politische oder religiöse Gemeinschaften ihre Identität begründen. Die Frage *Wer sind wir und was unterscheidet uns von anderen?* wird häufig mit mythischen Erzählungen beantwortet. – Derartige Funktionen erfüllen etwa die Exoduserzählung, Christuserzählungen der Evangelien, Geschichten von LUTHER und der Reformation, aber auch geschichtliche Ereignisse, die mythischen Charakter gewonnen haben, wie die Französische Revolution, der Holocaust, Hiroshima, der 11. September 2001 usw.

- Im erweiterten Gebrauch wird der Begriff Mythos zur Bezeichnung für Ereignisse, Personen und Gegenstände, die einen hohen symbolischen Wert besitzen. So spricht man vom Faust-Mythos, aber auch vom Mythos Olympia, vom Mythos Fortschritt, vom Papst-Mythos oder vom Mythos Harley-Davidson.

Ereignisse, Personen und Gegenstände mit hohem symbolischen Wert

Umstritten ist die Frage, wie Mythen in der religiösen Tradition zu beurteilen sind. Seit dem 5. Jahrhundert v.Chr. stehen sich zwei Positionen gegenüber:

Kritik am Mythos

Kritisch-aufklärerische Traditionen. – Sie behaupten: Mythen sind nicht wahr. Als erfundene Erzählungen führen sie sogar zu unsinnigen Vorstellungen und zu Scheinproblemen. – Oft wird diese Position verknüpft mit dem Vorwurf, Mythen dienten dem Interesse der Priesterschaft oder der politischen Machthaber. Sie seien erfunden worden, um das einfache Volk abhängig und gefügig zu machen.

Aufwertung des Mythos

Mythenfreundliche Traditionen. – Für sie sind Mythen unersetzliche Elemente der Selbstauslegung der Menschen. Einen Ansatzpunkt dafür markiert LUDWIG WITTGENSTEIN (1889 – 1951): *Selbst wenn alle möglichen wissenschaftlichen Fragen beantwortet sind, [sind] unsere Lebensprobleme noch gar nicht berührt.* – Vor diesem Hintergrund kann man Mythen als symbolische Erzählungen verstehen, die das objektiv Feststellbare überschreiten. Für Gemeinschaften und für Einzelne besitzen sie lebensprägende Kraft. Sie wirken als *inspirierende Erzähltraditionen, die das kulturelle Gedächtnis formen und Zukunftsorientierung ermöglichen.* Sie können zur Arbeit an grundlegenden – und vielleicht unbewussten – Konflikten auffordern (z.B. der Mythos von Kain und Abel), und sie können kollektive Identität stiften (z.B. Weihnachten, Auferstehung/Ostern).

Fortsetzung Seite 36

Michelangelo: Die Erschaffung Adams, 1511, Rom, Vatikan, Sixtinische Kapelle

Die Erschaffung Adams

Eine geniale Anverwandlung und schöpferische Weiterentwicklung des biblischen Mythos von der Erschaffung Adams gelingt MICHELANGELO in dem Deckengemälde der Sixtinischen Kapelle. Nicht die Formung des Urmenschen aus Erde und dessen Belebung durch den Hauch Gottes ist sein Thema. MICHELANGELO zeigt, wie der entwickelte Mensch durch die Berührung mit dem Göttlichen zum Selbstbewusstsein erwacht. Kompositorischer Mittelpunkt seiner Darstellung sind deshalb die beiden Finger, die sich auf gleicher Höhe begegnen, sich zu berühren scheinen und sich dennoch nicht berühren.
In dem jugendlich-athletischen Körper Adams spiegelt sich das Menschenideal der Hochrenaissance. Zu dessen leidenschaftlichen Propheten gehörte auch MICHELANGELOS Florentiner Landsmann PICO DELLA MIRANDOLA (1463–1494). In seiner „Rede über die Würde des Menschen“ preist er dessen Freiheit und lässt deshalb Gott zu Adam sprechen:

„Keinen bestimmten Platz habe ich dir zugewiesen, auch keine bestimmte äußere Erscheinung und auch nicht irgendeine besondere Gabe habe ich dir verliehen, Adam, damit du den Platz, das Aussehen und alle Gaben, die du dir selber wünschst, nach deinem eigenen Willen und Entschluss erhalten und besitzen kannst. Die fest umrissene Natur der übrigen Geschöpfe entfaltet sich nur innerhalb der von mir vorgeschriebenen Gesetze. Du wirst von allen Einschränkungen frei nach deinem eigenen freien Willen, dem ich dich überlassen habe, dir selbst deine Natur bestimmen. In die Mitte der Welt habe ich dich gestellt, damit du von da aus bequemer alles ringsum betrachten kannst, was es auf der Welt gibt. Weder als einen Himmlischen noch als einen Irdischen habe ich dich geschaffen und weder sterblich noch unsterblich dich gemacht, damit du wie ein Former und Bildner deiner selbst nach eigenem Belieben und aus eigener Macht zu der Gestalt dich ausbilden kannst, die du bevorzugst. Du kannst nach unten hin ins Tierische entarten, du kannst aus eigenem Willen wiedergeboren werden nach oben ins Göttliche."

Christlicher Glaube und Mythos

Die jüdischen und die christlichen Überlieferungen sind arm an „reinen Mythen". Als solche kann man etwa die Erzählungen vom Paradies, von der Sintflut und vom Babelturm betrachten und im Neuen Testament die Geschichten vom Untergang der Welt und vom Jüngsten Gericht. Charakteristischer für die jüdisch-christliche Vorstellungswelt sind *mythisch geformte Geschichtserzählungen:* Gott befreit Israel aus Ägypten, Gott schickt Propheten, als letzten Propheten Jesus aus Nazaret, den Messias der Christen.

Wo liegt die Wahrheit der biblischen Mythen?

Eine Schlüsselfrage für das Christentum lautet deshalb: Worin liegt die Wahrheit der mythischen Traditionen der Bibel? – Dazu gab und gibt es innerhalb der Kirchen unterschiedliche Auffassungen:

Fundamentalistische Position

- *Fundamentalistische Positionen* bestehen darauf, dass mythische Erzählungen der Bibel im wörtlichen Verständnis wahr sind. Demnach hätte Gott die Welt in sieben Tagen geschaffen, er wäre dem Volk Israel am Sinai wirklich erschienen usw. – Die historisch-kritische Erforschung der Bibel (→ 3.7) bestreitet solche Auffassungen: Die Bibel ist kein naturwissenschaftliches Lehrbuch und auch kein Geschichtsbuch, sondern eine Sammlung von Glaubensgeschichten.

Entmythologisierung

- Seit dem 18. Jahrhundert verschärfen sich Spannungen zwischen dem mythisch geprägten Weltverständnis des Christentums und den Einsichten der Geschichts- und Naturwissenschaften. Angesichts dieser Spannungen entwirft Rudolf Bultmann (1884 – 1976) das Programm der *Entmythologisierung.* Seine These: Die mythologische Erzählweise ist lediglich ein zeitbedingtes Gewand, das den Menschen der Neuzeit fremd geworden ist. Deshalb sollen Mythen im Blick auf die Existenz der Gläubigen ausgelegt werden. Wenn also in der Bibel von Himmel oder Hölle, von Engeln und Teufeln die Rede ist, so sind diese Aussagen überholt. Für den Gläubigen ist es wichtig, die (existenziale) Wahrheit aus dem mythischen Gewand herauszuschälen und zu fragen, was die Texte der Bibel über die Menschen und über ihre Beziehung zu Gott und zu Jesus Christus sagen.

Symbolische Interpretation

- Größeres Vertrauen in den Wert des Mythos hat die heute verbreitete *symbolische Interpretation.* Demnach verkörpern die Gestalten und Motive des Mythos zentrale menschliche Erfahrungen. Der Teufel etwa verkörpert die aggressiven und sadistischen Kräfte, die einen Menschen überwältigen können. – Obwohl der Mythos also kein reales Geschehen abbildet, erzählt er grundlegende Wahrheiten über die Menschen, über ihre Schicksale und ihre Welt.

1.8 Rechtfertigung und Kritik der Religion

In der Neuzeit stehen sich zwei gegensätzliche Wertungen der Religion gegenüber:

- Eine romantisch-affirmative Sicht hält Religion für einen integrativen Teil der Person und der Kultur.
- Eine aufgeklärt-kritische Sicht sieht in der Religion eine Illusion und Selbsttäuschung des Menschen.

Religion als menschliche Anlage

1. Friedrich Schleiermacher (1768 – 1834) legt in seinem Werk *Über die Religion: Reden an die Gebildeten unter ihren Verächtern* den Grund zur Vorstellung vom „religiösen Menschen". Jeder Mensch besitzt demnach eine Anlage zur Religiosität, und jeder Mensch ist daher im Grunde ein religiöses Wesen. Weil die Anlage aber durch den Einfluss von Erziehung und Umwelt unterschiedlich stark entfaltet ist, unterscheidet er als Typen: den religiös ungebildeten Menschen, den (gewöhnlich) religiösen Menschen und den „Virtuosen der Religion". Beim „Virtuosen" ist die Anlage voll entfaltet, und deshalb nimmt er charismatisch Einfluss auf die religiöse Entscheidung anderer Menschen.

Schleiermacher wirkt in Religionswissenschaft und Theologie bis in das 20. Jahrhundert nach, beispielsweise bei Paul Tillich (1886 – 1965), der Religion in der Tiefe der Person verortet und definiert als das, *was uns unbedingt angeht* (→ 1.2).

Positionen der Religionskritik

2. Als Gegenbewegung zur Verankerung der Religion in der Natur des Menschen tritt die Religionskritik auf. Sie möchte den Menschen von der Religion befreien, ihn zu einer illusionslosen Sicht seiner Stellung in der Welt sowie zu Mündigkeit und Eigenverantwortung führen.

Feuerbach: Religion ist Selbstinterpretation des Menschen

LUDWIG FEUERBACH (1804 – 1872)
Religion ist im Kern Selbstinterpretation des Menschen. Denn in Gott sind die menschlichen Wünsche nach Größe, Macht und Unsterblichkeit personifiziert. Zunächst wirkt der Glaube an Gott positiv auf den Menschen zurück, weil er ihm seine wahre Größe vor Augen stellt und dadurch die Humanisierung vorantreibt. In Wahrheit unterliegt der Gläubige aber einem Irrtum, weil er in Gott eine Projektion des eigenen Ich verehrt, der keine Realität zukommt.

FEUERBACH möchte die Menschen von ihrer Selbsttäuschung befreien. Alle Energien, die bisher für die Verehrung Gottes aufgewendet wurden, sollen sich unmittelbar auf die Menschen richten und deren Humanisierung dienen. Die Eigenschaften Gottes werden damit zu Perspektiven der Menschheitsgeschichte: Schöpferkraft, Gerechtigkeit, Unsterblichkeit.

Marx: Religion ist Opium des Volks

KARL MARX (1818 – 1883)
Religion ist eine Weltdeutung, die ungerechte Verhältnisse rechtfertigt und zugleich Ergebnis des Unrechts ist. Sie vertröstet die Unterdrückten auf ein besseres Jenseits und hindert sie damit, ihre Befreiung selbst zu betreiben. So wirkt Religion wie Opium: *Der Leidende braucht das vorgetäuschte Glück der Religion als beruhigende Droge.* Damit stabilisiert die Religion die bestehende ungerechte Gesellschaft und dient letztlich den Besitzenden und Herrschenden.

Die Kritik der Religion hat das *Ziel, ungerechte Herrschaft und die ihr entsprechenden Besitzverhältnisse aufzuheben.* Dadurch wird das Proletariat zur Selbstbestimmung befreit.

Freud: Religion verhindert, dass Menschen erwachsen werden

SIGMUND FREUD (1856 – 1939)
Aus seiner psychoanalytischen Theorie leitet FREUD seine Religionskritik ab. Der Mensch leidet unter den Schädigungen, die Natur und Schicksal ihm zufügen (z.B. Naturkatastrophen, Krank-

heit, Behinderungen, Tod). Diese Schicksalsmächte personifiziert der Mensch in den Göttern; ihnen spricht er menschliche Züge zu, sodass er durch Gebete und Opfer auf sie Einfluss nehmen kann. Damit werden sie kalkulierbar.

Die jüdische Tradition vereinigt alle Züge des Göttlichen in einer überdimensionalen Vatergestalt. *Die Verehrung Gottes erlebt der Mensch als seelische Entlastung, zugleich hindert sie den Menschen daran, erwachsen und vom Über-Vater Gott unabhängig zu werden.* Solange dies nicht geschehen ist, kann er immer eine übernatürliche Instanz für sein Schicksal verantwortlich machen oder um Hilfe anflehen.

Das Ideal FREUDS ist der erwachsene Mensch, der für sein Leben allein einsteht. Er muss zu der illusionslosen Sicht finden, dass es keinen Halt und keine Sicherheit in der Welt außerhalb menschlicher Verantwortung gibt.

Hinweise zur Wertung

1. Einleuchtend wird die Religionskritik vor den Erfahrungen des 19. Jahrhunderts. Die Aufklärung und die Industrialisierung hatten zu einem einschneidenden Bewusstseinswandel und zu sozialen Veränderungen geführt. Ihr Ausmaß wurde von den Monarchien und Kirchenleitungen zunächst nicht erkannt. Weil sie versuchten, den Geist der Moderne abzuwehren, entstand eine Spannung zwischen dem Problemdruck des Jahrhunderts und dem Verhalten von Kirche und Staat.

2. Der zeitliche Abstand zum 19. Jahrhundert ermöglicht auch einen unbefangenen Blick auf das Wesen der Religion. Aus kulturanthropologischer Sicht erscheint Religion zusammen mit Kunst, Musik und Literatur als Teil der menschlichen Kultur, die die Welt verwandelt und bewohnbar macht. Ihrem Wesen nach ist sie eher eine auf Intuition und Spontaneität gründende Kulturleistung als das Ergebnis infantiler Denkfehler. Letztlich haben Religionen ihren Ursprung in der Frage nach dem Geheimnis des Daseins und legen Zeugnis ab von der unabgeschlossenen Suche der Menschen nach sich selbst: *Die Stellung des Menschen im Kosmos, sein Anfang, seine Herkunft, sein Ziel, das ist das große Geheimnis, und das religiöse Problem ist das humane Problem, die Frage des Menschen nach sich selbst* (THOMAS MANN).

1.9 Religion und Naturwissenschaft

Konflikte

Das Verhältnis von Religion und Naturwissenschaft hat sich in der Neuzeit konfliktreich entwickelt. Symbolisch stehen dafür die Namen GALILEO GALILEI (1564 – 1642) und CHARLES DARWIN (1809 – 1882).

Im Konflikt mit GALILEI verteidigte die Kirche das geozentrische Weltbild, weil sie dieses in der Bibel und in der philosophischen Tradition begründet sah. Auch die von CHARLES DARWIN angestoßene Evolutionslehre stieß auf Widerstand der Kirchen, weil zentrale Glaubensüberzeugungen (die Erschaffung der Welt durch Gott und die Sonderstellung des Menschen in der Natur) durch sie infrage gestellt wurden. Gegenseitige Grenzüberschreitungen, Ignoranz und Dogmatismus haben in der Folge zur Entfremdung von Religion und Naturwissenschaft geführt.
Zur Klärung ihres Verhältnisses seien zunächst wichtige Unterschiede von naturwissenschaftlicher Erkenntnis und Glaubenseinsicht genannt:

Naturwissenschaftliche Erkenntnis

Die Naturwissenschaften erforschen die Natur mit dem Ziel, ihre Gesetzmäßigkeiten zu erkennen und diese für die Menschen nutzbar zu machen. Sie bedienen sich dabei empirischer Methoden der Beobachtung und des Experiments sowie mathematisch-logischer Operationen. Indem sie ihre Erkenntnisse der (Fach-)Öffentlichkeit zugänglich machen, werden sie überprüfbar, als richtig oder falsch erkannt (verifiziert oder falsifiziert) und dienen als Grundlage für weiteren Erkenntnisfortschritt. Zur Darstellung ihrer Erkenntnisse bedienen sich die Naturwissenschaften einer möglichst exakten Fachsprache mit eindeutig definierten Begriffen, Symbolzeichen und Formeln.

Glaubenswissen

Im Blickfeld des religiösen Glaubens stehen zunächst nicht die Gesetzmäßigkeiten der Natur, sondern die menschlichen Daseinsfragen: Woher kommen wir? Wohin gehen wir? Wer sind wir? Was sollen wir tun? Diese Fragen haben im christlichen Glauben Antworten gefunden, die in Texten der Bibel, im philosophischen Nachdenken und in der Lebenserfahrung gründen. Besonders traditionsbildend sind beispielsweise die alttestamentlichen Erzählungen von der Erschaffung der Welt und der Menschen, vom Paradies und Sündenfall (Gen 1) geworden.
Charakteristisch für diese mythischen Erzählungen ist, dass sie in einem vorwissenschaftlichen, altorientalischen Weltbild beheimatet sind und dass in ihnen das Weltgeschehen von einem transzendenten Gott angestoßen und in Gang gehalten wird.

Solches Wissen wird nicht durch naturwissenschaftliche Forschung im modernen Sinn gewonnen. Eher spiegeln sich in den mythischen Erzählungen die Erfahrungen der Menschen mit ihrer Welt, ihr Lebensgefühl und ihr Weltverhältnis. Solche Erfahrungen wurden zu mythischen Erzählungen gestaltet und in den biblischen Gottesglauben integriert. An die Stelle des Begriffs tritt das überzeugende Bild.

Dadurch entsteht auch eine andere Sprache als in den exakten Naturwissenschaften: Die Bilder des Mythos sind weniger scharf, dafür aber umso reicher an Bedeutungen. Wenn der Glaube von *Schöpfung* spricht, sind in einem solchen Begriff zwar auch Vorstellungen von der Entstehung der Welt enthalten, wie sie im Alten Orient verbreitet waren. Aber die Welt als *Schöpfung* zu verstehen, schließt auch das Bekenntnis ein, dass sich die Menschen in einer vertrauenswürdigen und lebensfördernden Welt vorfinden. Als *Mitgeschöpfe* tragen sie für diese Schöpfung Verantwortung; sie sollen sie pflegen und weiterentwickeln. Religiöse Sprache ist deshalb nicht nur beschreibend, sondern in erster Linie „performativ*" und „appellativ*" in dem Sinne, dass sie den Gläubigen einen Ort in der Welt zuweist, ihnen Aufgaben und Verantwortung überträgt und sie dadurch zu Kulturwesen macht.

Unterscheidungen und Zuordnungen

Auf der Grundlage solcher Überlegungen lassen sich aus heutiger Sicht Religion und Naturwissenschaft sachgemäß unterscheiden und einander zuordnen:

- Religion und Naturwissenschaften sind zwei voneinander unabhängige und je eigenständige Weisen des Zugangs zur Natur. *Die Naturwissenschaften erforschen die Natur. Die Religion deutet in einem fortlaufenden Interpretationsprozess die Menschen*, weist ihnen einen Platz und ihre Aufgabe in der Welt zu.
- Religion und Naturwissenschaften sollten die Grenzen ihres Gegenstandes und ihrer Methoden beachten. Der Glaube überschreitet seine Grenzen, wenn er als „Kreationismus" entgegen gesicherten Kenntnissen der Naturwissenschaften die Schöpfungsgeschichte der Bibel wörtlich versteht oder wenn er (in der Theorie des „Intelligent Design") nach Art mittelalterlicher Gottesbeweise auf einen „intelligenten" Schöpfer schließt, der sich an der vermeintlich zielgerichteten und gesetzmäßigen Evolution erkennen lässt.
  Die Naturwissenschaften überschreiten ihre Grenzen, wenn aus partikularen Erkenntnissen in ideologischer Weise weltanschauliche Systeme konstruiert werden (z.B. Rassenideologie, Reduktion der Menschen auf ihre biologischen Funktionen unter Leugnung der Willensfreiheit oder Schuldfähigkeit, Konstruktion eines materialistischen Weltbilds).
- Fruchtbare Möglichkeiten des Dialogs zwischen Naturwissenschaften und Religion ergeben sich heute vor allem in Fragen der Ethik. Hier bietet die Einbettung der Folgen naturwissenschaftlich-technischer Entwicklungen in lebensfördernde ökologische, soziale und humane Zusammenhänge ein weites Feld gemeinsamen Nachdenkens.

1.10 Säkularisierung und Zukunft der Religion

→ 2.3.7; → 2.4

Definitionen

Das Wort *Säkularisierung* hat im christlichen Sprachgebrauch keinen guten Klang.

- In der Vulgata, der lateinischen Übersetzung der Bibel, bezeichnet *saeculum* die diesseitige Welt. Der Apostel PAULUS glaubt, dass diese Welt von der Sünde beherrscht wird und dass Christen innerlich zu ihr Abstand halten sollen.
- Unter *Säkularisierung* (oder *Säkularisation*) versteht man die Enteignung von Kirchengut, die seit der Reformation mehrfach zur Schwächung der Kirchen geführt hat.
- Im *geistesgeschichtlichen* Sinn bezeichnet *Säkularisierung* jenen Prozess, in dem sich in modernen Gesellschaften praktisch alle Lebensbereiche aus dem Sinnkontext des christlichen Glaubens lösen. Religion scheint an Bedeutung zu verlieren und sich mehr und mehr zu verflüchtigen.

Deutungen und Wertungen

Wie die Säkularisierung zu deuten und zu werten ist, darüber gibt es unterschiedliche Meinungen.
1. *Religionskritiker* (→ 1.8) sehen im Absterben der Religion eine zwangsläufige Folge von Wissenschaft, wachsendem Wohlstand und offenen Gesellschaften. Aus dieser Sicht wird die Säkularisierung als Prozess, der gesellschaftlichen Fortschritt und persönliche Freiheit fördert, begrüßt.

2. Skeptischer wird die Säkularisierung aus *religiöser und kulturkonservativer Sicht* gesehen. Hier bedauert man die fortschreitende Entchristlichung und das „Neu-Heidentum"; man beklagt den Werteverlust und den Bruch mit identitätsstiftenden religiösen und geistigen Traditionen unserer Geschichte.

3. Eine mehr beschreibend-analysierende Haltung nehmen viele *Religionssoziologen* ein. Ihre Deutung der Säkularisierung lässt sich in folgenden Thesen zusammenfassen:

Säkularisierung ist Teil eines Prozesses *gesellschaftlicher Differenzierung,* der im Hochmittelalter einsetzt und sich in der Neuzeit verstärkt. In seinem Verlauf gliedern sich wichtige Lebensbereiche aus dem Kontext des Glaubens aus und entwickeln sich nach eigenen Gesetzmäßigkeiten fort. Solche Bereiche sind u.a. Politik, Recht, Wissenschaft und Kunst, Bildungswesen und Sozialfürsorge.
Dabei übernehmen weltliche Einrichtungen Aufgaben, die ursprünglich die Religion wahrgenommen hat. Beispielsweise werden Deutung des Lebens, seelische Stabilisierung und ethische Urteilsbildung von Psychologen, Therapeuten, von Beratungsstellen, in den Massenmedien, im Internet oder in der einschlägigen Beratungsliteratur angeboten.

Mit der Säkularisierung geht die *Verweltlichung des Lebensgefühls* einher. Während man im vorsäkularen Denken das Leben und seine Wendepunkte (Entstehung der Menschen, Geburt und Tod, Ehe und Elternschaft, Krankheit und Krisen) religiös interpretierte, erklärt man heute die meisten Erscheinungen und Erfahrungen innerweltlich. Damit haben auch das Gebet und lebensbegleitende Rituale an Bedeutung eingebüßt.

Religion wird zu einer *Privatangelegenheit*, die in der Familie und im Raum kirchlicher und religiöser Gemeinschaften gelebt wird. Damit wird sie zu einem eigenständigen Teilgebiet der Gesellschaft, das anderen säkularen Bereichen gegenübersteht.
Dieser Teilbereich bildet selbst starke Organisationen aus und entwickelt diese durch weitere Arbeitsteilung fort (kirchliche Verwaltungen, kirchliche Werke und Einrichtungen wie Caritas, Diakonisches Werk u.a.m.).

Mit der Privatisierung geht die *Individualisierung* und *Pluralisierung* des Religiösen einher: Weltanschauliche Überzeugungen werden immer persönlicher und vielfältiger und lösen sich von den überlieferten kirchlichen Deutungsangeboten ab.

Grenzen der Säkularisierung

Man könnte vermuten, dass mit der Globalisierung der europäischen Kultur sich auch die Säkularisierung weltweit ausbreitet. Aber ihre Stoßkraft trifft in anderen Kulturräumen, vor allem in *islamischen Ländern*, auf Widerstände. Diese akzeptieren zwar die wirtschaftlichen, technischen oder medizinischen Errungenschaften, lehnen den westlichen Lebensstil aber weitgehend ab (→ 1.12). Sie befürchten, dass durch ihn Materialismus und Konsumismus importiert werden und sich traditionelle soziale, religiöse und ethische Bindungen auflösen.

Auch für eine moderne Gesellschaft wie die der *Vereinigten Staaten* gilt die Säkularisierungsthese nicht. Nachdem Amerika den Einwanderern im 17. Jahrhundert freie Religionsausübung gewährt hatte, sind die Gemeinden der zahlreichen Religionsgemeinschaften bis heute Kristallisationspunkte des gesellschaftlichen Lebens. Sie bieten ihren Mitgliedern religiöse Heimat, soziale Verwurzelung und Raum für karitatives Engagement.

Gegen eine weltweite Säkularisierung sprechen auch das erstaunliche Wachstum christlicher Kirchen auf der südlichen Halbkugel, vor allem in *Afrika*, und die Missionserfolge charismatischer Pfingstbewegungen in *Mittel- und Südamerika* (→ 2.4).

Ausblick

Für Mittel- und Westeuropa ist die Säkularisierung eine wichtige Etappe der Geistes- und Sozialgeschichte. Sie ist Teil der bürgerlichen Befreiung von der Vorherrschaft des Adels und der Kirche.

Offen ist die Frage, ob die Säkularisierung in diesen Ländern abgeschlossen und endgültig geworden ist. Es könnte sein, dass sich gegenläufige Entwicklungen ergeben und die Säkularisierung (teilweise) rückgängig gemacht wird. Denn auch in säkularisierten Gesellschaften bleiben religiöse Bedürfnisse lebendig. Sie begegnen u.a. in jugendlichen Subkulturen, Meditationskreisen, therapeutischen Zirkeln, Selbsterfahrungsgruppen sowie in zahllosen kirchlichen und außerkirchlichen Bewegungen, in denen Menschen „Erlösung“ von den Beschwernissen des Lebens und „Heil“ in der Gemeinschaft, in der Verinnerlichung oder auch in der Kunst suchen.

Zu einer Wiederkehr des Religiösen führt auch die *Migration*. Zum einen ist bei vielen Migranten die Religiosität deutlicher ausgeprägt als im Bevölkerungsdurchschnitt der Einwanderungsländer. Zum anderen hält die Religion die Verbindung zur Herkunftskultur lebendig und wird als Identifikationsmerkmal gegenüber der Mehrheitskultur erlebt.

Da es keine überraschungsfreie Zukunft gibt, ist es schwer, sichere Prognosen zu stellen. Aber wahrscheinlich scheitert eine vollkommene Säkularisierung auch an dem Streben der Menschen, sich über die Welt der Tatsachen und Fakten zu erheben und nach letzten Sinngebungen zu suchen, nach dem, *was die Welt im Innersten zusammenhält.*

1.11 Wann ist eine Religion gut?

Der Ort der Frage

Wer in Zustimmung mit seiner Religion lebt, ist davon überzeugt, dass sie gut ist – zumindest für ihn. Er braucht also nicht eigens nach der guten Religion zu fragen. Die Frage nach der guten Religion bricht aber dann auf, wenn Brüche und Konflikte erlebt werden. Das können sein:

- Ungenügen an der eigenen oder Kritik an einer fremden Religion,
- Spannungen zwischen den Grundwerten der Zivilgesellschaft und dem Wertgefüge einer Religionsgemeinschaft und

- der Vergleich der eigenen Religion mit den Vorzügen und Nachteilen einer fremden Religion.

Dementsprechend lassen sich auch Maßstäbe gewinnen, die helfen können, eine Religion zu beurteilen:

Maßstäbe der Gläubigen

Identifizieren sich die Gläubigen mit den Zielen und der Praxis ihrer Religionsgemeinschaft? Hilft ihnen ihre Religion, das Leben besser zu bestehen? Fühlen sie sich in ihren religiösen Gemeinschaften angenommen und ermutigt? Welche Möglichkeiten der Beteiligung und Mitbestimmung haben sie?

Maßstäbe der Religionsgemeinschaft

Jede Religion entwirft Vorstellungen von einem richtigen und guten Leben. Folglich kann man prüfen, ob die Religionsgemeinschaft in ihrem Umgangsstil und in ihren Entscheidungsprozessen sich selbst nach jenen Grundsätzen richtet, die sie ihren Anhängern empfiehlt.

Maßstäbe aus dem Dialog mit der Zivilgesellschaft

Spätestens seit der Aufklärung entwickeln (west-)europäische Gesellschaften Vorstellungen von der Würde des Menschen (Humanitätsideal) und von den Menschenrechten. Indirekt formuliert die Zivilgesellschaft damit auch Maßstäbe für die Beurteilung von Religionen:

- Achtet eine Religionsgemeinschaft das Recht des Einzelnen, seinen Beruf, seine Partnerin oder seinen Partner, seine Lebensform und auch seine Religion selbst zu wählen? Sind Frauen gleichberechtigt?
- Regelt die Religionsgemeinschaft ihre Angelegenheiten nach rechtsstaatlichen Grundsätzen?
- Beherzigt die Religionsgemeinschaft die Grundsätze der Toleranz oder ruft sie auf zu Hass und Gewalt? usw.

Spiegelbildlich lebt die Zivilgesellschaft davon, dass ihre Teilgruppen Wertvorstellungen vertreten und zu deren Verwirklichung beitragen. Deshalb wird auch von den Kirchen erwartet, dass sie christliche Grundsätze in den öffentlichen Diskurs* einbringen. Dass sie etwa eintreten für den Schutz des Lebens, dass sie Partei ergreifen für die Schwachen und besonders für diejenigen, die keine Lobby haben, dass sie sich einsetzen für Frieden, Gerechtigkeit und die Bewahrung der Schöpfung. – Aus diesem Blickwinkel ist eine Religion dann gut, wenn sie substanziell und kommunikativ in der Lage ist, sich am kulturellen Diskurs wirkungsvoll zu beteiligen.

Maßstäbe aus dem Vergleich der Religionen

Seit dem 19. Jahrhundert verdichten sich die Beziehungen zwischen Europa und den anderen Kontinenten. Durch Globalisierung und Migration wird diese Entwicklung noch verstärkt. Dadurch rücken auch die Weltreligionen enger zusammen, und es wird notwendig, Religionen zu vergleichen. Dabei sind drei Fragerichtungen möglich:

- Wie wirkt eine Religionsgemeinschaft für ihre Anhänger? (Welche Lebensformen und welche Spiritualität bringt sie hervor? Und welche Folgen hat das? Fördert sie Selbstannahme und Gelassenheit? Stärkt sie Verantwortungsgefühl und die Bereitschaft, Solidarität zu üben?)
- Welche gesellschaftlichen und politischen Wirkungen hat eine Religionsgemeinschaft? (Weckt sie politisches Bewusstsein oder begünstigt sie den Rückzug aus der Welt? Setzt sie sich ein für Frieden und Gerechtigkeit? Fördert sie die Toleranz?)
- Ist die Religionsgemeinschaft fähig zum Dialog mit anderen Religionen? (Wie beurteilt sie andere Religionen? Welche Rechte billigt sie Angehörigen dieser Religionen zu? Wie verhält sie sich gegenüber Männern und Frauen, die in „Mischehen“ leben?)

Es leuchtet ein, dass solche Fragen entscheidend sind für die Verständigung zwischen den Völkern und für das Zusammenleben in einer Welt, die immer enger zusammenwächst. Notwendig ist ein fairer Dialog zwischen den Religionen. *Dabei sollten Strategien der Abgrenzung ersetzt werden durch die Bereitschaft, Gemeinsames zu entdecken und vom Fremden zu lernen.*

„Harte“ und „weiche“ Religionen

Hilfreich ist hier die Unterscheidung von „weichen“ und „harten“ Religionen. *Eine „harte“ Religion zeichnet sich durch strikte Exklusivität aus*: Sie allein ist im Besitz der Wahrheit und ihre Gebote gelten unumstößlich. Derartige Religionen verlangen von ihren Anhängern hohe Identifikation; als Gegenleistung bieten sie dafür eine stabile Identität, Orientierungssicherheit und festen sozialen Zusammenhalt. „*Weiche*“ *Religionen dagegen gehen davon aus, dass es viele Wahrheiten gibt, die grundsätzlich nebeneinander bestehen können.* Sie erwarten keine Totalidentifikation; Freiheit und Toleranz sind ihnen wichtiger als den „harten“ Religionen.

Aus dieser Unterscheidung erwachsen eine Reihe von Fragen:

- Verkörpern die christlichen Konfessionen eher den Typus einer „harten“ oder den einer „weichen“ Religion?
- Ist die katholische Kirche vielleicht auf dem Weg, sich von einer „harten“ Religion in eine „weiche“ zu verwandeln? Welche Folgen hat das?
- Sind die Grundsätze einer „harten“ Religion eigentlich mit den Normen unserer Verfassung zu vereinbaren?

1.12 Stichwörter zum Islam

→ 3.11; → 5.12

Der Islam bildet in den deutschsprachigen Ländern die zweitgrößte Religion. Deshalb sollen hier auch einige elementare Informationen über den Islam angeboten werden.

Der Islam ist eine weitverzweigte und facettenreiche Weltreligion mit vielen unterschiedlichen Ausprägungen. Er zeichnet sich durch ein reiches kulturelles Erbe aus und prägt die Lebensform von vielen Millionen Gläubigen. Daher können die folgenden Stichwörter dem Islam nicht gerecht werden; sie können nur eine erste Orientierungshilfe sein.

Das Wort *Islam* bedeutet *Hingabe;* gemeint ist die Hingabe an Gott. (Das arabische Wort für Gott lautet *Allah.*) – Zentrale Glaubensauffassungen des Islams:

Gott, die Offenbarung, der Prophet Muhammad und das Gericht

- Es gibt nur einen einzigen Gott. Er ist allmächtig, allwissend und barmherzig.
- Allah hat seine Offenbarung immer wieder durch Propheten verkünden lassen. Daher betrachtet der Islam sich nicht als neue Religion, sondern als Wiederherstellung der ursprünglichen Offenbarung, wie sie schon an Abraham ergangen war.
- Im Judentum und im Christentum sieht der Islam Vorläuferreligionen. Sie wurden aber durch ihre Anhänger verwässert und entstellt. Daher erhielt der Prophet Muhammad erneut die Offenbarung, jetzt aber vollständig und endgültig. Muhammad ist *das Siegel der Propheten.*
- Das Ziel der Offenbarung ist die *Rechtleitung.* Die Muslime finden demnach im Koran alles, was für ein Leben nach dem Willen Gottes notwendig ist.
- Nach dem Tod wartet auf alle Menschen das Gericht Gottes. Wer den rechten Weg gegangen ist, gelangt in den Himmel; die Sünder und Ungläubigen aber werden mit der Hölle bestraft. Auch im Gericht dürfen Muslime aber auf die Barmherzigkeit Gottes vertrauen.

Gebet und religiöses Leben

Traditionell bestimmen fünf Pflichten das religiöse Leben der Muslime:

- *Das Bekenntnis* zu Allah und seinem Gesandten Muhammad,
- *das rituelle Gebet,* fünfmal am Tag,
- *die Almosensteuer* als Verpflichtung, Bedürftige zu unterstützen,
- *das Fasten* im Monat Ramadan*,
- *die Wallfahrt nach Mekka,* mindestens einmal im Leben, sofern es die wirtschaftlichen Verhältnisse zulassen.

Der Islam betont einerseits die persönliche Verantwortung der Einzelnen vor Gott; zugleich legt er Wert auf die Gemeinschaft der

Fortsetzung Seite 52

Erbarmen

Arabische Legende

Der Bagdader Mystiker Abu Bakr Schibli starb 945. Nach seinem Tode sah ihn einer seiner Freunde im Traum und fragte:
„Wie hat Gott dich behandelt?"
Er sagte: „Er hat mich vor Sich gestellt und gefragt:
Abu Bakr, weißt du, weshalb ich dir vergeben habe?
Ich sagte: Wegen meiner guten Werke.
Er sagte: Nein.
Ich sagte: Wegen meiner Pilgerfahrt und meines Fastens und meiner Pflichtgebete.
Er sagte: Nein, nicht deswegen habe ich dir vergeben.
Ich sagte: Wegen meiner Reisen, um Wissen zu erwerben, und weil ich zu den Frommen ausgewandert bin.
Er sagte: Nein.
Ich sagte: O Herr, dies sind die Werke, die zur Rettung führen, die habe ich über alles gestellt und bei denen habe ich gedacht, dass Du mir ihretwegen vergeben würdest.
Er sprach: Doch nicht um all dieser Dinge willen habe ich dir verziehen.
Ich sagte: O Herr, weshalb denn?
Er sprach: Erinnerst du dich, wie du durch die Gassen von Bagdad gingst und ein Kätzchen fandest, das vor Kälte ganz schwach geworden war und von Mauer zu Mauer lief, um Schutz vor der schneidenden Kälte und dem Schnee zu suchen? Du hast es aus Mitleid aufgehoben und in deinen Pelz gesteckt und hast es so vor der Qual der Kälte geschützt.
Ich sagte: Ja, ich erinnere mich.
Er sprach: Weil du mit dieser Katze Erbarmen hattest,
darum habe Ich Mich deiner erbarmt."

Gläubigen, die *Umma*. Sichtbarer Ausdruck dafür ist das *Freitagsgebet*, zu dem man sich in der Moschee versammelt. – Priester, die liturgische Handlungen vollziehen, oder heilsnotwendige Sakramente kennt der Islam nicht. Der *Imam* ist lediglich ein Vorbeter, der im Freitagsgebet auch predigt und dabei den Koran auslegt und zum rechten Leben ermahnt.

Die Scharia

Weil der Koran als umfassende Grundlage des rechten Lebens angesehen wird, spielen Rechtsgelehrte im Islam eine herausgehobene Rolle. In der *Scharia (= Weg, Pfad)*, dem islamischen Recht, wird versucht, alle Lebensbereiche nach dem Willen Gottes zu formen. Daher enthält die Scharia neben Rechtsnormen (z.B. für Familien- und Strafrecht) auch Hygienevorschriften und Höflichkeitsregeln und natürlich Anweisungen für das religiöse Leben.

Glaubensrichtungen und Verbreitung

Wie im Christentum gibt es im Islam eine große Zahl unterschiedlicher Glaubensrichtungen. Die wichtigsten großen Gemeinschaften sind:

- *Die Schiiten*, die Anhänger der Partei (= Schia) ALIS. Sie bildeten sich schon im 7. Jahrhundert und erkennen nur den vierten Kalifen ALI und seine Nachkommen als legitime Nachfolger des Propheten an.
- *Die Sunniten* (Sunna = Überlieferung); sie haben auch Kalifen akzeptiert, die nicht leibliche Nachkommen des Propheten sind. (Zur Sunna bekennen sich etwa 90 % der Muslime.)

Die meisten Muslime leben in Asien (Indonesien, Indien, Pakistan, Bangladesch), ein weiterer großer Teil in der Türkei, in den arabischen Staaten bzw. in Afrika (Nigeria). Diese Muslime sind mehrheitlich Sunniten.

Zentren der Schiiten sind Iran und Irak; starke schiitische Minderheiten gibt es in Pakistan, Afghanistan, Syrien, im Libanon und in Saudi-Arabien.

Kontroversen und Konflikte

Wie andere Weltreligionen, so steht auch der Islam vor großen Anpassungsproblemen und muss mit vielfältigen Verunsicherungen zurechtkommen. – Innerhalb des Islams streiten seit mehreren Generationen *Reformer und Traditionalisten* miteinander. Viele Wortführer weisen darauf hin, dass die islamischen Staaten den westlichen Ländern in wissenschaftlicher, technologischer und wirtschaftlicher Hinsicht unterlegen sind. Sie fragen deshalb: Wie sollten die Muslime selbst auf diese offenkundige Rückständigkeit reagieren? Dabei ergeben sich eine Reihe von Teilproblemen:

- Bedeutet Modernisierung zugleich Übernahme eines „westlichen Lebensstils" oder könnte es einen islamischen bzw. arabischen Sonderweg in die Moderne geben? (Wie sähe der aus? → 1.10)
- Kann man analog darauf hinarbeiten, dass es eine islamische Version der Menschenrechte gibt, die die Errungenschaften der westlichen Demokratien aufgreift und zugleich die Werte der koranischen Tradition wahrt?
- Wie lässt sich in einer modernen islamischen Gesellschaft das Verhältnis von Staat und Religion befriedigend regeln?
- Wie können Muslime den Pluralismus akzeptieren, der Merkmal offener demokratischer Gesellschaften ist?

Im Verhältnis zwischen Christen und Muslimen gibt es eine Reihe weiterer Fragen:

- Wie gehen Christen und Muslime mit den Fundamentalisten in ihren eigenen Reihen um? (Der Fundamentalismus ist eine naheliegende Reaktion auf die Unübersichtlichkeit und den Pluralismus moderner Gesellschaften: Zur Stabilisierung der eigenen Identität versorgt sich der Fundamentalist mit einem klaren Weltbild, mit eindeutigen Lebensregeln, mit einem Sendungsbewusstsein und mit einer fest gefügten Vorstellung von den andern, den Feinden.)
- Welche Spielräume gibt es in muslimischen Gesellschaften für aktive und passive Religionsfreiheit? Konkreter: Können Christen in islamischen Staaten gleichberechtigte Bürger sein? Und dürfen Muslime zum Christentum konvertieren? (In mehreren islamischen Staaten soll nach dem Gesetz ein Muslim, der zum Christentum übertritt, mit dem Tod bestraft werden; praktisch aber wird die Hinrichtung nicht ausgeführt. Schwerwiegend bleibt dennoch die soziale Ächtung.)

Fortsetzung Seite 56

Über die nichtchristlichen Religionen

Zweites Vatikanisches Konzil

Die Menschen erwarten von den verschiedenen Religionen Antwort auf die ungelösten Rätsel des menschlichen Daseins, die heute wie von je die Herzen der Menschen im tiefsten bewegen: Was ist der Mensch? Was ist Sinn und Ziel unseres Lebens? Was ist das Gute, was die Sünde? Woher kommt das Leid, und welchen Sinn hat es? Was ist der Weg zum wahren Glück? Was ist der Tod, das Gericht und die Vergeltung nach dem Tode? Und schließlich: Was ist jenes letzte und unsagbare Geheimnis unserer Existenz, aus dem wir kommen und wohin wir gehen?

Von den ältesten Zeiten bis zu unseren Tagen findet sich bei den verschiedenen Völkern eine gewisse Wahrnehmung jener verborgenen Macht, die dem Lauf der Welt und den Ereignissen des menschlichen Lebens gegenwärtig ist, und nicht selten findet sich auch die Anerkenntnis einer höchsten Gottheit oder sogar eines Vaters. Diese Wahrnehmung und Anerkenntnis durchtränkt ihr Leben mit einem tiefen religiösen Sinn. Im Zusammenhang mit dem Fortschreiten der Kultur suchen die Religionen mit genaueren Begriffen und in einer mehr durchgebildeten Sprache Antwort auf die gleichen Fragen. So erforschen im Hinduismus die Menschen das göttliche Geheimnis und bringen es in einem unerschöpflichen Reichtum von Mythen und in tiefdringenden philosophischen Versuchen zum Ausdruck und suchen durch aszetische

Lebensformen oder tiefe Meditation oder liebend-vertrauende Zuflucht zu Gott Befreiung von der Enge und Beschränktheit unserer Lage. In den verschiedenen Formen des Buddhismus wird das radikale Ungenügen der veränderlichen Welt anerkannt und ein Weg gelehrt, auf dem die Menschen mit frommem und vertrauendem Sinn entweder den Zustand vollkommener Befreiung zu erreichen oder – sei es durch eigene Bemühung, sei es vermittels höherer Hilfe – zur höchsten Erleuchtung zu gelangen vermögen. So sind auch die übrigen in der ganzen Welt verbreiteten Religionen bemüht, der Unruhe des menschlichen Herzens auf verschiedene Weise zu begegnen, indem sie Wege weisen: Lehren und Lebensregeln sowie auch heilige Riten.

Die katholische Kirche lehnt nichts von alledem ab, was in diesen Religionen wahr und heilig ist. Mit aufrichtigem Ernst betrachtet sie jene Handlungs- und Lebensweisen, jene Vorschriften und Lehren, die zwar in manchem von dem abweichen, was sie selber für wahr hält und lehrt, doch nicht selten einen Strahl jener Wahrheit erkennen lassen, die alle Menschen erleuchtet. Unablässig aber verkündet sie und muss sie verkündigen Christus, der ist „der Weg, die Wahrheit und das Leben" (Joh 14,6), in dem die Menschen die Fülle des religiösen Lebens finden, in dem Gott alles mit sich versöhnt hat.

- In europäischen Gesellschaften ergibt sich eine andere Problemlage: Welche Rechte werden muslimischen Minderheiten zugestanden? (Beispiele: Bau von Moscheen; islamischer Religionsunterricht; Lehrstühle für Koranwissenschaft ...) – Und spiegelbildlich: Welche verfassungsmäßigen Rechte und Freiheiten, welche Gesetze müssen Muslime respektieren, wenn sie Bürger in westlichen Demokratien sein wollen?
- Welche Wertschätzung können Christen und Muslime für die jeweils andere Religion entwickeln? Aus muslimischer Sicht ist eine relativ klare Bewertung des Christentums möglich: Das Christentum ist eine anerkennenswerte, wenn auch defizitäre Vorläuferreligion des Islams. – Wie sieht aber eine vergleichbare Einschätzung des Islams durch Christen aus?

An diesen durchaus unvollständigen Stichwörtern wird deutlich, dass über längere Zeit ein geduldiges und intensives Gespräch zwischen Muslimen und Christen erforderlich ist. Wünschenswert ist dabei, dass Christen und Muslime *in einer Atmosphäre der Freiheit und des Wohlwollens* miteinander reden können.

1.13 Christen und Juden

2.3.1; 3.3; 3.4; 3.5; 4.3; 5.2; 7.5.1

Jude und Judentum

Die Bezeichnung „Jude“ ist hergeleitet vom Stamm Juda, der in biblischer Zeit im Süden Palästinas beheimatet war.

Wenn heute jemand sagt, er sei Jude, kann das zweierlei bedeuten:

Nach genealogischen Verständnis sind diejenigen Personen Juden, die von einer jüdischen Mutter geboren wurden (ethnische Juden). – *Nach religiösem Verständnis* sind diejenigen Personen Juden, die sich in ihrer Lebensführung und in ihren religiösen Vorstellungen an jüdischen Traditionen orientieren (religiöse Juden).

Quellen christlicher Missverständnisse

Wer sich als Christ ein halbwegs zutreffendes Bild vom Judentum machen will, muss mehrere Hürden überwinden:

- Ein einheitliches Judentum gibt es ebenso wenig wie ein einheitliches Christentum. – Da Juden seit der Antike als Minderheiten in andersgläubigen Gesellschaften lebten (Diaspora), waren sie gezwungen, sich mit ihrer nichtjüdischen Umgebung auseinanderzusetzen. So entstand eine Vielfalt von Glaubensrichtungen. Am auffälligsten in seinem äußeren Erscheinungsbild ist das *(ultra-)orthodoxe Judentum,* das am wörtlichen Verständnis der Bibel festhält und traditionelles jüdisches Leben pflegt. Davon unterscheiden sich *konservative, liberale, säkulare und humanistische Strömungen,* die ihr Judentum stärker im Dialog mit neuzeitlichen Entwicklungen definieren.
- Die Nähe zwischen Christentum und Judentum begünstigt die Illusion der Vertrautheit. – Weil Christen sich auf denselben Gott berufen, glauben sie zu wissen, was Juden unter Gott verstehen. Weil Christen das Alte Testament lesen und auslegen, glauben sie zu wissen, wie Juden ihre Bibel, den Tanach, verstehen.
- Vor allem in der Auslegung der Evangelien wurden christliche Vorstellungen dadurch profiliert, dass man die Juden als Negativfolie benutzt hat. Ein Zerrbild des Judentums – etwa der Pharisäer – wurde gezeichnet, damit die Vorzüge des Christentums umso leuchtender hervortreten sollten.
- Judenfeindschaft und die Schoah lassen keinen unbelasteten Dialog mehr zu.

Die Last des Antijudaismus und der Judenfeindlichkeit

Im Neuen Testament werden an mehreren markanten Stellen „die Juden" kritisiert oder negativ dargestellt (z.B. Mt 23; Mt 27,11-26; Joh 12,37-43). Lange Zeit hat man diese Stellen als fundamentale Kritik Jesu am Judentum gelesen und sie zur Abwertung des Judentums genutzt. Aus heutiger Sicht war das ein folgenschwerer Irrtum. Die neutestamentliche Polemik gegen „die Juden" versteht man heute als innerjüdische Auseinandersetzung zwischen

Kirche und Synagoge

Ecclesia und Synagoge

Initiale T aus dem Codex Th. 26, 14. Jh., Arsenal-Bibliothek, Paris

Das konfliktreiche Verhältnis von Christen und Juden hat in den allegorischen Frauenfiguren „Ecclesia und Synagoge“ seinen künstlerischen Ausdruck gefunden.
Die vorliegende Initiale aus dem 14. Jahrhundert zeigt zwei – wie an ihren Gewändern zu sehen ist – vornehme Frauengestalten, deren linke die christliche Kirche, deren rechte die jüdische Synagoge verkörpert.
Ecclesia triumphiert über die Synagoge: Sie erscheint größer, ihr Obergewand wirkt durch den Faltenwurf prächtiger, die Krone macht ihren Herrschaftsanspruch sichtbar und der Kreuzzstab ist ihr Siegeszeichen.
Die Synagoge dagegen wirkt hinfällig, ihr Gewand ist schlichter, der Stab gebrochen, die Gesetzestafeln gleiten zu Boden und ihre Augen bedeckt ein Schleier – Zeichen der Blindheit des Judentums, das Jesus Christus als den verheißenen Messias nicht erkannt hat.
Als Kunstliebhaber mag man sich an den eindrucksvollen künstlerischen Gestaltungen dieses Motivs erfreuen, als Christ kann man nicht über seine ausgrenzende antijüdische Polemik hinwegsehen.

den Anhängern Jesu, den „Christianern“, und jenen Juden, die Jesus nicht als den erwarteten Messias anerkennen wollten. In Unkenntnis dieser Entstehungsgeschichte entwickelten Kirchenväter der ersten Jahrhunderte eine aggressive und rabiate Judenfeindlichkeit, allen voran CHRYSOSTOMUS und AMBROSIUS VON MAILAND. Von da an galten Juden als Christusmörder, ja sogar als Gottesmörder (MELITO VON SARDES), als verstockt und abtrünnig, weil sie sich dem neuen Bund Gottes in Jesus Christus verweigert hätten. Die Kirche dagegen wurde als das „wahre“ Volk Gottes dargestellt. – Christen behaupteten damit, sie seien die legitimen Erben Israels – und schlossen zugleich die Juden aus dem Heilsplan Gottes aus.

In ihren offiziellen Äußerungen betrieb die Kirche eine Doppelstrategie: Erniedrigung und Demütigung der Juden wurden ausdrücklich zugelassen, aber zugleich sollten die Juden so geschützt werden, dass sie als Rest Israels überleben konnten. Das einfache Volk dagegen nahm die theologische Judenhetze nur zu oft wörtlich. Juden wurden zu Hassobjekten und waren weitgehend vogelfrei. – Im Zusammenhang mit dem ersten Kreuzzug (1096 – 99) wurden systematisch ganze Synagogengemeinden in Frankreich und Deutschland ermordet. Eine große Pest im Jahr 1347 lieferte den Vorwand für zahlreiche weitere Pogrome. – Mehrfach wurden Juden aus europäischen Ländern ausgewiesen; am schlimmsten traf es die Juden in Spanien, die 1492 vor die Wahl gestellt wurden, sich taufen zu lassen oder das Land zu verlassen. – In der Neuzeit kam es immer wieder zu lokal begrenzten Pogromen, etwa auf dem Balkan und in Italien. Besonders schwer waren die Verbrechen an Juden in Polen, Russland und der Ukraine im 18. Jahrhundert.

Das IV. Laterankonzil ordnete 1215 an, dass Juden sich durch eine besondere Kleidung von Christen deutlich unterscheiden müssen. (Daraufhin wurde in vielen Ländern ein gelber Ring auf der Kleidung oder der spitze Judenhut vorgeschrieben.) – Das Konzil von Florenz definierte 1442 als verbindliche Lehre der Kirche, dass die Juden das Heil nicht erlangen können und zur Hölle verdammt sind: *Die römische Kirche glaubt fest, bekennt und verkündet: „Alle Menschen, die sich außerhalb der katholischen Kirche befinden, nicht nur Heiden, sondern auch Juden, Häretiker oder Schismatiker, können des ewigen Lebens nicht teilhaftig werden; vielmehr werden sie ‚in das ewige Feuer' kommen, ‚das dem Teufel und seinen Engeln bereitet ist'* [Mt 25,41], *es sei denn, sie schließen sich ihr* [d.h. der römischen Kirche] *vor ihrem Lebensende an.*"

Vor diesem Hintergrund trifft die Christen eine Mitschuld an der Schoah, am industriell organisierten Massenmord, mit dem die Nazis das gesamte Judentum vernichten wollten. Christliche Theologen und Kirchenführer haben den Boden bereitet, auf dem die Nationalsozialisten ernten konnten.

Gemeinsamkeiten

Diese Verbrechensgeschichte ist auch deshalb so tragisch, weil es das Christentum ohne das Judentum überhaupt nicht gäbe. In den Juden haben Christen ihre Brüder im Glauben ermordet. Dabei gibt es eine Fülle von Gemeinsamkeiten:

- Juden und Christen verehren *den einen Gott,* den sie als Schöpfer der Welt betrachten und als Gott, der sich in der Geschichte Israels offenbart hat.
- Juden und Christen sehen in dem *Gebot der Nächstenliebe* die höchste moralische Norm. Sie verpflichtet dazu, den Armen und Bedrängten beizustehen und auch ihnen Gerechtigkeit widerfahren zu lassen.
- Juden und Christen teilen die *Hoffnung auf eine bessere Welt,* in der es keine Ungerechtigkeit und kein Leid mehr geben wird. Sie wissen, dass kultureller und gesellschaftlicher Fortschritt vom Einsatz der Menschen abhängig ist. Sie wissen aber auch, dass die Vollendung der Welt jenseits menschlicher Möglichkeiten liegt. Eine Einsicht, die vor Allmachtsfantasien und totalitären Gesellschaftsutopien bewahren sollte.
- Christen und Juden gründen ihren Glauben auf eine gemeinsame Heilige Schrift – die *Bibel* – deren ersten (jüdischen) Teil die Christen „Altes Testament" genannt haben.

Unterschiede

Die Wege von Juden und Christen aber haben sich getrennt, und dabei haben sich Unterschiede im Glauben wie in der religiösen Praxis herausgebildet.

- Im Christentum rückte *Jesus Christus* in den Mittelpunkt des Bekenntnisses. Er wird verehrt als der erwartete Messias, als Erlöser und Heilbringer, als Sohn Gottes, schließlich als zweite

Person des dreifaltigen Gottes. Juden können aufgrund ihrer Treue zur eigenen monotheistischen Tradition dieses Christusbekenntnis nicht nachvollziehen.

- Das Judentum kennt keine Institution, die eine hierarchische Leitung bildet und ein oberstes Lehramt ausübt. Es kennt auch keine Priester und Sakramente, durch die das Heil vermittelt würde. Zentrum jüdischen Lebens sind die Synagogengemeinden, die von einem Gemeindevorstand geleitet werden. Die geistliche Betreuung liegt in den Händen eines Rabbiners oder einer Rabbinerin, die für diese Aufgabe theologisch ausgebildet sind.
- Maßgebend für den jüdischen Glauben sind das *Gesetz und die Propheten* sowie die sich fortentwickelnde Auslegungstradition, die schon im Talmud* ihren frühen Niederschlag gefunden hat.
- Wichtiger als die Glaubenslehre ist das religiöse Leben, das die Identität des Judentums verbürgt. Dazu gehören vor allem die Heiligung des Sabbats, Gebete und Speisegesetze, die Synagoge als Ort des Gottesdienstes und des Gemeindelebens, der jüdische Festkalender sowie die Beschneidung, Bar-Mizwa* bzw. Bath-Mizwa und Trauung.

Kirchen und Judentum

Erst nach dem Zweiten Weltkrieg kam Christen zum Bewusstsein, welches Unrecht den Juden geschehen war. Die Vorwürfe des Gottesmordes, der „Verstocktheit" und Blindheit sowie die Behauptung, Gott habe das auserwählte Volk verworfen, wurden mit ihren verheerenden Konsequenzen bewusst. Die Kirchen erkannten ihre Schuld, und zahlreiche christlich-jüdische Arbeitsgemeinschaften bemühten sich um Versöhnung. Sie versuchten aber auch, das Verhältnis des Christentums zum Judentum grundsätzlich neu zu klären. Diese Arbeit hat u.a. ihren Niederschlag gefunden in der „Erklärung über das Verhältnis der Kirche zu den nichtchristlichen Religionen" des Zweiten Vatikanischen Konzils, in zahlreichen Verlautbarungen kirchlicher und theologischer Gremien beider christlicher Konfessionen und in Worten und Gesten der Päpste JOHANNES XXIII., PAUL VI. und JOHANNES PAUL II.

Fortsetzung Seite 64

Unser Verhältnis zum Judentum

Hirtenschreiben der Deutschen Bischofskonferenz

Wir stehen von Gott her in einer einzigartigen Verbindung zu den Juden. Unsere Heiligen Schriften enthalten die jüdische Bibel als ihren ersten großen Teil. So hören wir auf das gleiche Wort Gottes und kommen aus dem gleichen Ursprung. Papst JOHANNES PAUL II. hat 1982 in Mainz im Blick auf den Dialog mit dem Judentum bemerkt: „Die erste Dimension dieses Dialogs, nämlich die Begegnung zwischen dem Gottesvolk des von Gott nie gekündigten Alten Bundes und dem des Neuen Bundes, ist zugleich ein Dialog innerhalb unserer Kirche, gleichsam zwischen dem ersten und zweiten Teil ihrer Bibel." 1986 sagte er in der Synagoge von Rom: „Ihr seid unsere bevorzugten Brüder und, so könnte man gewissermaßen sagen, unsere älteren Brüder." Das bleibt so – trotz des Auseinanderbrechens von Kirche und Synagoge am Anfang unserer christlichen Geschichte. Dieser Bruch ist unsere erste und größte Wunde, noch vor allen späteren Spaltungen innerhalb der Christenheit. Sie ist bis heute noch nicht geheilt. Unsere Bindung an das Judentum ist unaufhebbar bis zum Ende der Zeit. Die Jünger Christi aus den Völkern sind, wie PAULUS im Römerbrief sagt, wilde Zweige, die in den alten Ölbaum Israel eingepfropft wurden. Nur an diesem Baum können sie leben. Nicht der Zweig trägt die Wurzel, sondern die Wurzel den Zweig (RÖM 11,18). Wir müssen daher den geschichtlichen Weg des Judentums als ein Stück unserer eigenen Geschichte mit Gott begreifen. [...]

Die frühe Kirche setzte sich aus Juden und Heiden zusammen. Durch die immer größere Distanz zwischen der Christenheit und der überwiegenden Mehrheit des jüdischen Volkes, die Jesus nicht als Christus anerkennen konnte, wurde das Judenchristentum immer mehr an den Rand gedrängt und starb mit der Zeit aus. So gab es schließlich nur noch ein der Christenheit gegenüberstehendes Judentum. Zumindest im Abendland waren die Christen bald die Mächtigeren. Im Kreuz Christi sahen Juden deshalb nicht ein Zeichen der Versöhnung, sondern der Bedrohung. Theologischer Antijudaismus wirkte mit bereits bekanntem Sozialneid und Furcht vor dem Anderen zusammen. Juden konnten nur selten spüren, dass sie von Christen als Geschwister im Glauben geachtet wurden. Der neuzeitliche, auf naturwissenschaftlichen Hypothesen aufbauende rassistische Antisemitismus führte oft zu einer Verschmelzung mit verschiedenen bereits bekannten Aspekten der Judenfeindschaft. Christen sind ihr erlegen und trugen dazu bei, dass die nationalsozialistische Judenverfolgung und der Mord an Millionen Juden (Shoa) möglich wurde. […]

Kirchen und Christen sind dazu aufgerufen, aus dem Geist der Geschwisterlichkeit heraus alles zu tun, dass jüdische Menschen Deutschland als ein Land erfahren, in dem sie willkommen sind, ihre jüdische Identität ohne Bedrängnis leben können und ihre innere Verbindung zum Land Israel ohne Infragestellung ihres Bürgerseins in Deutschland respektiert wird. Jede judenfeindliche Äußerung und Handlung sollte unseren Einspruch und Protest erfahren. Auch wir selbst müssen immer wieder prüfen, inwieweit wir in unseren Äußerungen gefangen sind in den über Jahrhunderte hinweg wirkenden antijüdischen Einstellungen. […]

Die wichtigsten Ergebnisse lassen sich in einigen Sätzen zusammenfassen:

- Der neue Bund, den Gott – nach christlicher Deutung – mit Jesus Christus begründet hat, setzt den „alten" Bund nicht außer Kraft. Vielmehr sind Juden und Christen gleichermaßen berufen, sich als *Volk des Bundes* und als *Licht der Völker* (Jes 49,6; Mt 5,14) zu verstehen.
- Im Verhältnis der Kirche zur Synagoge stehen also Wahrheit neben Wahrheit und Glaube neben Glaube – auf Augenhöhe: Der jüdische Weg ist aus christlicher Sicht ein vollgültiger, in keiner Hinsicht defizitärer Weg zum Heil.
- Weil der Bund Gottes mit Israel und die Tora einen eigenständigen Weg zum Heil weisen, aber auch im Blick auf die unheilvolle Geschichte der christlichen Judenmission darf es keine Missionsversuche von Seiten der Christen mehr geben. Zu einem umfassenden Verständnis des Christentums gehört auch die Kenntnis des Alten Testaments, einschließlich seiner jüdischen Lesarten, und der Dialog mit den Juden, unseren Brüdern und Schwestern im Glauben.

Wenn Christentum und Judentum zu Dialog und Versöhnung gefunden haben, ergeben sich eine Fülle gemeinsamer Probleme und Aufgaben:

- Beide Religionen suchen Antworten auf die Modernisierungsprozesse der Neuzeit, die zu einem Traditionsverlust und zur Schwächung religiöser Traditionen und Bindungen führen.
- Beide Religionen müssen klären, wie sie mit fundamentalistischen Strömungen in ihren eigenen Reihen umgehen wollen.
- Beide Religionen sollten den Schwächeren und Benachteiligten Gehör verschaffen und eintreten für Frieden und Gerechtigkeit. Weil der eine Gott keine anderen Götter neben sich duldet, sollten Christen und Juden sensibel sein für Totalitarismus und für moderne Formen des Götzendienstes und diese entlarven, wo immer sie sich zeigen.
- Weil beide Religionen sich zur Gottebenbildlichkeit und Würde des Menschen bekennen, sind sie gefordert, der fortschreitenden Ökonomisierung der Lebensverhältnisse entgegenzuwirken.

Fortsetzung Seite 66

Höre, Israel!

Höre, Israel, der Ewige ist unser Gott, er allein.
Und du sollst ihn, deinen Gott, liebhaben von
ganzem Herzen,
von ganzer Seele und mit all deiner Kraft.
Und diese Worte, die ich dir heute gebiete,
sollst du zu Herzen nehmen.
Und sollst sie deinen Kindern einschärfen
und davon reden,
wenn du in deinem Hause sitzt oder unterwegs bist,
wenn du dich niederlegst oder aufstehst.
Und du sollst sie binden zum Zeichen
auf deine Hand,
und sie sollen dir ein Merkzeichen
zwischen deinen Augen sein,
und du sollst sie schreiben auf die Pfosten
deines Hauses und an die Tore.

- Beide Religionen sollen die Erinnerung an die Schoah wachhalten, für ein besseres Verständnis des Judentums werben und allen Formen der Verteufelung anderer entgegenwirken.
- Trotz aller Schwierigkeiten sollen Juden und Christen das Gespräch zwischen den drei monotheistischen Religionen fördern. Denn *Juden und Christen sind als Söhne* (und Töchter) *Abrahams berufen, Segen für die Welt zu sein* (JOHANNES PAUL II.), und der Weltfrieden hängt nicht zuletzt vom Frieden unter den Religionen ab.

In den letzten Überlegungen klingt eine Utopie an: Von unschätzbarem Wert wäre es, wenn im christlich-jüdischen Gespräch Formen des Dialogs erprobt würden, die modellhaft für die Verständigung zwischen den Religionen wirken könnten. Dabei lassen sich zwei Formen des interreligiösen Dialogs unterscheiden:

- Im Dialog auf Augenhöhe geht man von der Gleichwertigkeit der Gesprächspartner aus und ist bestrebt, den anderen in seiner Eigenart besser zu verstehen. Im Idealfall lernt man dabei, mit den Augen des anderen zu sehen und mit dem Kopf des anderen zu denken.
- Im Dialog unter der Prämisse der Überlegenheit des anderen erweitern sich die Lern- und Begegnungsmöglichkeiten noch. Dabei geht jeder der beiden Gesprächspartner davon aus, dass der andere Erfahrungen und Einsichten gewonnen hat, die ihm selbst zwar fremd sind, die aber, wenn er sich auf sie einlässt, seine eigene Sicht erweitern. Und dann ist es möglich, dass jeder der Gesprächspartner verändert wird durch den Reichtum der anderen Religion, den er bis dahin nicht wahrgenommen hat.

So könnte es sich – nach all dem Unheil – ergeben, dass der christlich-jüdische Dialog heute Möglichkeiten eröffnet, die über ihn selbst hinausweisen.

ZWEITES KAPITEL

Christentum

Das Problem

2.1 Warum fällt es schwer, sich über das Christentum zu verständigen?

Erste Orientierung

2.2 Was ist christlich?

GESCHICHTLICHER ÜBERBLICK

2.3 Das Christentum: Epochen und Profile

2.3.1 Entstehung und frühe Ausbreitung

2.3.2 Die Reichskirche

2.3.3 Orthodoxes Christentum

2.3.4 Germanisch-lateinisches Christentum

2.3.5 Mittelalterliches Christentum

2.3.6 Protestantisch-reformatorisches Christentum

Römisch-kath. Kirche s. Kap. 6

2.3.7 Das Christentum unter dem Einfluss von Aufklärung und Moderne

Ausblick

2.4 Das Christentum in einer globalisierten Welt

2.1 Warum fällt es schwer, sich über das Christentum zu verständigen?

Wer als Gläubiger über das Christentum diskutiert, gerät leicht in einen Argumentationsnotstand. Er möchte seine Religion erklären oder gar deren segensreiche Wirkungen verteidigen, aber immer wieder fällt ihm sein kritischer Gesprächspartner mit Gegenargumenten ins Wort: Kreuzzüge, Inquisition*, Hexenverbrennungen, Meinungsunterdrückung, Frauendiskriminierung und zahlreiche andere Verstöße gegen den Geist des Evangeliums in Geschichte und Gegenwart.

Schwierigkeiten

Damit trotz solcher berechtigten Einwände, trotz der persönlichen Betroffenheit und der emotionalen Bindungen solche Gespräche gelingen, müssen sich die Partner einiger grundsätzlicher Schwierigkeiten bewusst werden.

Ideal und Wirklichkeit

Im Gespräch über das Christentum (wie auch über andere Institutionen, die ideale Ziele verfolgen) muss man zwischen *Ideal* und *Wirklichkeit* unterscheiden, zwischen den humanen Leitideen des Glaubens und der Art, wie man versucht oder versäumt hat, diese in der Geschichte zu verwirklichen. Die Welt, in der wir leben, ist eine gebrochene – oder christlich gesprochen: von der Erbsünde* gezeichnete – Welt, in der Ideale das Handeln zwar in bestimmte Richtungen zu lenken vermögen, aber selbst niemals in reiner Form durchzusetzen sind. Daraus folgt: *Auch die dunklen Seiten gehören zum Wesen des Christentums.*

Geschichtlichkeit und Veränderlichkeit

Das Christentum ist eine Weltreligion, die im Laufe ihrer zweitausendjährigen Geschichte Bündnisse mit unterschiedlichen Kulturen und geistigen Milieus eingegangen ist. Es hat sich entfaltet und dabei sein Aussehen und seine Gestalt verändert. Die Urkirche des ersten Jahrhunderts war eine andere als die des Mittelalters, und heutige Gemeinden leben anders als die Gemeinden einer Volkskirche in der Mitte des 20. Jahrhunderts.

Kurzum: Das Christentum ist eine Religion, die *sich verändert* hat und *geschichtlich* ist.

Ungleichzeitigkeiten und Widersprüche

So gibt es auch heute noch Regionen, in denen Gemeinden volkskirchliche Züge tragen, weil in ihnen die religiöse Praxis eher eine Sache der Tradition und Gewohnheit als der persönlichen Entscheidung ist. Damit stoßen wir auf ein weiteres Problem im Gespräch über das Christentum: In einer großen Religion gibt es *Ungleichzeitigkeiten* und *Widersprüche.* Denn in ihr existieren Überzeugungen und Frömmigkeitsformen nebeneinander, die unterschiedlichen Entwicklungsstufen und Milieus zuzuordnen sind. Konfessionell einheitliche und traditionale Gesellschaften erzeugen andere Einstellungen und Verhaltensformen als die Diasporasituation von Christen in einer modernen kirchenfernen Großstadt.

Pluralität und konfessionelle Vielfalt

Auch in konfessioneller Hinsicht ist das Christentum keine einheitliche Größe. Der genauere Blick in die Welt des Christlichen fördert bunte Vielfalt, Fremdartiges und auch Exotisches zutage: altchristliche Bekenntnisse wie die der Kopten* in Ägypten, orthodoxe Kirchen in den Ländern Osteuropas und auf dem Balkan (→ 2.3.3), römisch-katholische Christen in Süd- und Mitteleuropa, in Südamerika und Afrika, Kirchen, die in Nordeuropa und in Nordamerika auf dem Boden der Reformation gewachsen sind (→ 2.3.6), geistbewegte Pfingstkirchen in Südamerika (→ 2.4), Fernsehprediger und Erweckungskirchen in den Vereinigten Staaten ... Die Liste ließe sich bis ins Unübersichtliche fortschreiben. Offensichtlich gibt es eine *Vielzahl von Christentümern, christlichen Konfessionen und Gemeinschaften*, die sich in Bekenntnis und Tradition, in Liturgie und Brauchtum, in Lebensstil und Temperament voneinander unterscheiden.

Innen- und Außensicht

Wer sich eine Meinung über das Christentum bildet, urteilt immer von seiner Lebensgeschichte aus. Er kann das Christentum als Gläubige/r von innen oder als Außenstehende/r betrachten. Und für Christen wird das Urteil auch davon abhängen, ob sie gute oder schlechte Erfahrungen mit der Kirche und ihren Vertretern verbinden.

Fortsetzung Seite 72

Das Apostolische Glaubensbekenntnis

Ich glaube an Gott,
den Vater, den Allmächtigen,
den Schöpfer des Himmels und der Erde,

und an Jesus Christus,
seinen eingeborenen Sohn, unsern Herrn,
empfangen durch den Heiligen Geist,
geboren von der Jungfrau Maria,
gelitten unter Pontius Pilatus,
gekreuzigt, gestorben und begraben,
hinabgestiegen in das Reich des Todes,
am dritten Tage auferstanden von den Toten,
aufgefahren in den Himmel;
er sitzt zur Rechten Gottes, des allmächtigen Vaters;
von dort wird er kommen,
zu richten die Lebenden und die Toten.

Ich glaube an den Heiligen Geist,
die heilige katholische/christliche Kirche,
Gemeinschaft der Heiligen,
Vergebung der Sünden,
Auferstehung der Toten
und das ewige Leben.
Amen.

Glaubensbekenntnis

Dorothee Sölle

Ich glaube an Gott
der die Welt nicht fertig geschaffen
hat
wie ein Ding das immer so bleiben
muss
der nicht nach ewigen Gesetzen regiert
die unabänderlich gelten
nicht nach natürlichen Ordnungen
von Armen und Reichen
Sachverständigen und
Uninformierten
Herrschenden und Ausgelieferten

Ich glaube an Gott
der den Widerspruch des Lebendigen
will
und die Veränderung aller Zustände
durch unsere Arbeit
durch unsere Politik

Ich glaube an Jesus Christus
der recht hatte als er
ein Einzelner
der nichts machen kann
genau wie wir
an der Veränderung aller Zustände
arbeitete
und darüber zugrunde ging
an ihm messend erkenne ich
wie unsere Intelligenz verkrüppelt
unsere Fantasie erstickt
unsere Anstrengung vertan ist
weil wir nicht leben wie er lebte
jeden Tag habe ich Angst
dass er umsonst gestorben ist
weil er in unseren Kirchen verscharrt ist
weil wir seine Revolution verraten haben
in Gehorsam und Angst vor den
Behörden

Ich glaube an Jesus Christus
der aufersteht in unser Leben
dass wir frei werden
von Vorurteilen und Anmaßung
von Angst und Hass
und seine Revolution weitertreiben
auf sein Reich hin

Ich glaube an den Geist
der mit Jesus in die Welt gekommen ist
an die Gemeinschaft der Völker
und unsere Verantwortung für das
was aus unserer Erde wird
ein Tal voll Jammer Hunger und
Gewalt
oder die Stadt Gottes
Ich glaube an den gerechten Frieden
der herstellbar ist
an die Möglichkeit eines sinnvollen
Lebens
für alle Menschen
an die Zukunft dieser Welt Gottes.
Amen.

Weiterführende Fragen nach dem „Wesen“ des Christentums und typischen Gestaltformen

Die angedeutete Pluralität des Christlichen, die Relativität des eigenen Urteils und die damit verbundene Unschärfe des Begriffs „Christentum“ machen die Frage dringlich, ob es ein bleibendes Wesen des Christentums gibt und welches seine Kernbotschaft ist (→ 2.2).

Die Vielgestaltigkeit macht es aber auch notwendig, wichtige Epochen der Geschichte vorzustellen. Sie machen verständlich, wie das Christentum entstanden ist, unter welchen sozialen und kulturellen Einflüssen es sich entwickelt und in welchen typischen Lebens- und Gesellschaftsformen es sich geschichtlich verwirklicht hat (→ 2.3.1 – 2.3.7).

2.2 Was ist christlich?

Leicht geht sie über die Lippen: die Rede vom *christlichen* Abendland, von den *christlichen* Wurzeln unserer Kultur, vom *christlichen* Menschenbild oder von den *christlichen* Werten. Solche Begriffsbildungen erwecken den Eindruck des Eindeutigen, als stünde von vornherein fest, was christlich ist.

Pluralität des Christlichen

Tatsächlich aber ist das Christentum eine Religion mit einer langen Vergangenheit, die eine Vielzahl von Christentümern, Konfessionen und Gemeinschaften hervorgebracht hat. Etwas überspitzt darf man sagen: Auch bei einer traditionsorientierten Religion, die sich immer wieder auf ihre Anfänge in Jesus Christus als Norm ihres Handelns beruft, *ist der Wandel Teil ihres Wesens.*

Christliche Gemeinsamkeiten

Jenseits aller konfessionellen Unterschiede gibt es dennoch Gemeinsamkeiten, die die Rede vom *Christlichen* als berechtigt erscheinen lassen. Sich solcher Gemeinsamkeiten bewusst zu werden, fördert nicht nur die begriffliche Klarheit, sondern ist auch Voraussetzung für den innerchristlichen (ökumenischen*) Dialog wie für das Gespräch mit den anderen Weltreligionen.

Monotheismus und Offenbarung

Mit dem Judentum, seiner Mutterreligion, aber auch mit dem Islam teilt das Christentum den Glauben an den *einen* Gott und versteht sich deshalb als *monotheistische Religion.*

Christen glauben, dass dieser Gott die Welt erschaffen, Israel zu seinem auserwählten Volk berufen und mit ihm einen Bund geschlossen hat. Immer wieder hat er sich durch Propheten – nach christlicher Überzeugung zuletzt in Jesus Christus – als ein den Menschen zugewandter und liebender Gott, als Anwalt der Humanität offenbart (→ 4.4). Darum ist das Christentum eine *prophetische Offenbarungsreligion*, nicht eine mystische* Religion, in der der Mensch durch Versenkung in das eigene Innere sein Heil findet. Weil Christen in den Schriften des Alten und Neuen Testaments das Wort Gottes sehen, ist das Christentum zugleich *eine Religion des Wortes und des Buches.*

Nachfolge Christi

Alle christlichen Gemeinschaften bekennen sich zu Jesus Christus, den sie als Messias*, als auf Erden erschienenen Gott, als Sohn Gottes, als Mittler zwischen Gott und den Menschen, als Erlöser oder als göttlichen Lehrer der Menschheit verehren. Deshalb steht im Zentrum des Christentums keine Idee oder ein Prinzip, sondern eine lebendige, anschauliche Person, zu der Menschen in eine persönliche Beziehung treten können. Sein Verhalten, seine Lehre und sein Schicksal haben die Fantasie beflügelt, Emotionen geweckt, Kreativität freigesetzt und zur Nachfolge bewegt. Für Christen ist er *der Weg, die Wahrheit und das Leben* (Joh 14,6).

Leben unter der Herrschaft Gottes

Jesus beruft sich für seine Sendung auf Gott, den er „Vater“ nennt. Er verkündet den Anbruch der endzeitlichen Gottesherrschaft (→ 5.4). Sie ist auf das Heil der Menschen ausgerichtet; sie ist aber auch eine Quelle der Unruhe und der Unzufriedenheit: Christen können die Unzulänglichkeit ihrer Lebensverhältnisse nicht übersehen, wenn sie diese am Ideal der Gottesherrschaft messen.

Gottes- und Nächstenliebe

Zu Bürgern des Reiches Gottes sind auch jene berufen, die nach damaligem Denken den religiösen Normen nicht genügen (können). Deshalb solidarisiert Jesus sich mit Randgruppen, heilt Kranke und vergibt Sünden. Als Grundhaltung der neuen Zeit fordert er die Liebe zu Gott und den Menschen, die auch den Feind nicht ausschließt.

Das Kreuz als Symbol

Die Radikalität Jesu führt zu Konflikten mit der religiösen und politischen Obrigkeit und schließlich zum demütigenden Tod am Kreuz. Aufgrund charismatischer* Erfahrungen und in Übernahme biblischer Deutungsmuster kommen seine Anhänger zu der Überzeugung, dass der Gekreuzigte nicht im Tod verblieben, sondern von Gott auferweckt wurde. Aus dem Zeichen der Schmach wird das Kreuz zum Zeichen des Sieges und fortan zum zentralen Symbol des Christentums. *Für Juden ein empörendes Ärgernis, für Heiden eine Torheit* (1 Kor 1,23). Dennoch sehen Christen im Kreuz ein Symbol, in dem die Humanität Jesu, die Erfahrung menschlichen Scheiterns und der Glaube an dessen Aufhebung in Gott zeichenhaften Ausdruck finden (→ 5.5; → 5.6).

Gemeinden

Wichtigste Form der Gemeinschaftsbildung ist die *Gemeinde*. Christliche Gemeinden sind Orte des Gottesdienstes und Gebets, der gegenseitigen Unterstützung und der Kommunikation unter den Gläubigen.

Christliche Gemeinden werden geleitet von *Gemeindeleitern*, die als geweihte Priester einen eigenen Stand in den Kirchen bilden (katholische Kirche, orthodoxe Kirchen, anglikanische Kirche) oder von den Gemeinden zu Leitern berufen werden. Protestantische und reformierte Gemeinden werden durch ein Gremium aus Gemeindemitgliedern (Älteste, Presbyter) geführt (→ 2.3.6).

Einheit und Trennung

Die meisten Gemeinden gehören größeren Zusammenschlüssen (Bistümer, Patriarchate, Kirchenkreise, Landeskirchen, weltkirchliche Zusammenschlüsse) an und stehen dadurch in Verbindung miteinander, mit den Kirchen eines Landes oder mit der gesamten Ökumene*. Die Trennung der Kirchen ist aber immer auch als Mangel empfunden worden. Denn schon im Johannesevangelium findet sich die Forderung: *Alle sollen eins sein* (Joh 17,21). Dahinter steht der Glaube an den einen Gott aller Menschen und an die Universalität der Sendung Jesu. Deshalb soll auch die Menschheit insgesamt eine Solidargemeinschaft bilden, die über die Lebenden hinaus auch die Toten und künftige Generationen umfasst.

Sakramente

Gemeinsam sind den christlichen Gemeinschaften *Sakramente,* zeichenhafte Handlungen, die zentrale Überzeugungen und Motive des Glaubens symbolisch zum Ausdruck bringen. Durch die *Taufe* auf den Namen Jesu Christi werden Christen in die Gemeinde aufgenommen; *Eucharistie* und *Abendmahl* vergegenwärtigen als Gedächtnis- und Liebesmahl das letzte Mahl, das Jesus vor seinem Tod mit seinen Jüngern feierte.

Andere wichtige rituelle Handlungen und Passageriten*, die aber nicht von allen christlichen Gemeinschaften als Sakramente gewertet werden, betreffen Buße und Sündenvergebung, Erwachsenwerden (Firmung und Konfirmation), Eheschließung, Weihe zum Priesteramt und Beauftragung zum Gemeindedienst.

Christliche Hoffnung

Die Kirchen und christlichen Gemeinschaften sind davon überzeugt, dass mit Jesus von Nazaret eine neue Zeit angebrochen ist, die ihr Ziel in der Vollendung der Geschichte findet. Deshalb ist die Hoffnung eines der zentralen Motive christlichen Glaubens. Von ihr geht der Wille aus, das Leben menschlicher zu machen und die Verhältnisse in der Welt zum Besseren hin zu verändern. Vielleicht bilden die christlich geprägten Länder deshalb auch den Boden, auf dem sich Fortschrittsglaube und moderne Kultur in besonderer Weise entwickeln konnten.

2.3 Das Christentum: Epochen und Profile

2.3.1 Entstehung und frühe Ausbreitung

Paulus aus Tarsus (ca. 3 v.Chr. – 64 n.Chr.) legt den Grundstein zur Ausbreitung des Christentums in der griechisch-römischen Welt.

Frühe Gemeinden

Die ersten christlichen Gemeinden entstanden in Jerusalem und Galiläa. In ihnen fanden sich Anhänger Jesu von Nazaret zusammen, die davon überzeugt waren, dass mit Jesu Tod am Kreuz seine Sendung nicht gescheitert sei. Vielmehr sei ein neues Zeitalter angebrochen, dessen Vollendung unmittelbar bevorstehe (*eschatologische* Naherwartung*). Nach ihrem Selbstverständnis waren sie jüdische Gemeinden mit christlicher Ausrichtung. Ihre Mitglieder beachteten das jüdische Gesetz, nahmen an Gottesdiensten im Tempel teil, bekannten sich aber zu Jesus von Nazaret als dem erwarteten Messias*.

Der „Völkerapostel" Paulus

Seinen Eintritt in die hellenistische* Welt verdankt das Christentum Paulus, einem Mann, der in mehreren Kulturen heimisch war und für das Christentum zum „Völkerapostel" wurde. Er war als pharisäischer Jude in Tarsus, einer hellenistischen* Stadt Kleinasiens, aufgewachsen und hatte von seinem Vater das römische Bürgerrecht ererbt.

Nach seiner Konversion zum Glauben an Jesus Christus gründete Paulus in Kleinasien und Griechenland heidenchristliche Gemeinden, die die Beachtung des jüdischen Gesetzes nicht mehr verlangten (Verzicht auf Beschneidung, Speisegesetze, jüdische Gebetsvorschriften). Für diese Öffnung erreichte er die Zustimmung der „Ältesten" auf dem Jerusalemer *Apostelkonzil* (vgl. APG 15). Dadurch konnte sich das Christentum in den nächsten drei Jahrhunderten vor allem in den Städten des Römischen Reiches ausbreiten. PAULUS hat den Grund dafür gelegt, dass das Christentum sich zu einer Weltreligion entwickelte.

Distanz zur Mehrheitskultur

Allerdings war das Christentum kein willkommener Gast in der römisch-hellenistischen Welt. Seine *Leugnung der heidnischen Götter*, seine *Distanz zum Staat* und seine *Reserviertheit gegenüber der Mehrheitskultur* der heidnischen Mitbürger provozierten Misstrauen und Ablehnung, die sich zunächst in spontanen und örtlich begrenzten (64–250), später in systematischen *Christenverfolgungen* (250 – 311) äußerten.

Vorwürfe der Gegner

Die Hauptvorwürfe ihrer Gegner lauteten:

- Die Christen sind *Gottesleugner*, da sie die Götter des Staates nicht anerkennen und verehren.
- Da diese Götter die Sicherheit und das Wohlergehen des Staates garantieren, gefährden die Christen das Wohl des Staates und die öffentliche Ordnung, kurz: Sie sind *Staatsfeinde.*
- Den Vorwurf, Menschenfeinde und *Verächter der Kultur* zu sein, zogen sich die Christen zu, weil sie vielen Orten, die das öffentliche Leben einer antiken Stadt bestimmten, auswichen: Sport- und Zirkusarenen, Bädern und Theatern. Auch an anderen Werten, die die Zeit hoch schätzte, zeigten die frühen Christen kein Interesse: weder an Bildung und Wissenschaft noch an Karriere und Ansehen in öffentlichen Ämtern.
- Bis gegen Ende des 2. Jahrhunderts verweigerten sie auch den (freiwilligen) Militärdienst, weil damit Grausamkeiten und Mord, aber auch der religiöse Fahneneid und Opfer für die Götter verbunden waren.

Motive der Christen

Motive für die Distanz der Christen zur Mehrheitskultur lagen in ihren religiösen Überzeugungen und der daraus abgeleiteten Lebensweise:

- In der Frühzeit des Christentums war noch die Erwartung des baldigen Weltendes (*Naherwartung*) lebendig, die Engagement in der Gesellschaft als überflüssig erscheinen ließ.
- Der strenge *Monotheismus* schreckte vor Berührungen mit einer Kultur zurück, die in allen ihren Äußerungen vom heidnischen Götterglauben durchdrungen war.
- Das religiöse und soziale Leben der Christen spielte sich jenseits der Öffentlichkeit in Privathäusern ab; darüber hinaus unterlagen zentrale Kulthandlungen wie Taufe und Eucharistie der Geheimhaltung (*Arkandisziplin*).

Attraktivität des christlichen Glaubens

Dennoch wäre der rasche Aufstieg des Christentums unverständlich, wenn der christliche Glaube nicht auch Sehnsüchte und Bedürfnisse der Zeit angesprochen hätte.

- Die *Glaubenslehre* war im Grunde einfach: Das Bekenntnis zu dem einen Gott, der alle Menschen liebt und mit dem man in Gebet, Gottesdienst und Sakramenten* in Beziehung treten kann, führte Angehörige verschiedener Völker, Rassen, Kulturen und sozialer Schichten zu einer Gemeinschaft zusammen.
- Die *Klarheit der ethischen Regeln* und die *Lebensweise der Christen* waren attraktiv für die *Mühseligen und Beladenen* (Mt 11,28), die kleinen Leute und Sklaven, denen christliche Menschlichkeit ein Gefühl für ihre Würde schenkte und die in den Gemeinden Solidarität und menschliche Wärme erlebten. Der reichsweite Zusammenhalt der Christen, ihre Gastfreundschaft und gegenseitige Hilfe, die Sorge für die Armen und die beträchtlichen finanziellen Mittel, die sie dort einsetzten, wo staatliche Hilfe versagte, steigerten das gesellschaftliche Ansehen der jungen Religion.
- Das Christentum hatte die Kraft, *Gegensätze in sich zu vereinen* und dadurch eine große Zahl von Menschen zu integrieren. Es erzählte den Mythos von der Menschwerdung eines präexistenten* Gottessohnes und bemühte sich zugleich um eine nach antiken Maßstäben vernünftige wissenschaftliche Erklärung dieses Mysteriums* (→ 4.5; 5.9). In der Feier des Gottesdienstes wiederum konnte dieses Geheimnis emotional nachvollzogen werden. Christen hatten ihre wahre Heimat im Himmel und blieben doch der Erde treu; sie waren Bürger

zweier Welten. Sie standen dem kulturellen und sozialen Leben der Zeit kritisch gegenüber und bejahten doch das römische Imperium, das sie in den nächsten Jahrhunderten umformen sollten. So erschien das Christentum als eine radikale und vernünftige Religion, in der sich Enge und Weite miteinander verbanden.

Erlaubte Religion/ Staatsreligion

Im Zuge seiner Ausbreitung legte das Christentum seinen sektenhaften Charakter immer mehr ab und öffnete sich der hellenistischen* Kultur. Durch diese Hinwendung zur „Welt" und durch die Teilnahme an der Kultur wurde das Christentum auch für geistige und gesellschaftliche Führungsschichten immer attraktiver. Damit veränderte sich im Verlauf der ersten drei Jahrhunderte die Stellung der Kirche. Sie entwickelte sich zu einem „Staat im Staate", den man nur – wie es Kaiser DIOKLETIAN (284 – 305) vergeblich versuchte – durch blutige Verfolgung ausschalten oder als neues religiöses Fundament der Reichseinheit in Dienst nehmen konnte.

Diesen Schritt tat Kaiser KONSTANTIN D.GR. Er gewährte im *Mailänder Protokoll* (313) den Christen Religionsfreiheit und erkannte damit das Christentum als „erlaubte Religion" an. Mit dem *Edikt* des Theodosius* (381) wurde das Christentum sogar Staatsreligion.

2.3.2 Reichskirche (4. – 6. Jahrhundert)

313 Im Mailänder Protokoll („**Toleranzedikt**") stellt Kaiser KONSTANTIN D.GR. das Christentum den anderen Religionen gleich.
391 Unter Kaiser THEODOSIUS wird das Christentum **Staatsreligion.**

Den Aufstieg zu einer Weltreligion verdankt das Christentum Kaiser KONSTANTIN D.GR. (286 – 337). Er gewährte den Christen Religionsfreiheit (313), förderte Klerus und Gemeinden (*Konstantinische Wende*) und begründete die Reichskirche.

Konstantins Entscheidung für den Christengott

Die Entscheidung KONSTANTINS für den christlichen Gott als seinen Schutz- und Kriegsgott geht auf persönliche Motive des Kaisers zurück. Seine politischen und militärischen Erfolge bestärkten ihn in der Überzeugung, unter dem besonderen Schutz dieses Gottes zu stehen und dessen Repräsentant in der Welt zu sein. Seine Sendung sah er darin, das römische Imperium neu zu ordnen und mithilfe des christlichen Glaubens zu einer politischen Einheit zusammenzufügen. Er sah sich als priesterlicher Kaiser und Bischof aller Menschen. Staatsinteresse und Religion waren für ihn, wie schon für seine heidnischen Vorgänger, untrennbar miteinander verbunden.

Er betrachtete das Christentum als den für den Staat am besten geeigneten Kult, förderte deshalb die Kirche und übertrug ihr die Aufgaben der römischen Religion:

Förderung des Christentums

- Als Folge des Toleranzedikts von Mailand erhielten Gemeinden und Privatleute das während der Verfolgungen konfiszierte *Vermögen* zurück. Darüber hinaus waren die Gemeinden seit 321 erbberechtigt.
- KONSTANTIN stiftete die ersten monumentalen *Kirchenbauten,* u.a. in Rom, Konstantinopel, Jerusalem, Betlehem und

Trier. Da die Christen die Bauweise der heidnischen Tempel ablehnten, orientierten sich ihre Architekten an dem religiös unbelasteten Bautyp der *Basilika*, die als Empfangs- oder Thronsaal, Gerichtsort oder Markthalle verschiedenen Zwecken des öffentlichen Lebens diente.

- Da KONSTANTIN überzeugt war, dass die Wohlfahrt des Reiches von der Gunst Gottes abhing, privilegierte der Kaiser die *Kleriker* als herausgehobene Diener Gottes, indem er ihnen Freiheit von staatlichen Abgaben gewährte.
- Die *Bischöfe* erhielten den Rang von kaiserlichen Hofbeamten mit entsprechenden Vorrechten und Hoheitszeichen. Sie wurden mit der Zivilgerichtsbarkeit betraut und hatten Anspruch auf das höfische Protokoll. Aus christlichen Gemeindeleitern wurden kirchliche Würdenträger und Repräsentanten der neuen Reichsreligion.
- KONSTANTIN führte den „Tag des Sonnengottes" als wöchentlich wiederkehrenden gesetzlichen Ruhetag ein und schuf damit den bis heute in der europäischen Welt gültigen *Sonntag* als ersten Wochentag.

Der Kaiser als sichtbares Oberhaupt der Kirche

Da er das Christentum als Klammer des Reiches verstand, stellten theologische Streitigkeiten und Spaltungen das Ideal der Glaubens- und Kulteinheit in Frage und gefährdeten das Wohlwollen Gottes dem Staat gegenüber. Deshalb griff KONSTANTIN als Stellvertreter Gottes und sichtbares Oberhaupt der Kirche in innerkirchliche Streitigkeiten ein, berief Reichskonzilien (Konzil*) ein und suchte die Lehrmeinung der Kirche zu vereinheitlichen.

Die von KONSTANTIN begründete enge Verbindung von Staat und Kirche (Staatskirche) wurde durch Kaiser THEODOSIUS vollendet, indem er 391 das Christentum zur Staatsreligion erhob und alle heidnischen Kulte verbot.

Christentum und antike Kultur

Durch KONSTANTIN war das Christentum unerwartet in die Rolle einer staatstragenden Religion gelangt. Einerseits begann der christliche Glaube das sittliche Bewusstsein zu prägen: Die Kreuzigungsstrafe wurde abgeschafft; Gladiatorenkämpfe und die Aussetzung von Neugeborenen wurden verboten; die Ehescheidung

Fortsetzung Seite 84

Was Reichskirche heißt, zeigt die Darstellung des zweiten allgemeinen Konzils von Nicäa (787) in einer Handschrift des 10. Jahrhunderts.
Die Bildmitte nimmt das Doppelkreuz ein. Es verweist auf die Gegenwart Christi, dem sich das Konzil in seinen Entscheidungen verpflichtet weiß.
Im Halbkreis rechts des Kreuzes thront dominierend, deutlich erhöht durch Thronsessel und Fußschemel, der Kaiser mit Krone und Nimbus als Zeichen seiner Hoheit und Herrschaft.
Einen Halbkreis um ihn herum bilden die Bischöfe in liturgischen Gewändern, ohne Kopfbedeckung, aber mit dem Omophorion, einem mit

Das zweite allgemeine
Konzil von Nicäa

Ein Bild der Reichskirche

Kreuzen versehenen Schulterband, dem Zeichen ihrer Bischofswürde. Alle sechs Bischöfe halten Bücher in ihren Händen und machen Gesten, die sie als redend kennzeichnen.
Vor der Versammlung liegt, zu Boden niedergestreckt, durch ein ovales Band deutlich ausgeschlossen aus der Gemeinschaft, ein Häretiker mit einer Schriftrolle.
Kirche und Staat sind symbiotisch verschmolzen. Der Kaiser präsidiert den Konzilien und nimmt Einfluss auf Glaubensentscheidungen. Wer vom rechten Glauben abweicht, stellt die innere Einheit des Reiches in Frage und ist deshalb Häretiker und Staatsfeind zugleich.

wurde erschwert, die außereheliche Lebensgemeinschaft (lat. Konkubinat) untersagt; Sklavenfamilien durften nicht auseinandergerissen werden. Andererseits haben die Christen als Lernende die Werte der römischen Kultur aufgenommen, sodass sich das Christentum bis zur Mitte des 4. Jahrhunderts der herrschenden Kultur in hohem Maße angepasst hatte.

Ethos

Philosophie

Vorstellungswelt und Begrifflichkeit der *griechischen Philosophie* dienten den christlichen Theologen (*Kirchenväter*) dazu, den biblischen Glauben in der hellenistischen Geisteswelt zu beheimaten und diskursfähig zu machen. Dies betrifft vor allem die Gestalt Jesu Christi, die zusammen mit dem Gottesglauben in der Begrifflichkeit griechischer Seinsphilosophie gedeutet wurde (→ 5.9).

Kunst

Da den Christen anfangs keine eigene Bilderwelt zur Verfügung stand, war man auch in der Malerei und Bildhauerkunst auf heidnische Vorbilder angewiesen. Die frühesten christlichen Malereien finden sich seit dem Ende des 2. Jahrhunderts in den römischen Katakomben*. Außer Mahlgemeinschaften und biblischen Erzählungen wählten die christlichen Künstler Motive, die Glück und Frieden, das Paradies und das Weiterleben nach dem Tod verheißen. Zur Darstellung solcher Erwartungen boten sich auch heidnische Motive, wie „Orpheus unter Tieren", Männer in Gebetshaltung oder auch das Bild des Guten Hirten an.

Mit der Etablierung des Christentums in wohlhabenderen Kreisen wurde auch die traditionelle Sarkophagskulptur christlich überformt.

Kirchenorganisation

Schon früh hatte sich die Organisation der Kirche den politischen Strukturen angepasst. Seit Ende des 1. Jahrhunderts leiteten *Bischöfe*, unterstützt von Priestern, die städtischen Gemeinden.

In der weiteren Entwicklung übertrug sich die herausgehobene politische und kulturelle Bedeutung der Provinzhauptstädte (Metropolen) auch auf die kirchliche Verwaltung. Weil in ihnen die *Synoden* (Zusammenkünfte) stattfanden, auf denen Fragen des Glaubens und der Kirchenordnung entschieden wurden, wuchs den ortsansässigen Bischöfen als *Metropoliten* ein Vorrang vor den übrigen Bischöfen der Provinz zu.

In Anpassung an die übergeordneten Verwaltungseinheiten des Reiches erlangten fünf Metropolen und ihre Bischöfe einen besonderen Rang: Alexandrien, Antiochien, Rom, Konstantinopel und wegen seiner religiösen Bedeutung Jerusalem. Die Bischöfe dieser „Super-Metropolen“ nannte man *Patriarchen* und ihre Verwaltungsbezirke *Patriarchate*.

Einheit von Kirche und Reich

Im öffentlichen Bereich identifizierten sich die Christen nach der Konstantinischen Wende fast gänzlich mit der politischen und sozialen Ordnung des Römischen Reiches. Kirche und Reich verschmolzen zur Einheit der *Reichskirche:* Das Reich war ein Abbild des himmlischen Reiches und seine Grenzen waren die Grenzen der Christenheit. Rom und Konstantinopel bildeten seine politischen und religiösen Zentren. Und der Kaiser erhob den Anspruch, als Beauftragter Gottes und oberster Bischof Kirche und Welt zu regieren.

2.3.3 Orthodoxes Christentum

1054 Trennung der griechisch-orthodoxen Ostkirche von der lateinisch-römischen Westkirche (**Morgenländisches Schisma**)

Neben der römisch-katholischen Kirche und den protestantischen Kirchen bilden die orthodoxen Kirchen mit ca. 300 Millionen Mitgliedern die drittgrößte Konfession innerhalb des Christentums.

Kennzeichen der Orthodoxie

Die zahlreichen orthodoxen Landeskirchen verstehen sich als die eine *Orthodoxe Kirche.* Sie eint die gemeinsame Überzeugung, den frühchristlichen Glauben der ersten sieben ökumenischen Konzilien durch die Jahrhunderte treu bewahrt zu haben (griech. *Orthodoxie*: rechter Glaube). Dennoch bildet nicht die richtige Lehre, sondern der Lobpreis Gottes in der *Liturgie* den Kern orthodoxer Frömmigkeit. Das Lob Gottes drückt sich vor allem in den feierlichen Gottesdiensten aus, in denen Chorgesang, Rezitation liturgischer Texte, Prozessionen der Priester und Segnungen eine mystische Faszination verbreiten.

Fester Bestandteil des Gottesdienstes und der Frömmigkeitspraxis der Ostkirche sind die *Ikonen*. Diese Kultbilder stellen Christus, Maria, Apostel, Heilige oder biblische Szenen dar und werden nach strengen liturgischen Vorschriften angefertigt. Sie sind Fenster zum Himmel und werden verehrt als Abbilder, in denen das Göttliche sichtbar wird.

Verfassung

Organisiert ist die orthodoxe Kirche in 14 *autokephale* (griech. autos/kephalos: eigen/Haupt), d.h. *selbstständige Landeskirchen*, die sich jedoch untereinander und mit dem Patriarchen von Konstantinopel als ihrem rangältesten Wortführer verbunden fühlen. Organ ihrer Einheit ist die *Ökumenische* Synode*. Die Eigenständigkeit der Landeskirchen zeigt sich vor allem in ihrer synodalen Verfassung. Die Synoden, die sich aus den Bischöfen, Vertretern des Klerus, der Klöster und Laien zusammensetzen, wählen die Bischöfe und Leiter der Kirchen und sind das höchste Beschlussorgan der Landeskirchen.

Ursachen der Trennung von Ostkirche und Westkirche

Die Trennung der orthodoxen Kirche des Ostens von der römischen Kirche des Westens ist Ergebnis eines schleichenden Prozesses der Entfremdung, in dem neben religiösen und politischen Gründen auch mangelnde Sensibilität und diplomatisches Ungeschick der beteiligten Kirchenführer eine Rolle spielten.

Konkurrenz zwischen den Bischöfen von Rom und Konstantinopel

- Nachdem *Konstantinopel* im Jahre 330 neue Hauptstadt des Römischen Reiches geworden war, stieg auch der Bischof der

Stadt in den Rang eines „Patriarchen" auf und erlangte schließlich durch ein Konzil die gleichen Rechte wie der Bischof von Rom. Damit entstand eine *Konkurrenzsituation* zwischen Rom und Konstantinopel, zumal der römische Bischof seinen Anspruch auf den Primat (Vorherrschaft unter den Bischöfen) gefährdet sah.

- Die Situation verschärfte sich durch die besondere Stellung des Kaisers. Dieser trat zwar als Schutzherr und Förderer der Kirche auf, erhob aber zugleich den Anspruch, Stellvertreter Gottes auf Erden und damit ihr oberster Bischof zu sein (*Cäsaropapismus*). Aufgrund dieser Herrscherideologie entwickelte sich das *byzantinische Staatskirchentum* (→ 2.3.2.)

Byzantinisches Staatskirchentum

- Unterschiedliche Traditionen und Frömmigkeitsformen vertieften die Entfremdung. Im Osten prägten *griechische Sprache und Kultur* im Unterschied zum lateinischen Westen das religiöse und öffentliche Leben.

Kulturelle Unterschiede

- Zu einem weiteren Riss führte der *Bilderstreit* im 8. Jahrhundert. Dabei ging es um die Frage, ob die Verehrung von Kultbildern (Ikonen) erlaubt sei. Während der Kaiser die Bilderverehrung ablehnte, stellte sich der römische Papst auf die Seite der Bilderverehrer und löste dadurch religiöse und politische Konflikte aus.

Bilderstreit

- Diese erreichten einen Höhepunkt, als Papst LEO III. an Weihnachten des Jahres 800 den fränkischen König KARL DEN GROSSEN zum Kaiser krönte. Die Byzantiner sahen darin einen Verrat an der Idee der Einheit von Christenheit und Kaiserreich. Von nun an standen sich in *zwei Kaiserreichen* auch zwei religiös-politische Zentren gegenüber.

Kaiserkrönung KARLS D.GR.

- In der Folgezeit belasteten Glaubensstreitigkeiten und gegenseitige Verurteilungen das Verhältnis zwischen Griechen und Lateinern, wobei die römischen Bischöfe ihren Primatsanspruch hartnäckig verteidigten. Zum endgültigen Bruch führten unglücklich geführte *Verhandlungen im Jahre 1054*, in deren Verlauf der römische Papst und der orthodoxe Patriarch

Endgültiger Bruch

von Konstantinopel sich gegenseitig aus der Kirche ausschlossen (*Morgenländisches Schisma:* Kirchenspaltung).

Erst 1965 wurden die gegenseitigen Exkommunikationen von Papst PAUL VI. (1963 – 1978) und dem Ökumenischen Patriarchen von Konstantinopel ATHENAGORAS (1949 – 1972) aufgehoben.

Slawenmission

Zu den großen Leistungen der orthodoxen Kirche gehört die Mission der Slawen, als deren „Apostel" die Brüder CYRILL und METHODIUS verehrt werden. Während die römische Kirche am Latein als Kirchensprache festhielt, verwendeten die griechischen Missionare als Sprache des Gottesdienstes und der Heiligen Schrift die jeweilige Landessprache. Sie berücksichtigten damit die kulturelle Eigenart der Völker, denen sie das Christentum brachten (Inkulturation).

Den Byzantinern gelang es im Laufe des 9. Jahrhunderts, die *Bulgaren*, *Serben* und *Rumänen* zu missionieren und in deren Ländern unabhängige (griech. autokephale) Patriarchate zu errichten.

Mit der Taufe des Fürsten WLADIMIR im Jahre 988 war der Grundstein für die Orthodoxie in Russland gelegt. Bis 1448 blieb die russische Kirche von Konstantinopel abhängig. Nach der Eroberung Konstantinopels durch die Türken (1453) trat *Moskau* als *Drittes Rom* das geistige Erbe des byzantinischen Reiches und seiner Kirche an und wurde das neue Zentrum der Orthodoxie.

Im Laufe ihrer Geschichte waren die orthodoxen Kirchen großen Belastungen ausgesetzt, zunächst durch islamische Herrscher, dann durch religionsfeindliche kommunistische Regierungen.

Unter islamischer Herrschaft haben vor allem die Klöster die nationalen Sprachen und Kulturen bewahrt und sind deshalb bis heute Pfeiler des nationalen Selbstbewusstseins geblieben.

2.3.4 Germanisch-lateinisches Christentum

498 Der Frankenkönig CHLODWIG empfängt die Taufe und schließt sich dem Christentum in seiner römisch-katholischen Form an.
800 Mit der Kaiserkrönung KARLS D.GR. entsteht im Westen des ehemaligen Römischen Reiches ein neues religiös-politisches Zentrum.

Die Missionierung der germanischen Völker führte zu einer Verschmelzung von Antike, Christentum und Germanentum, auf deren Boden sich die Kirche des Mittelalters und die Kultur des Abendlandes entwickelt haben.

Phasen der Christianisierung

Die Christianisierung der Germanen vollzog sich in mehreren Phasen:

Römisch-germanische Gemeinden

- *Römisch-germanische Gemeinden:* Mit den römischen Besatzungstruppen kamen im 2. Jahrhundert auch christliche Soldaten, Beamte und Kaufleute in die römischen Ansiedlungen an Donau, Mosel und Rhein und schlossen sich dort zu Christengemeinden zusammen.

Iroschottische Wandermissionare

- *Iroschottische Mission:* Noch in römischer Zeit hatte sich in Irland und Schottland eine Mönchskirche etabliert, in der der Abt eines Klosters zugleich Bischof der Ortskirche war. Die *iroschottische Mönchskirche* zeichnete sich durch extreme asketische Strenge aus. Sie pflegte die Ohrenbeichte und sah die höchste Form der Aufopferung darin, dass Mönche als heimatlose *Wandermissionare* auf das Festland gingen, um Buße zu predigen und Klöster zu gründen.

Taufe des Frankenkönigs Chlodwig

- *Franken:* Von besonderer geschichtlicher Bedeutung war die Taufe des fränkischen Königs CHLODWIG im Jahre 498 in Reims. Er nahm das Christentum in seiner katholischen (nicht-arianischen*) Form an, und seine Nachfolger gingen eine enge

Beziehung zur römischen Kirche ein. Die Franken stiegen zur Führungsmacht im Westen auf, wurden Schutzherren der römischen Kirche und erlangten mit der Krönung KARLS D.GR. die römische Kaiserwürde.

Mission angelsächsischer Mönche

- *Angelsachsen:* Im Jahre 597 empfing König ETHELBERT VON KENT mit zehntausend Gefolgsleuten aufgrund planmäßiger Missionsbemühungen Papst GREGORS D.GR. die Taufe. Die zahlreichen Klöster auf der britischen Insel wurden zu Zentren antiker und christlicher Gelehrsamkeit.
  Ihre Mönche verbanden römischen Sinn für Recht und Organisation mit der religiösen Sehnsucht, als Wandermissionare die stammverwandten Friesen und Sachsen auf dem Festland zu Christus zu bekehren. Anders als die eigenwilligen iroschottischen Mönche ließen sich die angelsächsischen Missionare vom Papst für ihre Aufgabe beauftragen. Außerdem unterstellten sie sich dem Schutz der fränkischen Könige und zielten auf die Bekehrung der Stammesführer in der sicheren Erwartung, dass das Volk diesen folgen würde. Der Bekehrung folgte der Aufbau einer kirchlichen Organisation mit der Bindung an das römische Papsttum.
  Aus der angelsächsischen Kirche stammt der „Apostel der Deutschen" WINFRIED/BONIFATIUS. Ihm gelang es im Auftrag des Papstes und mit Unterstützung der Herrscher, die fränkische Landeskirche zu ordnen. Er gründete Klöster, errichtete neue Bistümer und verpflichtete den Klerus auf seine Amtspflichten und auf eine klerikale Lebensführung.

Germanisch-lateinisches Christentum

Der Bund des römischen Papstes mit den fränkischen Herrschern und die Christianisierung der Germanen haben den Charakter des westlichen Christentums nachhaltig geprägt:

Kontinuität

Trotz des Mentalitätsumbruchs blieb der Kern des Evangeliums erhalten: der gemeinsame Glaube an den einen Gott und an Jesus Christus, die Taufe als Aufnahmeritus, die Eucharistiefeier und das Ideal der Nachfolge Christi. Auf sozialem und kulturellem Gebiet hat die Christianisierung den Menschen erhebliche Vorteile gebracht: im kulturellen Aufbau des Landes, in der Schriftkultur, bei Maßnahmen zur Friedenssicherung, in der Armenfürsorge und in der Erhöhung der Lebensqualität. Der christliche Glaube bot bessere Hilfen zur Bewältigung des Alltags als die heidnische Kultur: Man konnte mit ihm besser leben und – sterben.

Tendenz zur Klerikerkiche

Mission und Christianisierung der Germanen erscheinen als die Leistung von Mönchen, Priestern, Bischöfen und Papst. Im Unterschied zur Ausbreitung des Christentums in den ersten Jahrhunderten sind sie das Werk von religiösen Amtsträgern. Damit bahnt sich die Trennung des Kirchenvolks in eine Elite von *Klerikern* und eine Masse von *Laien* an, die sich im Mittelalter verfestigte.

Säuglingstaufe

Als Kriterien für den Erfolg der Missionierung wurde die Taufe der Menschen und der Aufbau einer funktionierenden Kirchenorganisation angesehen. Diese Sicht förderte die Entwicklung der Kirche von einer Gemeinschaft der Gläubigen zu einer *hierarchischen* Institution.*

Nach der Stammestaufe verschwand die Erwachsenentaufe fast ganz aus dem kirchlichen Bewusstsein, und die *Säuglingstaufe* wurde die Regel. Weil bei dieser der Glaube des Täuflings keine Rolle mehr spielte, erlangte der äußerlich korrekte Vollzug des Sakraments eine größere Bedeutung als die Gesinnung des Empfängers. Dies förderte die Entwicklung zu einer Kultreligion mit der Gefahr der *Veräußerlichung.*

Veränderung des Bußsakraments: Ohrenbeichte

Auch beim Sakrament der *Buße* vollzog sich eine Verschiebung. In der alten Kirche war nur die öffentliche Buße, und zwar nur einmal im Leben und häufig auf dem Totenbett, gebräuchlich. Die iroschottischen Mönche aber brachten die Privatbuße als Ohrenbeichte für alle auf den Kontinent. Dabei trat als Kompensationsleistung für die Sünde die ihr entsprechende Strafe (Buße) in den Vordergrund. Nicht die innere Gesinnung und der Wille zur Besserung waren entscheidend, sondern die Sünde und ihr Ausgleich. Damit trat die äußere Leistung in den Vordergrund, und die Frömmigkeit wurde zählbar (*Werkgerechtigkeit*).

Heiligen- und Reliquienverehrung

Aus der altkirchlichen Verehrung der Märtyrer an deren Grab entwickelte sich im frühen Mittelalter eine massive *Heiligen- und Reliquienverehrung.* Christus wurde so sehr in die Sphäre Gottes entrückt, dass er als Mittler in der Frömmigkeitspraxis kaum noch in Anspruch genommen wurde. An seine Stelle traten Maria und die Heiligen.

Aberglauben

Aufgrund ihrer archaischen Mentalität brachten die Germanen ein fast unübersehbares Ausmaß von *Aberglauben* ins Christentum ein. Gute und böse Geister wurden überall vermutet, und man versuchte, sie mit magischen Praktiken abzuwehren oder für sich zu gewinnen.

So zeigt die Germanenmission ein doppeltes Gesicht: Sie ist eine beeindruckende Leistung der westlichen Kirche, weil es ihr gelungen ist, die christliche Kultur bis an die Grenzen der damals bekannten Welt auszudehnen. Sie förderte aber auch die Entwicklung zu einer hierarchischen, von Klerikern bestimmten Kirche. Und sie begünstigte Tendenzen einer veräußerlichten Frömmigkeit, die schon im Mittelalter und dann vor allem zu Beginn der Neuzeit die Kritik von Reformbewegungen auf sich gezogen haben (Ketzerbewegungen*, Reformation).

2.3.5 Mittelalterliches Christentum (9. – 15. Jahrhundert)

800 Papst Leo III. krönt den fränkischen König Karl d.Gr. zum Kaiser.
1075 – 1122 Investiturstreit

Name „Mittelalter“

Der Name *Mittelalter* geht auf humanistische Gelehrte des 15. Jahrhunderts zurück. Sie sahen im Mittelalter eine der Antike folgende Epoche, die gekennzeichnet ist durch den allgemeinen Verfall von lateinischer Sprache und Bildung. Sie fühlten sich als Herolde einer neuen Zeit, in der die alten Sprachen und antike Gelehrsamkeit ihre Wiedergeburt erlebten (Renaissance). Obwohl eine solche Bewertung einer Geschichte von tausend Jahren nicht gerecht wird, hat sich der Begriff *Mittelalter* als die „mittlere" Zeit zwischen Antike und Neuzeit durchgesetzt.

Periodisierung

Einer breiten Tradition folgend, kann man das Mittelalter einteilen in:

- Frühmittelalter (ca. 500 – 1050)

Auf den Trümmern des Weströmischen Reiches entstanden germanische Königreiche, unter denen einzig das Reich der Franken zu einer Großmacht aufsteigen konnte. Es ging mit dem römischen Papst ein enges Bündnis ein (→ 2.3.4), das zum *Aufstieg des Papsttums*, zur Einrichtung eines fränkisch-deutschen *Kaisertums* und schließlich zur endgültigen *Spaltung des Christentums* in Ost- und Westkirche führte (→ 2.3.3).

- Das Hochmittelalter (ca. 1050 – 1300)

Papst und Kaiser wurden im Westen die beherrschenden Mächte. Die Auseinandersetzung darüber, wie geistliche und weltliche Macht einander zuzuordnen und voneinander abzugrenzen sind, beherrschte das ganze Mittelalter. Dieser Streit erreichte im Investiturstreit zwischen Papst Gregor VII. (1073 – 1085) und Kaiser Heinrich IV. (1056 – 1106) seinen Höhepunkt.

Die Verschmelzung von Christentum und Germanentum führte zu einer ersten kulturellen Blütezeit im nunmehr christlichen Abendland. Sie äußerte sich in *Architektur* und *bildender Kunst* (Romanik, Gotik), in der *Literatur* (Ritterepen, Minnelyrik) sowie in *Wissenschaft* (Gründung von Universitäten), *Theologie* (Scholastik) und *Frömmigkeit* (Mystik).

- Das Spätmittelalter (ca. 1300 – 1500)

Im Spätmittelalter zerfiel die politische und religiöse Einheit des Mittelalters: *Nationalstaaten* höhlten die Autorität des universalen Kaisertums aus. Das Papsttum wurde von Frankreich abhängig und verlegte seine Residenz 1309 für fast 70 Jahre von Rom nach *Avignon*.

Der Wandel des religiösen Bewusstseins und die Kritik an Feudalismus und Klerikalismus in der Kirche fanden Ausdruck in neuen religiösen Bewegungen (Armutsbewegung → 6.4, Katharer, Waldenser, vgl. Ketzerbewegungen*) und *Reformforderungen*, die schließlich zur Reformation führten (→ 2.3.6).

Mittelalterliches Christentum

Als charakteristische Kennzeichen mittelalterlichen Christentums lassen sich nennen:

Weltanschauliche Einheit

Die abendländische Völkergemeinschaft verband eine *einheitliche Weltanschauung*, die alle Lebensbereiche – Herrschaftssystem, Gesellschaft und Alltagsleben – durchdrang.
Die *Kirche* bildete die höchste religiöse Autorität, die diese Einheit, wenn notwendig auch durch Inquisition und Ketzerverfolgung, zu schützen versuchte.

Macht des Papsttums

Das *Papsttum* erreichte im 13. Jahrhundert den Höhepunkt seiner Macht. Juristisch geschulte Päpste, vor allem INNOZENZ III. (1198 – 1216), leiteten aus ihrem Amt als „Stellvertreter Christi" weitgehende religiöse und politische Herrschaftsansprüche ab. Innerkirchlich wurde der *monarchische Primat* rechtlich abgesichert. Politisch erhoben die Päpste Weltherrschaftsansprüche, die aber an konkurrierenden Ansprüchen der Kaiser, der Fürsten und der sich entwickelnden Nationalstaaten scheiterten.

Bischöfe als Reichs- und Kirchenfürsten

Schon die Karolinger, später die Ottonen und Salier, zogen die Bischöfe und Äbte zur Verwaltung und Verteidigung des Reiches heran, übertrugen ihnen Hoheitsrechte und belehnten sie mit Grundbesitz. So wurden aus den altkirchlichen Gemeindeleitern *Reichs- und Kirchenfürsten*, die bis zur Französischen Revolution das Bild der Hierarchie prägten.

Einfluss der Kleriker

Da die Kirche bis in das 13. Jahrhundert das Bildungsmonopol besaß, besetzten *Kleriker* die Schlüsselstellungen in Verwaltung, Kirche und Wissenschaft. Ihre Vorrangstellung als eigener Stand in der Kirche wurde durch die Verpflichtung zur Ehelosigkeit (Zölibat) und durch Gesetze zur priesterlichen Lebensführung unterstrichen.

Priesterliturgie

Klerikal geprägt war auch die *mittelalterliche Liturgie*. Im Dienste der Vereinheitlichung des Reiches wurde die feierliche römische Papstliturgie samt der lateinischen Sprache von den Franken übernommen und zu einem sakralen Gesamtkunstwerk verfeinert, dessen Restbestände sich bis heute in feierlichen Hoch- und Pontifikalämtern (Bischofsgottesdiensten) erhalten haben.

Die Menschen des Mittelalters waren eingebettet in eine umfassende *Schöpfungsordnung*, die ihr eigenes Leben erklärte (Menschenbild), ihre Stellung in der Gesellschaft rechtfertigte (Ständeordnung) und den Lauf der Weltgeschichte deutete (Heilsgeschichte).

Das Kirchenjahr als Spiegel universaler Ordnung

Anschaulich wurde diese Ordnung im Kalender des *Kirchenjahres.* In seiner Periodisierung und vor allem in den Hochfesten (Weihnachten, Ostern und Pfingsten) wurden die Ereignisse der christlichen Heilsgeschichte erlebbar. Diese Feste gingen mit dem Wechsel der Jahreszeiten und dem Rhythmus der bäuerlichen Arbeit eine enge Symbiose ein. Bewusst wurden politische Vorhaben, wie Kaiserkrönungen, Friedensschlüsse oder Aufbrüche zu Kreuzzügen, auf markante Tage des Kalenders gelegt. Auch spiegelte der Kalender das Universum der Heiligen, die als von allem Irdischen erlöste Bewohner des Himmels, als Namenspatrone und als Nothelfer verehrt und angerufen wurden. Das Alltagsleben der Menschen und dessen religiöse Überhöhung waren eine größtmögliche Verbindung eingegangen.

Sterben und Tod

Ungeschützt war der Mensch des Mittelalters vielen Schicksalsschlägen ausgesetzt. Missernten, Hungersnöte, Kriege, Pestepidemien, aber auch das alltägliche Sterben im Kindbett, durch Ansteckung und Krankheit machten den *Tod* zu einem allgegenwärtigen Begleiter. Im Tod wurde über das Schicksal der Seele im Jenseits entschieden. Besonders stark war die Angst vor der Höllenstrafe, deren Qualen man sich in sadistischer Fantasie vor Augen stellte. Deshalb war es wichtig, sich auf den Tod vorzubereiten und Vorkehrungen für die Zeit „danach" zu treffen. Sterbebegleitung, priesterlicher Beistand, Gebete, Anrufung der Heiligen, fromme Stiftungen, Totenmessen, Gedenktage waren vielfältige Formen, durch die man das eigene Schicksal und das der „Armen Seelen" im Fegefeuer* zu lindern suchte.

Armen- und Krankenfürsorge

Weitere praktische Hilfen zur Bewältigung des Lebens waren die zahlreichen Einrichtungen der *Armen- und Krankenfürsorge*, die seit der Antike von der Kirche unterhalten wurden.

Mittelalterliche Frömmigkeit

Zum Alltag der mittelalterlichen Menschen gehörten aber auch Formen der Frömmigkeit, die uns fremd geworden sind: Heiligenanrufungen und Reliquienverehrung, Bittprozessionen und Wallfahrten, Exorzismen (Austreibung böser Geister) und in großem Umfang Aberglaube.

Im Laufe des Mittelalters hat das Christentum jene Ausprägung erhalten, die für die katholische Kirche bis zum Zweiten Vatikanischen Konzil (1963 – 1965) modellhaft geblieben ist. Allerdings hatte die Selbstbindung an dieses Paradigma* auch ihren Preis: Sie führte zur Trennung der Ostkirche von der Westkirche (→ 2.3.3) und zur Spaltung des westlichen Christentums in die Römisch-katholische Kirche und die Kirchen der Reformation (→ 2.3.6).

2.3.6 Reformatorisch-protestantisches Christentum

1517 Martin Luther (1453 – 1546) veröffentlicht **95 Thesen** gegen den Ablass: Beginn der Reformation.

ab 1523 Reformation in der Schweiz durch **Ulrich Zwingli** (1484 – 1531) und **Jean Calvin** (1509 – 1564)

1534 Heinrich VIII. macht sich zum Oberhaupt der englischen Kirche.

Voraussetzungen der Reformation

- Politisch hatte sich die mittelalterliche Reichseinheit weitgehend in National- und Territorialstaaten aufgelöst. Diese betrieben gegenüber Kaiser und Papst eine eigenständige, gelegentlich auch feindliche Politik, indem sie ihre eigenen Machtinteressen vertraten.

Bildung von National- und Territorialstaaten

- Die Übermacht des hohen Adels führte zu *sozialen Spannungen*, die sich im Bauernkrieg (1525) entluden. Die Bauern wehrten sich gegen die zunehmende wirtschaftliche Belastung, Entrechtlichung und Missachtung ihres Standes durch Adel und Geistlichkeit.

Soziale Spannungen zwischen Adel und Bauern

- Wirtschaftlicher Wohlstand und bürgerliches Selbstbewusstsein führten zum Aufschwung des städtischen Schulwesens, zur fortschreitenden Alphabetisierung und zur Steigerung der Urteilsfähigkeit. Gleichzeitig ermöglichte es die junge Technik des Buchdrucks, erstmals Bücher in hoher Auflage preiswert herzustellen und die Pluralität theologischen Denkens ins Bewusstsein der Öffentlichkeit zu heben.

Veränderungen im Bildungswesen

- Das geistige Antlitz der Zeit prägten der *Wandel des Weltbildes* (KOPERNIKUS, KEPLER und GALILEI begründeten das heliozentrische Weltbild), bedeutsame *Entdeckungen* (1492: KOLUMBUS entdeckt Amerika) und *Erfindungen*. Der Mensch sah seinen Standort im Kosmos verändert und erblickte neue Lebensmöglichkeiten.

Geozentrisches Weltbild und Entdeckungen

- Dem entsprach ein neues Lebensgefühl, das sich in der *Renaissance* und im *Humanismus* aussprach: Diesseitsbejahung und Persönlichkeitskult – verbunden mit der Hinwendung zum geistigen Erbe der Antike – bewirkten eine Abwendung vom eher kollektiven Ordnungsdenken und von den religiösen Leitbildern des Mittelalters.

Neues Lebensgefühl: Diesseitsbejahung und Persönlichkeitskult

Deshalb war das Spätmittelalter für die Kirche eine Zeit der Krisen und der inneren Selbstauflösung.

Die Kirche des Spätmittelalters

Die Päpste in Avignon

- Das Papsttum hatte seinen politischen Weltherrschaftsanspruch eingebüßt. Unter dem Einfluss des französischen Königs und angesichts der unsicheren Verhältnisse in Rom verlegten die Päpste ihre Residenz nach *Avignon* (1309 – 1376: „Exil von Avignon“).

Päpste in Rom und Avignon („Großes Schisma“)

- Als der päpstliche Hof 1377 nach Rom zurückgekehrt war, kam es nach der nächsten Papstwahl zu einer Spaltung des Papsttums in einen römischen und einen avignonesischen Zweig mit einer je eigenen aufwändigen Hofhaltung (1378 – 1417: „*Großes Schisma*“). Der Kampf um die Anerkennung durch die weltlichen und geistlichen Autoritäten sowie der Finanzbedarf, der teilweise durch den Verkauf kirchlicher Ämter (Simonie) gedeckt wurde, führten zu einem weiteren Autoritätsverlust. Dieser Niedergang des Papsttums gab dem *Konziliarismus* Auftrieb, d.h. der Bestrebung, das Konzil als eine Art Kirchenparlament über den Papst zu stellen.

Renaissancepapsttum

- Nach der Wiederherstellung der Einheit des Papsttums auf dem Konzil von Konstanz (1414 – 1418) suchten die *Renaissancepäpste* die weltliche Macht des Papsttums zu erneuern. Sie machten Rom neben Florenz zum Zentrum der Renaissancekultur, verwickelten sich aber in Kriege und wurden Opfer politischen und familiären Ehrgeizes. Sie zeigten sich unfähig zur Reform der Kirche und setzten das religiöse Ansehen ihres Amtes durch einen verweltlichten und verschwenderischen Lebensstil aufs Spiel.

Martin Luther und seine Reformation

Luthers reformatorischer Impuls

In Martin Luther (1483 – 1546) fand sich eine Gestalt, die intuitiv die Tendenzen der Zeit und die religiösen Sehnsüchte des Spätmittelalters in seiner Person verkörperte. Sein reformatorischer Impuls, dem er mit unerhörter Sprachgewalt Ausdruck verlieh, traf den religiösen Nerv der Zeit.

Luthers religiöse Fragestellung erwuchs aus tiefer Frömmigkeit, skrupulöser Selbstbeobachtung und dem Bemühen, als Mönch der strengen Klosterdisziplin aus Fasten und Beten Genüge zu tun. Trotz eines vorbildlichen Mönchslebens und der strengen Askese ängstigte ihn die Frage nach der „Gerechtigkeit" Gottes. Denn wenn Gott nach Art eines irdischen Richters „gerecht" ist und einem jeden vergilt, wie er es verdient hat, vermag kein Mensch trotz seines untadeligen Lebenswandels vor Gott zu bestehen. Die Beschäftigung mit dem Römerbrief des PAULUS führte LUTHER zu einem neuen Verständnis der Gerechtigkeit Gottes. Sie ist nicht zu denken in Analogie zu menschlicher Richtertätigkeit, sondern es ist eine neue Gerechtigkeit, die Gott aus reiner Gnade allen schenkt, die ihm im Glauben vertrauen. Gott spricht und macht denjenigen „gerecht" (*Rechtfertigung)*, der in gläubigem Vertrauen auf die Gnade Gottes lebt: *Der Gerechte wird aus dem Glauben leben.* (RÖM 1,17)

Rechtfertigungslehre

Der Kern von LUTHERS Theologie, seine Rechtfertigungslehre, lässt sich in vier Thesen zusammenfassen:
1. *sola scriptura:* Gegen alle im Lauf der Jahrhunderte hinzugewachsenen Traditionen, Gesetze und Autoritäten stellt LUTHER den Vorrang der Schrift: Allein die Heilige Schrift ist Quelle und Norm des Glaubens.
2. *solus Christus:* Gegen die Kirche und die Masse der Heiligen als Mittler zwischen Gott und den Menschen stellt LUTHER den Vorrang Christi. Er ist die Mitte des Glaubens und der einzige Zugang zu Gott.
3. *sola gratia:* Gegen alle frommen Vorleistungen und Anstrengungen der Menschen („Werke"), ihr Seelenheil abzusichern, stellt LUTHER den Primat der Gnade. Allein der Gnade Gottes verdanken die Menschen die Rechtfertigung.
4. *sola fide:* Gegen alle Versuche, sich durch Frömmigkeit das Heil zu erwerben, betont LUTHER den Wert des Glaubens. Allein durch das gläubige Vertrauen darauf, dass Gott die Menschen trotz ihrer Sünden als „gerecht" annimmt, erlangen die Menschen die Rechtfertigung.

LUTHER veränderte das Begriffsgerüst mittelalterlicher Theologie. Seit der Antike wurde Gott als Spitze der Seinsordnung (vollkommenes Wesen, erste Ursache, höchstes Gut) verstanden. Diese

Vorstellung formte LUTHER um in Begriffe, die persönlich und werbend das Verhältnis zwischen Gott und Mensch veranschaulichen: der gnädige Gott, der sündige Mensch, Gerechtsprechen, Vertrauen, Zuversicht.

LUTHERS Kirchenverständnis

Wenn man LUTHERS theologische Vorentscheidungen auf die Kirche bezieht, ergeben sich folgende Verschiebungen im *Kirchenverständnis*:

Ausgangspunkt: der einzelne Gläubige

- Während für das katholische Verständnis die Kirche selbst und ihre Hierarchie zum Kern des Glaubens gehören, folgt die protestantische Theologie einem anderen Ansatz. In ihrem Denken bildet der *einzelne Gläubige* den Ausgangspunkt des Denkens über die Kirche. Weil sein persönlicher Glaube und die Gnade Gottes allein das Heil bewirken, steht er in einem unmittelbaren Verhältnis zu seinem Gott. Die Gesamtheit der Gläubigen bildet die wahre *unsichtbare Kirche*, deren Mitglieder nur Gott bekannt sind.

Sichtbare Kirche

- Dagegen ist die *sichtbare Kirche* eine zweckmäßige Einrichtung, um die Christen zu sammeln, Kommunikation untereinander zu ermöglichen und gemeinsames religiöses Leben zu gestalten. Unter theologischen Gesichtspunkten ist die Kirche eine *Hilfskonstruktion*, aber keine zum Heil notwendige Mittlerinstitution zwischen Gott und den Menschen.

Allgemeines Priestertum der Gläubigen

- Die Reformatoren predigten das *allgemeine Priestertum der Gläubigen* und schafften das besondere Priestertum des Klerus, das Weihepriestertum, ab.
  Dennoch wurde aus praktischen Gründen das Amt des Pfarrers beibehalten, aber mit einem anderen Sinn gefüllt. Ihm als theologischem „Fachmann" obliegen die Predigt und die rechte Spendung der Sakramente. Die Leitung der Gemeinde wurde einem Ältestengremium, dem *Presbyterium*, übertragen.

Sakramente: Taufe, Abendmahl, Buße

  Für die *Sakramente* forderte LUTHER, dass sie sich auf ein Wort Jesu zurückführen ließen. Da sich Einsetzungsworte nur für Taufe, Abendmahl und Buße finden, ließ LUTHER Firmung, Krankensalbung, Priesterweihe und Ehe nicht mehr als Sakramente gelten.

Andere Kirchen und Gemeinschaften

Aus dem Geist der Reformation LUTHERS erwuchsen weitere Ausprägungen des Christentums, die sich zu weltumspannenden kirchlichen Gemeinschaften entwickelten.

Reformiertes Christentum

In der Schweiz traten ULRICH ZWINGLI (1484 – 1531) und JEAN CALVIN (1509 – 1564) als Reformatoren auf. Ihre Theologie betonte die Souveränität und Allmacht Gottes, aus der sie die Vorherbestimmung (*Prädestination*) der Menschen herleiteten.

Wortgottesdienst

Den Mittelpunkt ihres *Gottesdienstes* bildet das Wort Gottes, das der Prediger verkündet und auslegt. Deshalb verzichtet die reformierte Frömmigkeit auf Kirchenschmuck, Orgel und Altar.

Synodale Verfassung

Die *Kirchenverfassung* ist synodal. Die Gemeinde leitet das Konsistorium, ein Aufsichts- und Leitungsgremium, dem die Pfarrer und Ältesten angehören. Das Mitspracherecht in den Räten hat den neuzeitlichen Demokratien vorgearbeitet.

Disziplinierte Lebensführung und Pflichterfüllung in Beruf und Familie trugen zum wirtschaftlichen Erfolg der Länder bei, in denen das reformierte Christentum sich ausbreitete.

Die Reformierten nannten sich in Frankreich *Hugenotten*, in Schottland *Presbyterianer* und in England *Puritaner*.

Anglikanisches Christentum

Einen dritten Weg zwischen katholischer Kirche und Reformation beschritt die Kirche Englands.

Geschichte

Aus persönlichen und machtpolitischen Gründen löste König HEINRICH VIII. (1509 – 1547) die englische Kirche von Rom und machte sich selbst zu ihrem Oberhaupt, ohne mit der katholischen Glaubenstradition zu brechen.

Nach dem Tod des Königs gelang es dem Erzbischof von Canterbury, THOMAS CRANMER (1489 – 1556), eine Reformation unter Beibehaltung der bischöflichen Verfassung durchzuführen. In *42 Artikeln* verfasste er ein Glaubensbekenntnis auf der Grundlage der evangelischen Rechtfertigungslehre. Das *Book of Common Prayer* (1549) führte zu einer Vereinfachung und Konzentration der Liturgie.

Aus tiefer Not schrei ich zu dir

T/M: Martin Luther nach Psalm 130, Wittenberg 1524

2.
Bei dir gilt nicht denn Gnad
und Gunst,
die Sünden zu vergeben.
Es ist doch unser Tun umsonst
auch in dem besten Leben.
Vor dir niemand sich rühmen kann;
des muss dich fürchten jedermann
und deiner Gnaden leben.

3.
Darum auf Gott will hoffen ich,
auf mein Verdienst nicht bauen.
Auf ihn mein Herz soll lassen sich
und seiner Güte trauen,
die mir zusagt sein wertes Wort;
das ist mein Trost und treuer Hort.
Des will ich allzeit harren.

4.
(...)

5.
Ob bei uns ist der Sünden viel
bei Gott ist viel mehr Gnaden.
Sein Hand zu helfen hat kein Ziel,
wie groß auch sei der Schaden.
Er ist allein der gute Hirt,
der Israel erlösen wird
aus seinen Sünden allen.

Dieses bekannte Lied spiegelt in vielfacher Hinsicht Ideen und Ziele des Reformators MARTIN LUTHER. Der Text stammt aus der Bibel: LUTHER orientiert sich am 130. Psalm. Und dieser Psalm, der bis dahin in lateinischer Sprache von Klerikern gebetet und gesungen wurde, wird nun in der Volkssprache als Lied angeboten, damit „das Wort Gottes auch durch den Gesang unter den Leuten bleibe" (LUTHER). Dabei überformt LUTHER die biblische Vorlage so, dass sein theologisches Programm durchscheint: Der Sünder darf hoffen, dass er gerechtfertigt wird allein durch die Gnade Gottes. In diesem Sinn erweitert und akzentuiert er den 130. Psalm zu einem Lied, in dem der Beter sich als Teil der sündigen und erlösungsbedürftigen Gemeinde erfahren kann. – Dieses Lied hat einen hohen Rang im evangelischen Kirchenlied. Es ist in mehreren Gesangsfassungen verbreitet; es hat aber auch Eingang gefunden in einige katholische Gesangbücher.

Heutige Leser und Leserinnen stolpern vielleicht über zwei Formulierungen: *ist doch unser Tun umsonst* – *umsonst* meint hier keineswegs kostenlos, sondern vergeblich. Und wenn es heißt *sein Hand zu helfen hat kein Ziel* – so bedeutet das nicht, dass Gott ziellos handelt, sondern dass sein gnädiges Handeln keine Begrenzung kennt. Tiefergehend dürfte indes eine Bewusstseinsverschiebung sein: Wie stark ist in unserer Zeit noch das Verlangen nach einem gnädigen Gott? Hat sich diese traditionelle Fragestellung nicht radikal verschoben? Taucht sie vielleicht – säkularisiert – dort wieder auf, wo Menschen sich vergewissern wollen, welchen Wert ihr Leben hat? Vielleicht sogar: welchen Wert über den Tod hinaus? Also in der unabweisbaren Frage: Was hast du aus deinem Leben gemacht?

Nach vergeblichen Versuchen einer Rekatholisierung unter MARIA TUDOR (1553 – 1558) festigte Königin ELISABETH I. während ihrer langen Regierungszeit (1558 – 1603) die anglikanische Staatskirche. Mit dem Aufstieg Englands zu einem Weltreich wurde auch die Anglikanische Kirche zu einer Weltkirche. Ihr gehören heute etwa 70 Millionen Gläubige in 75 selbstständigen Mitgliedskirchen an. Jede Mitgliedskirche kann sich eine eigene Verfassung geben, ihre Bischöfe wählen und rechtliche Angelegenheiten selbstständig ordnen.

Einigendes Band der anglikanischen Kirchen bilden die regelmäßig stattfindenden *Lambeth-Konferenzen* und die Loyalität gegenüber dem *Erzbischof von Canterbury*, dem geistlichen Oberhaupt der anglikanischen Weltkirche.

Pietismus

Der Pietismus (lat. pietas: Frömmigkeit) ist eine Bewegung innerhalb des Protestantismus, die die praktische Frömmigkeit hervorhebt. Ein Glaube, der keine Früchte im Leben trägt, ist ein toter Glaube. Während die Orthodoxie* in der Tradition LUTHERS die Rechtfertigung der Menschen allein aus dem Glauben betonte, stellte der Pietismus die *Wiedergeburt* in den Vordergrund. Damit bezeichnete er das Bekehrungserlebnis, in dem der Christ sein Leben radikal ändert und neu zum Glauben kommt. Da es den Pietisten auf den gelebten Glauben ankam, spielten konfessionelle Abgrenzungen kaum eine Rolle. Insofern war der frühe Pietismus bereits ökumenisch*. Als Erneuerungsbewegung gegenüber der „toten Orthodoxie“ verstand sich der Pietismus als Vollendung der Reformation.

Als Vater des deutschen Pietismus gilt PHILIPP JAKOB SPENER (1635 – 1705). In Halle gründete AUGUST HERMANN FRANCKE (1663 – 1727) die Halleschen Anstalten, ein Waisenhaus mit Schule, die durch ihre modernen Unterrichtskonzepte (u.a. Erlernen moderner Fremdsprachen) berühmt wurde.

NIKOLAUS GRAF VON ZINZENDORFS (1700 – 1760) Lebenswerk ist die *Herrnhuter Brüdergemeine.* Diese Gemeinschaft orientierte sich am urchristlichen Gemeindeleben und wollte damit ein Modell für alle Christen sein. Die Herrnhuter Brüdergemeine wurde die erste *Freikirche*, d.h. eine Kirche, die keiner Landeskirche angehört.

In der Mitte des 18. Jahrhunderts hatte der Pietismus seinen Höhepunkt erreicht. Aber immer neue *Erweckungsbewegungen* in den folgenden Jahrhunderten hielten das Anliegen des Pietismus wach. Auch heute steht die Erweckung zum persönlichen Glauben im Zentrum vieler Freikirchen, vor allem in Nordamerika (→ 2.4). Neben der Mission und Verbreitung der Bibel will der Neupietismus auch die Gewissen der Christen für ihre soziale Verantwortung schärfen.

2.3.7 Das Christentum unter dem Einfluss von Aufklärung und Moderne

1724 – 1804 Der deutsche Philosoph IMMANUEL KANT bindet die menschlichen Erkenntnismöglichkeiten an die Kategorien von Raum und Zeit. Er kritisiert das Bemühen der Metaphysik, über die Erscheinungswelt hinausgehende Kenntnisse der Dinge „an sich" zu erlangen.

1789 Ausbruch der Französischen Revolution – Erklärung der Menschen- und Bürgerrechte

Was ist Aufklärung?

Mit Aufklärung (von „aufklären" und „klarmachen") bezeichnet man
1. die *geistesgeschichtliche Epoche* des 18. Jahrhunderts (Zeitalter der Aufklärung)
2. eine *geistige Grundhaltung*, die für das Denken und Lebensgefühl der Moderne charakteristisch ist.

Die Frage *Was ist Aufklärung?* beantwortete der deutsche Philosoph IMMANUEL KANT (1724 – 1804) mit der berühmten Definition: *Aufklärung ist der Ausgang des Menschen aus seiner selbst verschuldeten Unmündigkeit. Unmündigkeit ist das Unvermögen, sich seines Verstandes ohne Anleitung eines anderen zu bedienen ... Habe Mut, dich deines eigenen Verstandes zu bedienen!*, ist also der Wahlspruch der Aufklärung.

Impulse der Aufklärung

Aus dieser Beschreibung lassen sich Impulse ableiten, die vor allem im 19. Jahrhundert wirksam waren, aber bis heute in den Konflikten zwischen Glaube und Vernunft nachwirken:

Kritik an Autoritäten und Traditionen

- Aufklärung ist der Aufbruch aus selbst verschuldeter *Unmündigkeit*. Unmündig im ursprünglichen Sinn sind Kinder, für die die Eltern Verantwortung tragen und die deshalb von ihnen geführt und behütet werden. Unmündig im Sinn der Aufklärung sind aber auch Erwachsene, wenn sie sich gefügig Autoritäten und Traditionen unterwerfen. Aufklärung ruft die Menschen aus ihrer widernatürlichen Abhängigkeit in die ihnen gemäße Mündigkeit. Deshalb ist die Aufklärung *autoritäts-* und *traditionskritisch*.

Moralisches und pädagogisches Pathos

- Aufklärung ist der Ausgang aus *selbst verschuldeter* Unmündigkeit. Die Behauptung, durch eigene Schuld in die Unmündigkeit geraten zu sein, enthält einen moralischen Vorwurf: Durch Wachsamkeit und Anstrengung hätten die Menschen ihre Unmündigkeit vermeiden können. Weil Erwachsenwerden und Verstandesgebrauch eine sittliche Pflicht ist, vertreten Aufklärer ihre Ideale mit *moralischem* und *pädagogischem Pathos**.

Rationalismus

- In der Nachfolge des französischen Philosophen RENÉ DESCARTES (1596 – 1650) sehen die Denker der Aufklärung in der Vernunft das Wesen der Menschen begründet. Deshalb rufen sie dazu auf, sich des *Verstandes* zu bedienen. Dieser ermöglicht es, die in ihrer Gesamtheit vernünftig angelegte Welt zu erkennen und zu erklären. Damit wird die Verstandeserkenntnis zum entscheidenden Maßstab für das, was als wahr und richtig anerkannt wird. *Rationalität* wird zur dominierenden Grundhaltung in der Moderne.

Emanzipation

- Aufklärung ermächtigt dazu, sich des *eigenen* Verstandes *ohne Anleitung eines anderen* zu bedienen. Damit setzt aufgeklärtes Denken individuelle Kompetenzen und Fähigkeiten frei. Es stärkt den Einzelnen den Rücken und ermutigt sie, sich gegen die Übermacht der Kollektive und überlieferter Denkschablonen durchzusetzen. Insofern ist Aufklärung *emanzipatorisch.*

Fortschrittsoptimismus

- Wenn sich Vernunft und Freiheit durchsetzen – so hoffen die Aufklärer –, führt dies zu einer gerechten politischen und sozialen Ordnung, zur Verbesserung der Lebensbedingungen und zur Verwirklichung eines menschenwürdigen und glücklichen Daseins. Aus solchen Hoffnungen speist sich der *Fortschrittsoptimismus* der Aufklärung.

Sicherlich waren manche Repräsentanten der Aufklärung radikal und deren Bestrebungen einseitig. Sie berücksichtigten zu wenig die emotionalen Bedürfnisse der Menschen und die Prägekraft gewachsener Traditionen und Bindungen. Dennoch haben die Impulse der Aufklärung Einstellung und Verhalten der modernen Menschen dauerhaft geprägt.

Aufklärung und christlicher Glaube

Die Aufklärung führte auch zu nachhaltigen Erschütterungen im Glauben, stieß die neuzeitlichen Säkularisierungsprozesse an und zwang die Theologie, die Grundlagen des Glaubens neu zu überdenken (→ 1.10):

Zweifel an der Existenz Gottes

- Die Aufklärer unterzogen die Erkenntnismöglichkeiten der Menschen einer kritischen Überprüfung: Erkenntnisse sind nur möglich innerhalb der Kategorien von Raum und Zeit. Was außerhalb dieser Kategorien liegt, also „Jenseits" und „Ewigkeit", entzieht sich dem gesicherten Wissen. Vor dem Hintergrund solcher Erkenntniskritik wurde der *Glaube an einen jenseitigen Gott* unsicher, und pantheistische, deistische, atheistische und agnostische Strömungen bildeten Absetzbewegungen von einem theistischen Gottesglauben (→ 4.8).

Fortsetzung Seite 110

Über Wahrheit, Humanität und das

Gotthold Ephraim Lessing: *Ringparabel*

In seinem dramatischen Gedicht „Nathan der Weise“ stellt Lessing die Frage, wie Juden, Christen und Muslime zusammenleben können, wenn alle drei Religionen für sich beanspruchen, die wahre zu sein. In der Ringparabel, die Lessing dem weisen Juden Nathan in den Mund legt, zeigt er einen Lösungsweg:

Vor grauen Jahren lebt´ ein Mann in Osten,
Der einen Ring von unschätzbarem Wert´
Aus lieber Hand besaß, der die Eigenschaft hatte,
vor Gott und Menschen angenehm zu machen, wer
In dieser Zuversicht ihn trug.

Der Ring wurde von Generation zu Generation jeweils auf den Sohn vererbt, den der Vater am meisten liebte, bis er auf einen Mann kam, dessen drei Söhne ihm alle gleich lieb waren. Deshalb ließ er im Geheimen zwei vollkommen gleiche Kopien des Ringes anfertigen und vermachte jedem seiner Söhne einzeln einen Ring, sodass jeder sich im Besitz des echten Ringes glauben musste. Die Söhne trugen ihren Streit um den echten Ring vor einen Richter. Auch dieser vermag über die Echtheit der Ringe keine Entscheidung zu treffen, gibt den Söhnen aber seinen Rat:

Zusammenleben der Religionen

Mein Rat ist aber der: ihr nehmt
Die Sache völlig wie sie liegt. Hat von
Euch jeder seinen Ring von seinem Vater:
So glaube jeder sicher seinen Ring
Den echten. – Möglich; dass der Vater nun
Die Tyrannei des *einen* Rings nicht länger
In seinem Hause dulden wollen! – Und gewiss
Dass er euch alle drei geliebt, und gleich
Geliebt: indem er zwei nicht drücken mögen,
Um einen zu begünstigen. – Wohlan!
Es eifre jeder seiner unbestochnen,
Von Vorurteilen freien Liebe nach!
Es strebe von euch jeder um die Wette,
Die Kraft des Steins in seinem Ring an Tag
Zu legen! komme dieser Kraft mit Sanftmut,
Mit herzlicher Verträglichkeit, mit Wohltun,
Mit innigster Ergebenheit in Gott,
Zu Hilf'! Und wenn sich dann der Steine Kräfte
Bei euern Kindes-Kindeskindern äußern:
So lad' ich über tausend tausend Jahre,
Sie wiederum vor diesen Stuhl. Da wird
Ein weisrer Mann auf diesem Stuhle sitzen,
Als ich; und sprechen. Geht! – So sagte der
Bescheidne Richter.

Kritik der Religion

- Mit der Existenz Gottes geriet auch die *Religion* ins Visier der Kritik. Aufklärer verdächtigten sie, ein falsches Bewusstsein zu fördern, das, statt den Blick auf die Wirklichkeit zu richten, sich auf eingebildete Welten fixiert.
  Religion erscheint als Illusion oder als vorwissenschaftliche Bewusstseinsstufe, die zugunsten von Realitätssinn und gesellschaftlicher Praxis überwunden werden muss (→ 1.8).

Bibel- und Dogmenkritik

- Mit der Aufklärung hielt die *historische Kritik* Einzug in das *Bibelverständnis*. Die Bibel wurde nicht mehr gelesen in der frommen Haltung der Gläubigen, die dem Wort Gottes nachspüren. Sie wurde analysiert als religiöses Schrifttum, zu dessen richtigem Verständnis man sich der Methoden der Geschichts- und Literaturwissenschaften bedienen muss (→ 3.7).

  In ähnlicher Weise hat die Theologie die Geschichte des christlichen Glaubens und die Herausbildung seiner Glaubensgrundsätze (*Dogmen*) untersucht. Auch in diesem Kernbereich zeigt sich, dass Glaubenswahrheiten nicht „vom Himmel gefallen" sind, sondern in rekonstruierbaren geschichtlichen Situationen ihren Ursprung haben, also auch historisch sind.

Demokratie und Religionsfreiheit

- Die Aufklärung trat für *Menschenrechte*, *politische Mitbestimmung*, demokratische *Kontrolle von Macht*, für *Religionsfreiheit* und *Toleranz* ein. Der Ruf nach Mitbestimmung der Laien begleitet seit dem 19. Jahrhundert auch die Reformdiskussionen innerhalb der katholischen Kirche.

Kirchliche Reaktionen

In den etablierten Kirchen des 18. und 19. Jahrhunderts aber fand das Programm der Aufklärung mehr Widerspruch als Resonanz. Denn die Kirchen beharrten auf ihrem Wahrheitsanspruch, verteidigten ihre Hierarchie und fühlten sich in Zeiten revolutionären Wandels der feudalen Ordnung näher als den Aufbrüchen in die Moderne.

Bis heute wehren sich fundamentalistische und „evangelikale" Bewegungen in den Kirchen gegen die historisch-kritische Auslegung der Bibel und bestehen auf deren wörtlichem Verständnis. Der Streit entzündet sich vor allem an den biblischen Schöpfungsgeschichten (GEN 1 – 2), die gegen die naturwissenschaftliche Evolutionslehre ausgespielt werden.

Vermittlungsversuche

Neben Abwehr gibt es seit dem 18. Jahrhundert aber auch Bemühungen, den christlichen Glauben mit den Idealen der Aufklärung zu versöhnen. Zu nennen ist hier die *katholische Aufklärung*, die im 18. Jahrhundert in den geistlichen Fürstentümern als Reformbewegung einflussreich war, aber mit der Französischen Revolution und der Säkularisation dieser Staaten untergegangen ist. Am Ende des 19. und zu Beginn des 20. Jahrhunderts hat innerhalb der katholischen Theologie die Reformbewegung des *Modernismus* versucht, modernes Wissenschaftsverständnis und christliche Glaubenslehre miteinander zu versöhnen. Diese Tendenzen wurden aber vom kirchlichen Lehramt unterdrückt.

Katholische Aufklärung und Modernismus

Erst mit dem Zweiten Vatikanischen Konzil (1962 – 1965) hat die katholische Kirche einen Mittelweg zwischen Bewahrung und vorsichtiger Öffnung zur Moderne beschritten.

Anthropologisches Religionsverständnis

In der protestantischen Theologie haben vor allem FRIEDRICH DANIEL SCHLEIERMACHER (1768 – 1834) und in seiner Nachfolge PAUL TILLICH (1886 – 1965) zu einem Ausgleich von neuzeitlichem Denken und christlichem Glauben beigetragen. Sie machten die „Erfahrung“ zum Ausgangspunkt ihrer Religionsphilosophie und verankerten damit Religion im Zentrum menschlichen Erlebens. Für SCHLEIERMACHER war der Kern dieser Erfahrung das *Gefühl der schlechthinnigen Abhängigkeit.* Der uns zeitlich näher stehende PAUL TILLICH formuliert pragmatischer: *Religion ist im weitesten und tiefsten Sinne des Wortes das, was uns unbedingt angeht.* Wie vor dem Hintergrund eines anthropologischen Religionsverständnisses zentrale Glaubensvorstellungen (z.B. Offenbarung, Gott, Erlösung, Jesus Christus) „existenziell“ zu interpretieren sind, ist eine offene und umstrittene Frage.

Allgemein akzeptiert sind heute in den christlichen Kirchen die Menschenrechte mit ihrer Forderung nach religiöser Toleranz und Religionsfreiheit sowie das Bekenntnis zur demokratischen Staatsform. Dadurch wurde im christlichen Raum der Friede zwischen den Konfessionen gesichert. Im Umgang der Konfessionen untereinander sowie in ihrem Verhältnis zum säkularen Staat und zu anderen gesellschaftlichen Gruppen haben sich zivile Formen des Umgangs und der Schlichtung von Streitigkeiten durchgesetzt.

Offene Fragen

Im Streit zwischen Glaube und Vernunft bleiben aber auch heute noch Fragen offen: Lässt sich das menschliche Leben überhaupt angemessen rational erfassen? Ist es z.B. möglich, Schicksal, Liebe und Tod allein durch Vernunfteinsicht zu bewältigen? Und liegen die Quellen von Religion, wie auch von Kunst, Film und Musik, nicht eher im irrationalen Grund des Lebens als in der rationalen Klarheit des Verstandes? (→ 1.2; → 1.8).

2.4 Das Christentum in einer globalisierten Welt

Was ist Globalisierung?

Was Globalisierung ist, zeigt der Alltag: Das Fernsehen spielt Bilder aus aller Welt ins Haus; über Telefon, Fax und E-Mail kommunizieren Menschen miteinander über die Kontinente hinweg; Hochgeschwindigkeitszüge und Flugzeuge erschließen Urlaubern und Abenteurern die Ferienziele in aller Welt. Schwarzafrikaner, Türken, Südamerikaner und Menschen aus Osteuropa arbeiten in den Ländern Mitteleuropas, und ihre Kinder besuchen deutsche Schulen.

Für die Wirtschaft ist die Welt zu einem einzigen großen Marktplatz geworden. Wirtschaftsunternehmen sehen sich einem internationalen Wettbewerb ausgesetzt; „Global Players“

investieren und produzieren dort, wo sich die günstigsten Bedingungen bieten, und sind bereit, dafür angestammte Standorte und Arbeitsplätze aufzugeben. Die nationalen Volkswirtschaften sind miteinander verflochten und werden immer mehr von den Entwicklungen der globalisierten Weltwirtschaft abhängig. Kurz:

> *Globalisierung* ist die internationale Verflechtung nahezu aller Lebensbereiche (Wirtschaft und Politik, Kultur und Wissenschaft, Arbeitswelt und Freizeit), die durch die modernen Transport- und Kommunikationstechniken ermöglicht und durch politische Entscheidungen gefördert wurde.

Einige Auswirkungen

Die Bilanz dieser gewaltigen Veränderungen ist noch offen. Es zeigen sich Folgen, die je nach politischem und gesellschaftlichem Standort unterschiedlich bewertet werden.

Werte, Lebensformen und Konsumverhalten der westlichen Welt wirken auf viele Völker attraktiv und führen zu tiefgreifenden sozialen und politischen Wandlungen. Traditionsgeleitete Kulturen verändern sich unter dem Einfluss westlicher Zivilisation in einem nie gekannten Beschleunigungsprozess. Herkömmliche Formen des Zusammenlebens in Stämmen und Familienverbänden sowie die zugehörigen sozialen Sicherungssysteme lösen sich auf und führen zu sozialen Krisen und Verwerfungen. Landflucht begünstigt die Ausbreitung von Slums in den großen Städten der Dritten Welt mit den bekannten Nebenwirkungen von Armut, Verwahrlosung und Kriminalität.

Globale Probleme

Die Globalisierung führt zu Weltproblemen, die kein Staat mehr allein lösen kann:

- Wachstum der Weltbevölkerung,
- ihre Ernährung und Gesundheit,
- gerechte Verteilung der wirtschaftlichen Güter,
- Begrenztheit vieler Rohstoffe,
- Veränderungen des Weltklimas durch Umweltbelastungen,
- Sicherung des Friedens.

Diesen Herausforderungen müssen sich die Völker gemeinsam stellen, indem sie solidarisch und kooperativ an Problemlösungen arbeiten.

Globalisierung und Christentum

Man kann in der Globalisierung auch das vorläufige Endstadium der Entwicklung zur Moderne sehen, die von der Aufklärung angestoßen wurde und sich im 19. und 20. Jahrhundert beschleunigt hat (→ 2.3.7).

Fortschreitende Säkularisierung?

Lange Zeit galt unter Religionssoziologen das Dogma, dass mit dem Triumph von Wissenschaft und Technik und mit wachsendem Wohlstand Religion an Bedeutung verliert oder sogar überflüssig wird (Säkularisierungsthese, → 1.10). Diese Prognose scheint sich vor allem für die Länder zu bestätigen, in denen die Wortführer der Aufklärung gewirkt haben: Frankreich, England und Deutschland. In den meisten Teilen der Welt aber ist es völlig normal, religiös und modern zu sein. Dies zeigt schon ein Blick in die arabische Welt, wo der Islam eine Renaissance erlebt, deren Dynamik in die christlichen Länder Europas hineinwirkt.

Auch in der christlichen Welt zeigen sich Entwicklungen, die die These von der fortschreitenden Säkularisierung als auf Europa fixierte Blickverengung erscheinen lassen:

- Nach dem Verlust der Hoffnung auf ein irdisches Paradies verzeichnen die *orthodoxen Kirchen* (→ 2.3.3) in Russland und anderen Teilen der ehemaligen Sowjetunion enormen Zulauf von Gläubigen, eine Wiedergeburt des religiösen Lebens.

Religion und Gesellschaft in den USA

- Auch für eine höchst moderne Gesellschaft wie die der *Vereinigten Staaten* gilt die Säkularisierungsthese nicht. In „Gottes eigenem Land" – so eine verbreitete Selbsteinschätzung – spielt seit der Einwanderung puritanischer Calvinisten im 17. Jahrhundert die Religion eine beherrschende Rolle. Vor dem Hintergrund verfassungsmäßig garantierter Religionsfreiheit sind die Gemeinden der zahlreichen Religionsgemeinschaften Kristallisationspunkte des gesellschaftlichen Lebens. Sie bieten ihren Mitgliedern religiöse Heimat, soziale Verwurzelung und Raum für karitatives Engagement.

- Ein erstaunliches Wachstum verzeichnet das Christentum in den letzten Jahrzehnten auf der *südlichen Halbkugel.* Lebten noch um 1900 80 % aller Christen in Europa und Nordamerika, ist deren Zahl im Jahre 2000 auf 38 % geschrumpft, während 60 % der Christen in der südlichen Hemisphäre leben. Aufgrund des größeren Bevölkerungswachstums dort verstärkt sich diese Tendenz.

  Christentum auf der südlichen Halbkugel

  Dabei wird sich Afrika zum größten christlichen Kontinent entwickeln. Dort lebten im Jahre 1900 etwa neun Millionen Christen, im Jahre 2000 schon 410 Millionen und für das Jahr 2020 prognostiziert man 600 Millionen Angehörige christlicher Konfessionen. Die katholische Kirche ist schon heute, statistisch gesehen, eine südliche Kirche. Das Gleiche gilt für Kirchen, die aus der Reformation hervorgegangen sind, für die Anglikaner, die Presbyterianer und die Methodisten.

- Eine junge, aber dynamisch wachsende Konfession innerhalb des Christentums bilden die verschiedenen Zweige der *Pfingstbewegung.* Sie ist zu Beginn des 20. Jahrhunderts in Amerika entstanden, zählt heute über 500 Millionen Gläubige, etwa 25 % der christlichen Weltbevölkerung, und muss als eine eigenständige Ausprägung des weltweiten Christentums angesehen werden.

  Pfingstbewegung

  Erweckung und Änderung des Lebensstils

  Im Zentrum des Bekenntnisses steht nicht die theologische Lehre, sondern – in der Tradition des Pietismus (→ 2.3.6) – ein grundsätzlicher Sinneswandel aufgrund einer spirituellen Erleuchtung. Daraus folgt eine Änderung des Lebensstils im Sinne stärkerer Askese und Selbstdisziplinierung, die als Einfluss des Heiligen Geistes gedeutet wird. Wie in der Apostelgeschichte äußert sich das neue Leben in ekstatischen Ausbrüchen wie Zungenrede, im prophetischen Zeugnis von der eigenen Glaubenserfahrung, in Gebets- und Wunderheilungen bis hin zu Teufelsaustreibungen. Dabei werden auch Krankheit, Drogenkonsum, Alkoholismus und Kriminalität als Wirkungen des Bösen angesehen. Durch den Appell, das Leben zu ändern, bieten die Pfingstler eine Form des Christentums, das in kleinen Gemeinschaften einen asketischen Lebensstil fördert und Disziplinierung bewirkt, die Voraussetzungen für soziale Integration und beruflichen Erfolg sind.

Verbreitung

Die Pfingstbewegung breitete sich zunächst vor allem unter gesellschaftlichen Gruppen aus, die den Folgen von Entwurzelung, Migration, Industrialisierung und dem Zerbrechen der traditionellen Ordnung am stärksten ausgesetzt waren. Sie stellte sich der Modernisierung entgegen, nicht durch Flucht oder direkten Widerstand, sondern durch eine alternative religiös-spirituelle Praxis.
Mittlerweile hat die Pfingstbewegung auch die Mittelschichten erfasst und sich weit in die historischen Kirchen hinein ausgebreitet. In Süd- und Mittelamerika verstehen sich katholische charismatische Bewegungen als Reformkräfte innerhalb der Kirche mit dem Ziel, die Gesellschaft nach biblischen Maßstäben zu erneuern.

Christliche Gemeinden und Globalisierung

- Das Beispiel der Pfingstbewegung zeigt, dass auch in einer globalisierten Welt den christlichen *Gemeinden* zentrale Aufgaben zukommen. Hier finden Menschen Geborgenheit und Selbstvergewisserung. In einem überschaubaren Kreis bauen sie Beziehungen auf und fühlen sich in gemeinsamer Sprache, Geschichte und Kultur heimisch. Glaubensverständnis und religiöses Leben sind von der umgebenden Gesellschaft und Kultur geprägt. Dadurch entsteht auf den unteren Ebenen christlicher Gemeinschaften ein vielfältiges und eigenständiges religiöses Leben.

Globale Aufgaben der Kirchen und Religionsgemeinschaften

- Den weltweit verbreiteten Kirchen und religiösen Gemeinschaften stellen sich globale Aufgaben, von denen einige genannt seien:
Angesichts der Globalisierung mit ihrer Tendenz, Menschen für wirtschaftliche Zwecke verfügbar zu machen, müssen sie dafür eintreten, dass das *Wohl der Menschen* vornehmster Zweck wirtschaftlichen und politischen Handelns ist. Deshalb werden sie protestieren gegen wirtschaftliche Ausbeutung und soziale Ungerechtigkeit und eine Politik unterstützen, die für eine *gerechte Verteilung der Güter* und für *sozialen Ausgleich* in der Welt eintritt.
Sie werden internationale Einrichtungen und Organisationen moralisch stärken, die sich für *Entwicklung* und eine gerechte internationale *Wirtschaftsordnung*, für die Bewahrung der *Umwelt* und die Erhaltung des *Weltfriedens* einsetzen.

Sie werden aufrufen zur Beachtung der *Menschenrechte*, nicht als Vorwand für einen neuen Imperialismus, sondern um das Recht auf Leben, auf körperliche Unverletzlichkeit, auf Rechtssicherheit, auf Gleichberechtigung der Frauen, auf Religionsfreiheit u.a.m. zu schützen und weiter durchzusetzen.
Vor allem haben die christlichen Kirchen und Gemeinschaften die Aufgabe, ihre Vorstellung von einem Gott, der die Menschen liebt, zu verkünden und die religiöse Dimension des Lebens gegenüber einer pragmatischen Rationalität zu verteidigen und lebendig zu halten.
Schließlich müssen sie sich in einem *ökumenischen Dialog* untereinander und mit den großen Weltreligionen darüber verständigen, welche Grundwerte gelten sollen und auf welchen Grundlagen Angehörige unterschiedlicher Kulturen und Religionen zusammenleben können.

DRITTES KAPITEL

Die Bibel

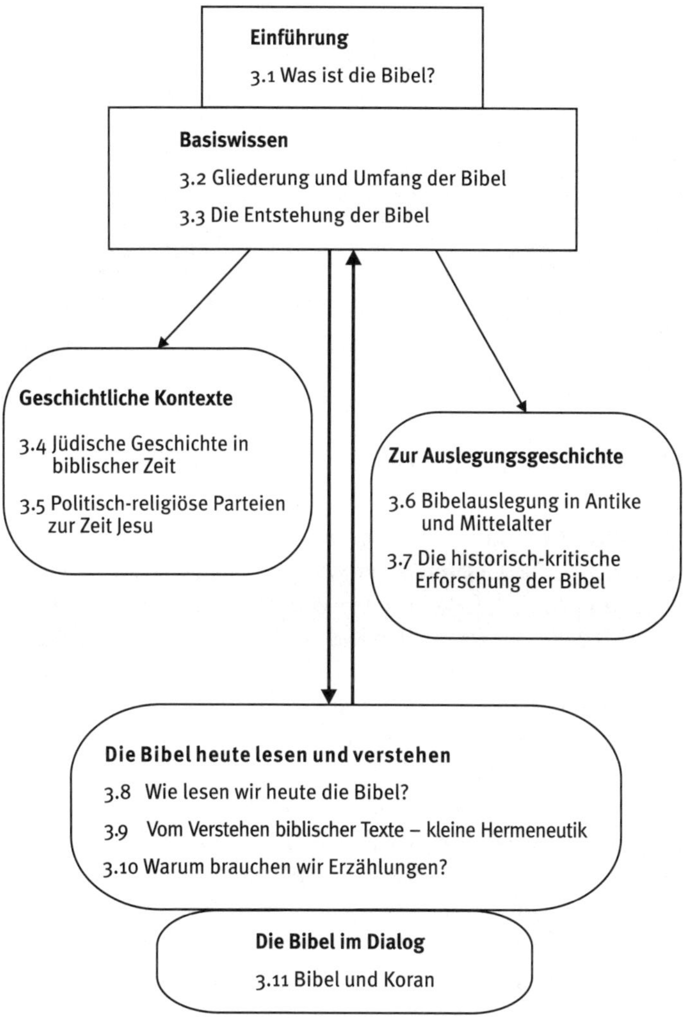

3.1 Was ist die Bibel?

Was heißt „Bibel"?

„Bibel" bedeutet im Wortsinn *Buch*. Das deutsche Wort „Bibel" ist hergeleitet vom griechischen Wort *biblos*; es bezeichnet dort zunächst Schriften aus Papyros, einem Schreibmaterial, das aus der phönizischen Stadt Byblos bezogen wurde.

Die Bibel – eine Sammlung heterogener Schriften

Die Bibel ist eine *kleine Bibliothek, eine Sammlung sehr unterschiedlicher Bücher*. – Mythische Erzählungen, Liebeslyrik, Gleichnisse, Gebete, Legenden, Briefe, Rechtsnormen, Visionen und Wundererzählungen – diese literarischen Gattungen sind in der Bibel versammelt und noch viele mehr.

Juden und Christen lesen die Bibel als *Urkunde des Glaubens*. Gleichzeitig ist die Bibel aber auch ein wichtiges *Werk der Weltliteratur*.

Die Bibel – ein einzigartiges Werk der Weltliteratur

Weite Verbreitung

Die Bibel ist vermutlich *das Buch mit der größten Verbreitung*. Man schätzt, dass die „Gesamtauflage" zwischen fünf und sechs Milliarden Exemplaren liegt. Kein anderes Buch wurde so oft übersetzt: in mehr als 2.400 Sprachen. Kein anderes Buch hat eine vergleichbare sprachbildende Kraft. Die zentralen Erzählungen der Bibel sind im kollektiven Gedächtnis vieler Kulturen verankert. Vielfältig wirken sie weiter in Bild- und Erzählwelten.

Eine einmalige Entstehungsgeschichte

Von den ersten Anfängen in der israelitischen Königszeit (10. Jahrhundert v.u.Z.) bis zum Abschluss des Kanons im 4./5. Jahrhundert vergehen weit mehr als tausend Jahre. Viele Autoren – mit Sicherheit mehr als hundert – schreiben in dieser langen Zeit an der „Bibel". Überlieferungen werden gesammelt; sie werden redigiert, miteinander verknüpft und dabei theologisch und redaktionell mehrfach überarbeitet.

Weil Schriftsteller aus vielen Jahrhunderten an der Bibel geschrieben haben, ist die Bibel in sich *vielstimmig, ja pluralistisch.* Auch in wichtigen Fragen beziehen biblische Texte durchaus unterschiedliche Positionen. Sie entwerfen verschiedenartige Vorstellungen von Gott, von den Menschen, vom guten und richtigen Leben.

Die Bibel – ein pluralistisches Buch

Sprache und Literatur, Musik und Kunst, Politik und Ethik entwickeln sich in den abendländisch geprägten Kulturen im Dialog mit der Bibel. Von der gotischen Bibelübersetzung des WULFILA bis zu den ökologischen Debatten der letzten Jahrzehnte ist die Bibel *eingebunden in unsere Suche nach kultureller Identität und richtigem Handeln.*

Das Buch mit der umfangreichsten Wirkungsgeschichte

Obwohl seit der Aufklärung der Geltungsanspruch der Kirchen zurückgeht, bleibt die Faszination lebendig, die die Bibel auf Schriftsteller, Komponisten, Filmemacher, Karikaturisten, bildende Künstler, Kabarettisten und viele andere ausübt. Das belegen Bibelillustrationen, Gemälde zu biblischen Motiven, Oratorien und Musicals, Vertonungen von Psalmen, literarische Bearbeitungen, aber auch biblische Motive in Jazz, Popmusik und Werbung. – Die Bibel lädt also dazu ein, dass wir sie weiterschreiben, *dass wir auch heute schöpferisch mit ihr umgehen.*

Eine unerschöpfliche Inspirationsquelle

Die Bibel als Urkunde des Glaubens

Jede jüdische Glaubensgemeinschaft beruft sich auf die Hebräische Bibel. Ebenso begründen alle christlichen Gemeinschaften ihren Glauben und ihre Praxis aus der Bibel. Sie tragen biblische Texte in ihren Gottesdiensten vor, sie meditieren und studieren die Bibel. – Jüdische und christliche Gemeinschaften treten auch als „Literaturagenten“ der Bibel auf. Sie sorgen für die Verbreitung der Bibel – und *zugleich prägen und vermitteln sie bestimmte Interpretationsmuster:* Die Bibel wird ausgelegt als Wort Gottes, das Lebensgestaltung und Spiritualität der Gläubigen prägen soll. – In jüdischen und christlichen Gemeinschaften gibt es deshalb von Anfang an auch Streit über die richtige Interpretation der Bibel.

Basis und Orientierungstext für Juden und Christen

Das am besten erforschte Buch

Wegen dieser grundlegenden Bedeutung der Bibel bemühen sich seit mehr als zwei Jahrtausenden Gelehrte und Wissenschaftler um die angemessene Auslegung biblischer Texte. Von den Autoren des Talmud* bis zu den feministischen* Exegetinnen* unserer Tage haben viele Tausend Männer und Frauen die Bibel erforscht. Und ein Ende ist nicht abzusehen: Theologen, Archäologen, Geschichts- und Religionswissenschaftler erweitern immer noch unsere Vorstellungen von der Welt der Bibel. Und wegen der Offenheit biblischer Texte können Leserinnen und Leser immer wieder neue Auslegungsmöglichkeiten der Bibel entdecken.

3.2 Gliederung und Umfang der Bibel

Die Bibel – eine Sammlung von Schriften

Die christliche Bibel ist kein einheitliches Buch, sondern eine kleine Bibliothek sehr unterschiedlicher Einzelbücher.
Sie umfasst zwei große Teile:

- die *Hebräische Bibel*, die Bibel der Juden, die von den Christen als *Altes Testament* bezeichnet wird, und
- das *Neue Testament*.

3.2.1 Die Bücher des Alten Testaments

Die Hebräische Bibel – Das Alte Testament

Erst sehr spät – ca. 100 n.Chr. – verständigt man sich im Judentum darüber, welche Schriften jede Synagoge besitzen und benutzen sollte. Diese offiziell anerkannte Sammlung bezeichnet man als *Kanon* (gr. Richtschnur).

Die frühen christlichen Gemeinden übernehmen aber nicht

nur diese kanonischen Schriften der jüdischen Bibel, sondern auch sieben religiöse Erbauungsschriften (+), die in griechischer Sprache überliefert sind.

Die Christen übernehmen die Gliederung der Septuaginta und teilen das Alte Testament in vier Schriftgruppen ein:
1. Fünf Bücher Mose
2. Bücher der Geschichte Israels
3. Weisheitsdichtung und Psalmen
4. Propheten

1. Die fünf Bücher Mose
Hebräisch: Tora (= Weisung)
griechisch: Pentateuch (= fünf Bücher)

Buch	Wichtige Inhalte
Genesis	Schöpfung, Paradies, Sündenfall; Kain und Abel; Sintflut; Babelturm; Sagen von den Vätern und Müttern Israels (Patriarchenerzählungen): Abraham und Sara, Isaak und Rebekka, Jakob, Rahel und Lea, Josefserzählung
Exodus	Mose, Auszug aus Ägypten; Rettung am Schilfmeer; Zug durch die Wüste; Bundesschluss am Sinai; Dekalog*
Leviticus	Regelungen und Vorschriften für das religiöse Leben, besonders für den Tempeldienst
Numeri	Stammeslisten, Gesetze, Eroberung des Ostjordanlandes
Deuteronomium (= *zweites Gesetz*)	Bundesschluss am Sinai, Bundesbuch mit zahlreichen Rechtsvorschriften zur religiösen und sozialen Ordnung

2. Bücher der Geschichte Israels

Josua	Eroberung Kanaans, u.a. die Mauern von Jericho
Richter	(Kriegerische) Auseinandersetzungen mit der einheimischen Bevölkerung unter Führung sog. „Richter"
Rut	Novelle, die erzählt, wie die Ausländerin Rut einen Israeliten heiratet und so zur Urgroßmutter Davids wird
1/ 2 Samuel **1/ 2 Könige**	Geschichtserzählungen aus der frühen Königszeit: Geschichten von Samuel und den Königen Saul, David und Salomo
1/ 2 Chronik Esra/Nehemia	Zweites Geschichtswerk, das mit der Erschaffung Adams einsetzt und bis zum Wiederaufbau Jerusalems nach dem Exil reicht
Tobit (+), Judith (+), Esther	Erbauungserzählungen mit historischem Kolorit
1/ 2 Makkabäer (+)	Geschichtserzählungen über (kriegerische) Auseinandersetzungen mit der Fremdherrschaft und der hellenistischen Kultur

3. Psalmen und Weisheitsdichtung

Psalmen	150 Gebete und Lieder – Reichhaltige und ausdrucksstarke Lyrik: Lob, Dank, Klage, Bitte um göttlichen Beistand …
Ijob	Klagen und Gespräche über die Frage, warum der Gerechte leiden muss
Sprüche	Sprichwörter und Lebensweisheiten
Prediger (Kohelet)	Betrachtungen und Klagen über Unrecht und Gewalt, über die Sinnlosigkeit aller Mühen, über die Vergänglichkeit, die Zeit und den Tod
Hohes Lied	Sammlung von Liebesgedichten
Weisheit (+)	Sprichwörter, Aphorismen
Jesus Sirach (+)	Volkstümliche Lebensweisheit, Sprichwörter, Aphorismen

4. Propheten

Die „großen" Propheten: **Jesaja** **Jeremia** Klagelieder (+) Baruch (+) **Ezechiel** **Daniel** *Die „kleinen" Propheten:* Hosea/Joel/Amos/ Obadja/Jona/Micha/ Nahum/Habakuk/ Zefania/Haggai/ Sacharja/Maleachi	Die Prophetenbücher stellen das Wirken von Männern dar, die sich von Gott berufen fühlen, Israel zu kritisieren, zu ermahnen, zu trösten. Sie bekämpfen Unrecht und die Verehrung fremder Götter, drohen das Strafgericht Gottes über sein Volk an und entwerfen Bilder der Hoffnung. Die Adjektive „groß" und „klein" bezeichnen hier nicht die jeweiligen Propheten, sondern den Textumfang der Prophetenbücher.

3.2.2 Die Bücher des Neuen Testaments

Die Bücher des Neuen Testaments

Auch in den christlichen Gemeinden dauerte es längere Zeit, bis sich ein Kanon der heiligen Schriften herausgebildet hatte. Als erste wurden Briefe des Apostels PAULUS und synoptische Evangelien allgemein anerkannt. Diese wurden bis zum Ende des 4. Jahrhunderts ergänzt durch andere Schriften aus dem 1. und 2. Jahrhundert, und so entsteht schließlich eine Sammlung von 27 Schriften, die später Neues Testament genannt wird.

1. Die Evangelien

MATTHÄUS, MARKUS, LUKAS

Die *synoptischen Evangelien* erzählen das Wirken und die Leidensgeschichte Jesu in der Art einer geschichtlichen Darstellung. *Großgliederung*: Geburt und Kindheit Jesu (nur MATTHÄUS UND LUKAS) – öffentliches Wirken in Galiläa – Wanderungen – Jerusalem – Passion und Auferstehung.

JOHANNES

Eine Generation später stellt das *Johannesevangelium* Christus als Vermittler zwischen Gott und den Menschen dar. Viele Reden Jesu und Selbstaussagen durchziehen den geschichtlich gefärbten Erzählfaden.

Apostelgeschichte

2. Apostelgeschichte

Als Fortsetzung des *Lukasevangeliums* erzählt derselbe Autor von den Anfängen des Christentums in Jerusalem und von der Verbreitung des christlichen Glaubens durch PAULUS. In diese idealisierte Darstellung sind größere Reden eingefügt, mit denen für den Glauben der Christen geworben wird.

RÖMER, 1/2 KORINTHER, GALATER, EPHESER, PHILIPPER, KOLOSSER, 1/2 THESSALONICHER, 1/2 TIMOTHEUS, TITUS, PHILEMON, HEBRÄER

3. Paulinische Briefe

Diese Briefe, die nur teilweise von PAULUS stammen, spiegeln die Situation der frühen christlichen Gemeinden. In ihnen geht es um Fragen des Glaubens und der Lebensführung. Sie enthalten auch Regelungen für Gottesdienste und Ämter in den Gemeinden.

Als *echte Paulusbriefe* gelten: PHILIPPER, 1 THESSALONICHER, RÖMER, 1/2 KORINTHER, GALATER und PHILEMON.

4. Die Apostolischen Briefe
Ermahnungen an Christen, die Aposteln zugeschrieben wurden.

JAKOBUS, 1/2 PETRUS, 1/2/3 JOHANNES, JUDAS

5. Die Offenbarung des JOHANNES **(Apokalypse)**
Als Trost in Phasen früher Christenverfolgung entwirft der Autor Bilder des bevorstehenden Weltuntergangs und des göttlichen Strafgerichts. Durch alle Leiden hindurch werden die Gerechten gerettet und aufgenommen in die Herrlichkeit Gottes.

Apokalypse

3.3 Die Entstehung der Bibel

Was wir in der Rückschau als Entstehungsgeschichte der Bibel bezeichnen, ist zunächst ein sehr *offener Prozess der Traditionsbildung* im Judentum und in der frühen Kirche. Moderne Bücher sind deutlich gekennzeichnet als Werk eines bestimmten Verfassers. Man kann sie daher als *Autorenliteratur* bezeichnen. Ganz anders verhält es sich mit der Bibel. In wesentlichen Teilen ist sie *Traditionsliteratur*. Das bedeutet: Anonym überliefertes Erzähl- und Spruchgut ist in ihr gesammelt.

Entstehung der Bibel als Prozess

Vereinfacht kann man dabei folgende Entwicklungsschritte unterscheiden:

- (Mündlich) umlaufende Überlieferungen (Erzählkränze, Legenden, Mythen, Gebete, Bekenntnisformeln, Rechtsvorschriften, Spruchgut usw.) werden zu Sammlungen vereinigt und dabei auch sprachlich gerundet.

1. Sammlung und Addition

- Für den Gebrauch in Gottesdiensten, in der Rechtsprechung und in der religiösen Unterweisung (auch: Ausbildung der Priester und Gesetzeslehrer) werden die gesam-

2. Überarbeitung von Traditionsgut

melten Überlieferungen bearbeitet. Sie werden dabei mehrfach erweitert und den Bedürfnissen der jeweiligen Zeit (auch theologisch) angepasst.

3. Redaktion von schriftlichen Überlieferungen (Quellenschriften)

- Zu einem späteren Zeitpunkt werden verschiedenartige Überlieferungen so vereinigt, dass ein (Erzähl-)Zusammenhang entsteht. Bei dieser Redaktionsarbeit werden neue theologische Akzente in die Vorlagen eingearbeitet, die der Problemlage der Redaktionszeit entsprechen.

4. Kanonbildung

- Dieser offene Prozess der Traditionsbildung kommt zum Abschluss, wenn die Glaubensgemeinschaft bestimmte Schriften als maßgebliche Texte auswählt und diese Schriften als verbindliche Grundlage des Glaubens betrachtet.

3.3.1 Die Entstehung des Pentateuchs

Wie dieser Prozess der Sammlung, Überarbeitung und Redaktion verläuft, lässt sich nachzeichnen an der Entstehung des Pentateuchs und der synoptischen Evangelien.

Beispiel 1: Pentateuch

Schon früh ist aufgefallen, dass der Pentateuch sehr uneinheitlich ist. Es gibt Doppelüberlieferungen, Widersprüche, gegensätzliche theologische Deutungen, stilistische Brüche. Man muss also annehmen, dass diese Bücher eine lange Überlieferungs- und Redaktionsgeschichte zurückgelegt haben. Nun gibt es aber keine Quellen, die über diese Entwicklung Auskunft geben könnten. Also ist die alttestamentliche Forschung gezwungen, *Hypothesen über die Entstehungsgeschichte* zu entwickeln, die halbwegs plausibel und geeignet sind, die verschiedenen Probleme, die der Text aufwirft, am besten zu erklären.

Aufs Wesentliche reduziert, entwirft eine dieser Hypothesen das folgende Bild:

- Der Weg von den frühesten Sammlungen bis zur Kanonisierung des Pentateuchs umfasst wahrscheinlich den Zeitraum von ca. 900 bis ca. 400 v.u.Z.

- Zwischen 900 und 700 bilden sich unabhängig voneinander *Erzählkränze* heraus, die die Einwanderung der Stämme Judas und Israels spiegeln (Exodus, Sinai-Überlieferung, Abraham- und Jakobserzählungen).
- Nach dem Untergang des Nordreichs (722) werden diese Einzelüberlieferungen in Jerusalem zu *einer zusammenhängenden Geschichtserzählung* verschmolzen, sodass der Eindruck einer zeitlichen Abfolge entsteht. Dabei werden die divergierenden Stammesüberlieferungen so miteinander verknüpft, dass sie als Familiengeschichte desselben Volkes erscheinen.
- Während oder nach der Exilszeit (586 – 537 v.u.Z.) entstehen die *Sammlung der Urgeschichten* und das *Deuteronomium*, das vorwiegend die Rechtspraxis fixiert. Diese Schriften werden mit der alten Geschichtserzählung redaktionell verknüpft. Zusätzlich wird die Josefsgeschichte an die Vätersagen angehängt, sodass sie als Gelenkstück zur Exodusgeschichte wirkt. Analog wird die Familiengeschichte Isaaks zum Bindeglied der Vätersagen.
- Aus der Erfahrung des Exils entsteht dabei in Kreisen der Priesterschaft eine theologische Geschichtsdeutung: Gott ist der Bundespartner Israels. Das Volk aber bricht den Bund immer wieder und erleidet dadurch Unheil.
- Mit diesem theologischen Ansatz werden die vorliegenden Quellen überarbeitet, und so entwickelt sich um 400 v.u.Z. der Pentateuch; er wird auf dieser Entwicklungsstufe kanonisiert: Seitdem ist er als maßgebliche Glaubensschrift des Judentums anerkannt.

Trotz der erwähnten Brüche präsentiert sich der Pentateuch in seiner Endgestalt als fortlaufende Erzählung von der Erschaffung der Welt bis zum Tod des Mose.

Wie der Pentateuch entstanden sein könnte

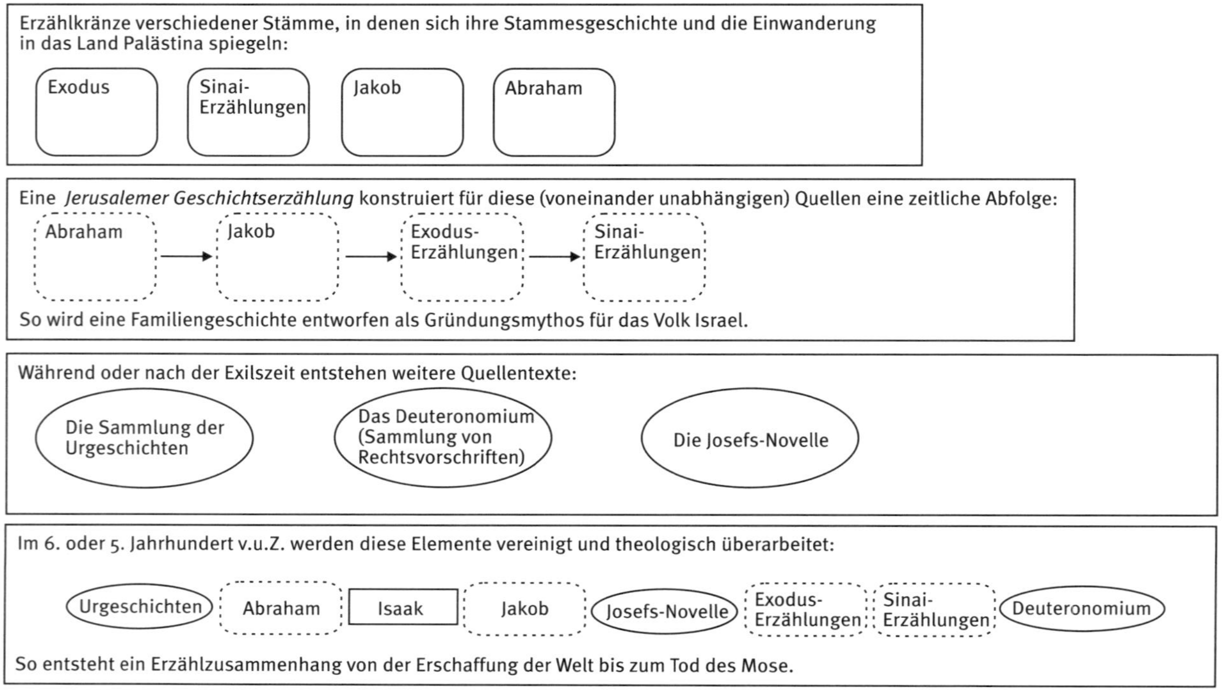

3.3.2 Die Entstehung der synoptischen Evangelien

Beispiel 2: Die synoptischen Evangelien

Weithin anerkannt ist folgende Auffassung:

- Schon kurze Zeit nach dem Tod Jesu bilden sich kleine Gemeinden. Sie sammeln die Worte Jesu, erzählen Geschichten von ihm und entwickeln einfache Gebete und Bekenntnisformeln für Gottesdienste, besonders für Abendmahl und Taufe.
- Um das Jahr 70 n.Chr. kann MARKUS auf derartige kleinere schriftliche Sammlungen zurückgreifen. Vor allem stützt er sich auf eine ausführlichere Darstellung der Leidensgeschichte Jesu.
- Auf dieser Grundlage schreibt er als Erster ein *Evangelium*, d.h. eine zusammenhängende Erzählung des öffentlichen Lebens Jesu. Er gliedert seine Darstellung im Wesentlichen in drei Abschnitte:
  - ➢ Öffentliches Wirken Jesu in Galiläa,
  - ➢ Wanderungen,
  - ➢ Leiden und Tod Jesu in Jerusalem.

- Dieses Gerüst übernehmen LUKAS und MATTHÄUS etwa zehn bis 20 Jahre später. Dabei überarbeiten sie das Markusevangelium.
  Sie eröffnen ihre Evangelien mit Kindheitslegenden; vor allem aber fügen sie Spruchgut ein, das sie einer gemeinsamen *Quelle (Q)* entnehmen, jedoch unterschiedlich verarbeiten. Außerdem verwendet jeder der beiden Evangelisten Sonderüberlieferungen aus dem Kreis der Gemeinden, zu denen er Kontakt hat.

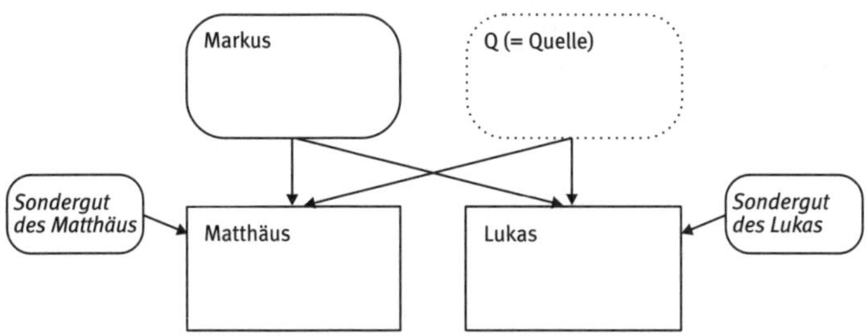

Synopse, synoptischer Vergleich

Diese Konstruktion der drei ersten Evangelien macht es möglich, parallele Texte in Spalten nebeneinanderzustellen, sodass sich Übereinstimmungen und Unterschiede leicht erkennen lassen. Diese Zusammenstellung nennt man *Synopse* (gr. Zusammenschau). Durch einen *synoptischen Vergleich* lässt sich dann rekonstruieren, welche Textform die ältere Fassung ist und wie die Evangelisten das überlieferte Material bearbeitet haben.

3.4 Jüdische Geschichte in biblischer Zeit

Palästina und seine Nachbarn

Palästina liegt an der *Landbrücke zwischen Afrika und Asien.* Als kleines Volk waren die Israeliten weitgehend *abhängig von der Politik der Großmächte*, von Ägypten (der Großmacht im Westen) und von den wechselnden Großmächten im Osten (Assur, Babylon, Persien). – Zwei Fragen waren dabei für das Wohlergehen Israels entscheidend: Welche Spielräume ergeben sich aus den Machtverhältnissen der Großmächte? Und wie gut gelingt es den Regierenden in Israel, diese Spielräume zu nutzen?

Israel als Stammesgesellschaft

ca. 1250 – 1000 v.u.Z.

Im 13. Jahrhundert verliert Ägypten an Einfluss. Es entwickelt sich eine relativ unabhängige Dorfkultur im Landesinneren Palästinas. Gleichzeitig siedeln sich an der Küste Seevölker an, die dort einen Städtebund errichten: die *Philister.*	

Als Stammeskönige versuchen Saul *und* David *die israelitischen Stämme zu vereinigen.* David erweitert schrittweise sein Herrschaftsgebiet und macht die Jebusiterstadt Jerusalem zur Hauptstadt. Nach dem Tod Salomos zerfällt das kleine Reich in einen nördlichen Teil (Israel) und einen südlichen (Juda).	In dieser Zeit bilden sich die ersten Erzählkränze von den Ursprüngen Israels (Flucht der Mose-Gruppe aus Ägypten und Vätersagen). Im 9. Jahrhundert entstehen die Elija-Erzählungen.	**Frühe Königszeit** 1000 – 586 v.u.Z.
722 erobern die Assyrer das Nordreich (Samaria) und gliedern es in ihr Herrschaftsgebiet ein. Einige Jahre später wird Juda zum Vasallenstaat der Assyrer.	Im 8. Jahrhundert treten die Propheten Amos, Hosea, Jesaja und Micha auf.	
597 erobert Nebukadnezzar von Babylon die Provinz Juda. Als Juda sich der babylonischen Herrschaft entziehen will, wird Jerusalem 586 erneut erobert und zerstört; die Oberschicht wird nach Babylon deportiert. – *Beginn des „Exils“*	Wirken des Propheten Jeremia. Im babylonischen Exil entstehen literarisch-religiöse Schriften. Es bildet sich ein vom Land Palästina unabhängiges Judentum heraus.	**Herrschaft der Babylonier und Perser** 597 – 333 v.u.Z. Babylonisches Exil
Das persische Großreich löst das babylonische Reich ab. 538 gestattet Kyros II. die Rückkehr der exilierten Juden. – Ein Teil dieser Juden kehrt nach Palästina zurück; Babylon bleibt aber ein Zentrum jüdischen Lebens. Das kleine Land Juda erlebt unter persischer Vorherrschaft eine Zeit religiöser Erneuerung.	Bis 515 wird der Tempel wieder aufgebaut. *Nach und nach setzt sich der Glaube an den einen Gott durch.* Verschiedene schriftliche Quellen der jüdischen Religion werden zu zusammenhängenden Schriften vereinigt. *Um 400 ist die Arbeit an der Tora abgeschlossen.*	Herrschaft der Perser
Alexander d.Gr. erobert das persische Reich und verstärkt damit die *Ausbreitung* einer griechisch geprägten Kultur.	Unter den Makkabäern wird der Tempel restauriert, die jüdische Religion von hellenistischen Einflüssen gereinigt.	**Zeit des Hellenismus** 333 – 63 v.u.Z.

	Nach dem Tod ALEXANDERS wird sein Herrschaftsgebiet unter den *Diadochen* geteilt. Juda gerät in den Grenzbereich zwischen ptolemäischer (ägyptischer) und seleukidischer (persischer) Herrschaft. Nach längerem Befreiungskampf besiegt JUDAS MAKKABÄUS die seleukidischen Truppen und nimmt 164 Jerusalem ein.	Das Erbauungsbuch DANIEL spiegelt das Verhältnis der Juden zur Herrschaft der Seleukiden.
Römische Herrschaft ab 63 v.u.Z.	63 erobert POMPEIUS Palästina. Als Günstlinge der Römer werden HERODES und HERODES ANTIPAS Könige.	

3.5 Politisch-religiöse Parteien zur Zeit Jesu

	Pharisäer	Sadduzäer	Zeloten
Wer sind sie?	Schriftkundige Laien aus dem Mittelstand mit starkem Einfluss auf die religiösen Vorstellungen des Volkes	Zahlenmäßig kleine Gruppe; Angehörige der Oberschicht; stellen den Hohen Priester und haben großen politischen Einfluss	Radikale nationalreligiöse Bewegung mit dem Schwerpunkt in Galiläa; Geheimbund

	Pharisäer	Sadduzäer	Zeloten
Name	Von *peruschim* (= die Abgesonderten); von ihren Gegnern zugewiesener Name	Hergeleitet von *Zadok*, einem Hohen Priester der Königszeit	Von griech. *zälotäs* (= Eiferer)
Religiöse Auffassungen	Intensive Beschäftigung mit der Tora, einschließlich der Auslegungstradition, der „Überlieferung der Alten"; sorgfältige Beachtung des Sabbats, der Speisevorschriften und Reinheitsgebote	Erkennen nur die Tora als Glaubensgrundlage an; Hauptziel: Sicherung des Tempelkults; Pochen auf Gewohnheitsrecht und Privilegien der Priesterschaft	Stimmen weitgehend mit den Auffassungen der Pharisäer überein
Worauf hoffen sie?	Glaube an die Auferstehung der Toten; Vergeltung der guten und schlechten Taten nach dem Tod; Vorbereitung auf die endgültige Gottesherrschaft durch konsequente Beachtung der Tora; Hoffnung auf die bald bevorstehende Ankunft des Messias	Lehnen den Glauben an die Auferstehung ab; rechnen nicht mit der baldigen Ankunft des Messias	Erwarten den Anbruch der Gottesherrschaft als Befreiung von Fremdherrschaft

	Pharisäer	Sadduzäer	Zeloten
Politische Einstellungen	Eher passive Ablehnung der Römer; Verzicht auf Gewalt; strikte Ablehnung des Hellenismus	Zusammenarbeit mit den Römern mit dem Ziel, die jüdischen Rechte zu schützen; aufgeschlossen gegenüber hellenistischen Strömungen	Gewaltsamer Widerstand gegen die Römer

3.6 Bibelauslegung in Antike und Mittelalter

Die Anfänge: Überarbeitung und aktualisierende Auslegung

Schon die jüdische Glaubensgemeinschaft musste ein Auslegungsproblem lösen: Wie konnten Texte aus der Königszeit oder aus der Exilszeit zur Richtschnur für wesentlich spätere Phasen der jüdischen Geschichte werden? – Die Ausleger und Kommentatoren der frühen biblischen Schriften fanden zwei Wege: Sie überarbeiteten ältere Überlieferungen und formten sie so um, dass sie auf die spätere Zeit passten. Der andere Weg: Durch aktualisierende Auslegungen bezogen sie die Texte von früher auf die jeweilige Gegenwart.

Das neue Problem der Christen

Grundsätzlich beschritten auch die frühen Christen den Weg der *aktualisierenden Auslegung*: Sie bezogen Aussagen der Tora und der Propheten auf Jesus Christus und die christlichen Gemeinden. (Diese Neuinterpretation beginnt schon im Neuen Testament.) Danach aber mussten die Christen ein weiteres Problem lösen:

- Konnten die heiligen Schriften des Judentums Richtschnur des Glaubens bleiben, obwohl sich die Christen von der jüdischen Gemeinschaft getrennt hatten?

- Und ließ sich umgekehrt der christliche Sonderweg rechtfertigen, wenn man an der Autorität der Tora und der Propheten festhielt?

Literalsinn und allegorischer Sinn

Einen Lösungsansatz entwarf der griechische Kirchenlehrer ORIGENES (um 185 – 254). Er ging davon aus, dass es neben dem wörtlichen Verständnis – dem *Literalsinn* – eine symbolische Bedeutung der Bibel gebe, einen verborgenen *allegorischen Sinn*, der schon im Alten Testament auf Jesus Christus und auf die rechte Lebensweise der Christen hindeute.

Die Lehre vom vierfachen Schriftsinn

Dieser Grundgedanke wird im Laufe der Antike und des Mittelalters verfeinert und im 13. Jahrhundert in einem lateinischen Merksatz zusammengefasst:

Littera gesta docet,
quid credas allegoria,
moralis quid agas,
quod tendas anagogia.

Übersetzt: Der wörtliche Sinn lehrt das historische Geschehen, der allegorische, was du glauben sollst, der moralische, was zu tun ist; worauf du hoffen darfst, zeigt der anagogische Sinn.

- Unter diesen vier Schriftsinnen hat der *Literalsinn* einen hohen Rang, denn man betrachtet die Offenbarung Gottes als geschichtliches Ereignis und sieht darin das Fundament des Glaubens.
- Durch die *allegorische Auslegung* gelingt es, das Alte Testament so zu interpretieren, dass es schon auf christliche Glaubensvorstellungen und auf das Selbstverständnis der Kirche hinweist.
- Der *moralische Sinn* zielt in einem sehr weiten Verständnis auf Lebensformen und Spiritualität der Christen.
- Der *anagogische Sinn* schließlich zeigt auf, wie schon im Alten Testament das Wirken und die Wiederkunft Christi vorgezeichnet sind, sodass der Grund der christlichen Hoffnung sichtbar wird.

Der Gewinn: der geistliche Sinn der Schrift und die Einheit der beiden Testamente

Mit diesem Ansatz gewann die Theologie ein Instrumentarium, mit dem sie die Bibel – besonders das Alte Testament – *mehrdimensional auslegen* konnte. Damit gelang es, über das wörtliche Verständnis des Textes hinaus *einen geistlichen Sinn der Schrift* zu entdecken. Auf diese Weise konnten christliche Spiritualität, Glaubenslehre und Grundsätze der Lebensführung im Dialog mit der Bibel gewonnen werden. Theologisch wurde damit auch die These untermauert, dass Gottes Handeln von Anfang an auf Jesus Christus und auf die Kirche ausgerichtet sei und dass die beiden Testamente deshalb eine Einheit bildeten. (Aus jüdischer Sicht muss dieser Ansatz aber als unangemessene Vereinnahmung der Hebräischen Bibel erscheinen.)

Das Problem: die willkürliche Auslegung

Aus heutiger Sicht ist die Bilanz also durchaus fragwürdig: Einerseits regte die These vom vierfachen Schriftsinn zu einem lebendigen und selbstständigen Umgang mit der Bibel an. Andererseits lud sie zur Willkür ein: Oft entwickelten christliche Theologen recht fantasievolle Auslegungen der Bibel. Sie strichen damit ihre eigenen Glaubensauffassungen und kirchliche Denkmuster heraus – weitgehend losgelöst von dem, was tatsächlich im biblischen Text steht.

3.7 Die historisch-kritische Erforschung der Bibel

Die Wurzeln

Die historisch-kritische Erforschung der Bibel erwächst aus mehreren Wurzeln:

- Schon der Humanismus (15./16. Jahrhundert) propagiert das Ideal, man müsse *zurück zu den Quellen*, um dort den reinen Ursprung einer Idee oder einer Lebensform zu finden.

- Dieser *historische Ansatz* wird verstärkt durch die Aufwertung des geschichtlichen Denkens in der Romantik.
- Aus dem Ideenvorrat der Aufklärung stammt der *kritische Impuls*, durch Vernunfteinsicht zu klären, wie sich die Dinge tatsächlich verhalten – und sich dabei nicht auf das Wirken übernatürlicher Kräfte zu berufen.

Der veränderte Blick

Damit war der Boden bereitet für eine Entwicklung, die im 19. Jahrhundert geradezu eine Revolution bedeutete: Die Bibel wurde nicht mehr studiert mit dem vertrauensvollen Blick des Theologen, der die Bibel las, um dadurch in seinen Glaubensüberzeugungen gestärkt zu werden. *Jetzt wurde die Bibel mit kritischem Blick analysiert*, und dabei bediente man sich auch der Methoden der „profanen" Geschichts- und Literaturwissenschaften.

Im Laufe der Zeit entwickelte die Bibelwissenschaft eine Palette von Methoden, die Antworten auf wichtige Fragen zum Verständnis der Bibel geben sollten:

- Lässt sich aus den verschiedenen Textüberlieferungen eine annäherungsweise sichere *älteste Textschicht* herausschälen? — Textkritik
- Lässt sich erkennen, ob ein bestimmter Bibeltext in einer *einheitlichen literarischen Gestalt* überliefert ist oder ob er durch Zusätze und Erweiterungen verändert wurde? — Literarkritik
- Lässt sich die literarische *Gattung eines Bibeltextes* bestimmen? Und wie geht der Text mit den Merkmalen der Gattung um? (z.B. Vätersagen, Wundererzählung, Legende, Gleichnis, Gebet, Prophetenspruch etc.) — Gattungskritik (Formkritik)
- In welcher *literarischen Tradition* steht der Bibeltext? Gibt es Parallelen in der Literatur des Alten Orients oder der Antike? – Wie verarbeiten die biblischen Schriftsteller diese Tradition? — Traditionskritik
- Wie wird ein biblischer Text von den biblischen Schriftstellern in die Konzeption des jeweiligen biblischen Buches eingefügt? Und welche Rolle spielt er in der Konzeption dieses Buches? — Redaktionskritik

Das Ergebnis

Mit diesem differenzierten und ausgeklügelten Instrumentarium wollte man möglichst genau erfassen, *wie ein biblischer Text entstanden ist und was er in seiner Ursprungssituation bedeutet hat.*

Es ist das unschätzbare Verdienst protestantischer deutscher Bibelwissenschaftler, dass so ein reichhaltiges Bild von der Entstehung der Bibel gezeichnet werden konnte. Dadurch hat sich der Blick auf die Bibel völlig verändert. Es wurde zunehmend deutlich, *dass die Bibel von Menschen geschrieben wurde, die im Denken und in den Interessen ihrer Zeit verwurzelt waren.* Dadurch konnte man die Bibel nicht länger als Dokument zeitlos gültiger Glaubenswahrheiten lesen; vielmehr wurde sie verstehbar *als geschichtlich begrenzte und interessegeleitete Spiegelung der Geschichte Israels und der frühen Kirche.*

Versuch einer Bilanz

Viele Christen haben die historisch-kritische Erforschung der Bibel zunächst abgelehnt. Die Gründe dafür sind verständlich:

- Auf den ersten Blick hatte die Bibel einen *Autoritätsverlust* erlitten. Sie galt nicht länger als das maßgebliche Wort Gottes, sondern erschien als Werk altorientalischer und antiker Schriftsteller.
- Gleichzeitig wurde die *„naive" Lektüre der Bibel erschwert.* Ein angemessenes Verständnis hatte nur noch derjenige, der sich ein differenziertes bibelgeschichtliches und literarisches Wissen aneignen konnte.
- Indirekt führte die historisch-kritische Erforschung der Bibel auch zur *Erschütterung zahlreicher Glaubensvorstellungen* (z.B.: Es gab keine pompöse Gesetzgebung am Sinai; Jesus ist nicht über Wasser gewandelt, und das Grab Jesu war nicht leer …).

Dem stehen eindeutig positive Seiten der Bilanz gegenüber:

- Die historisch-kritische Forschung hat zusammen mit dem Programm der Entmythologisierung (→ 1.7) ein *aufgeklärtes und diskursfähiges Verständnis der Bibel* begründet.
- Die historisch-kritische Forschung hat für viele Gläubige dazu beigetragen, dass *allzu naive religiöse Vorstellungen überprüft und durch reifere Vorstellungen abgelöst* werden konnten.
- Erst durch die Einsichten der historisch-kritischen Forschung wurde es für viele Christen möglich, die Bibel wieder mit Gewinn zu lesen.

3.8 Wie lesen wir heute die Bibel?

Was ein Text bedeutet, das hängt nicht nur von diesem Text ab. Vielmehr tragen die *Rezeptionsbedingungen* in entscheidendem Umfang zur Textbedeutung bei. Deshalb ist es auch sinnvoll zu fragen: Unter welchen Bedingungen und mit welchem Interesse wird die Bibel gelesen?

Wer die Bibel liest, hat die Wahl zwischen *zwei grundsätzlich verschiedenen Einstellungen*:

Die Bibel als Urkunde des Glaubens

- Man kann die Bibel *als Urkunde des Glaubens* lesen. Als Mitglied der christlichen oder jüdischen Auslegungsgemeinschaft sieht man dann in der Bibel die Richtschnur gläubigen Lebens. – Hier leitet *ein religiös-theologisches Interesse* das Verstehen der Bibel.

Bibel als Werk der Weltliteratur

- Man kann die Bibel *als Werk der Weltliteratur* lesen und fragen, welche Anregungen von der Bibel ausgehen. – Dann leitet *ein literarisches oder kulturhistorisches Interesse* die Lektüre der Bibel.

Diese grundlegenden Einstellungen können wiederum verknüpft sein mit *zwei unterschiedlichen Frageinteressen*:

Kognitiv-analytische Lektüre

- Man kann die Bibel *kognitiv-analytisch* lesen. Damit tritt man der Bibel „objektiv“ gegenüber; analysiert und vergleicht sie und ordnet sie in einen Erkenntnisrahmen ein.

Identifikatorische Lektüre

- Man kann die Bibel *identifikatorisch* lesen. Dann sehen die Leser in der Bibel ein Buch, das sie angeht, das ihr Leben verändern könnte. – Das geschieht etwa in der privaten Bibellektüre, in einer Bibelmeditation, im Bibliodrama, oft auch in der Predigt.

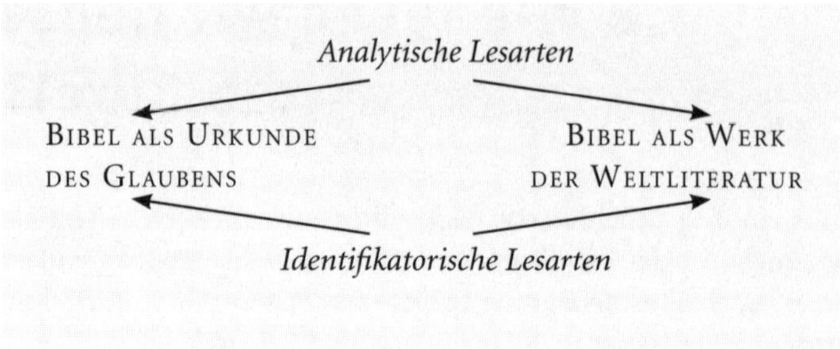

Besonderheiten zeitgenössischer Lektüre der Bibel

Wir lesen die Bibel als Erben der Aufklärung

Zwischen 1750 und 1900 hat die Grundströmung des abendländischen Denkens ihre Richtung geändert. Vereinfachend gesagt: Über viele Jahrhunderte sahen sich die Menschen aufgehoben in einer Seinsordnung, an deren Spitze Gott stand. Als monarchisch gedachte höchste Instanz lenkte er die Welt und die Geschicke der Menschen. Mit der Aufklärung rücken die Menschen und ihre Geschichte zunehmend ins Zentrum der maßgebenden Denkmodelle (→ 2.3.7). Zugespitzt heißt das für die Lektüre der Bibel: Ein Buch, das als Geschichte Gottes mit den Menschen geschrieben wurde, wird von uns heute als Geschichte über die Menschen gelesen.

Wir lesen die Bibel aus der Sicht der historisch-kritischen Exegese

Es herrscht weithin Einvernehmen darüber, dass die Bibel in ihren erzählenden Teilen fast nur aus *fiktionalen Texten* besteht, in die historische Erinnerungen eingeflossen sind. Dabei haben sich die biblischen Schriftsteller des Erzählvorrats und der Denkweise des Alten Orients und der Antike bedient. Im mythischen Vorstellungsrahmen haben sie den Glauben Israels und die Bedeutung Christi erzählt (→ 3.7). – Heutige Leserinnen und Leser müssen also nicht glauben, dass Gott die Welt in sieben Tagen geschaffen hat, dass er in der Sintflut alle Menschen (außer der Sippe Noachs) ertränkt hat und dass Jesus Wasser in Wein verwandelt hat. Sie können aber diese mythisch inszenierten Erzählungen als bedeutsame Metaphern und Symbole interpretieren und dabei viel über die Gesellschaft, über ihr eigenes Leben und über Gott und Christus entdecken (→ 1.7).

Wir lesen die Bibel nach der feministischen Wende

Soweit wir wissen, wurden alle biblischen Schriften von Männern geschrieben; und bis weit ins 20. Jahrhundert wurden auch fast alle Bibelkommentare von Männern verfasst. – Inzwischen ist allgemein anerkannt, dass der männliche Blick sehr oft einseitig war und dass er zur Abwertung von Frauen beigetragen hat (→ 6.5). Mit einem breiten Instrumentarium sorgt die feministische Exegese hier für überfällige Korrekturen. Beispielsweise hat die feministische Exegese aufgedeckt, dass die von PAULUS in RÖM 16,7 als *hervorragend unter den Aposteln* gerühmte frühchristliche Missionarin JUNIA in den nachfolgenden griechischen Handschriften als männlicher „JUNIANUS" tradiert wurde, sodass die Vorstellung des ausschließlich von Männern besetzten Apostelamtes nicht gefährdet wurde.

Wir lesen die Bibel nach der Schoah

Die industriell organisierte Ermordung der meisten europäischen Juden lastet noch lange als Schock auf dem Selbstverständnis der Deutschen. Wir wissen heute, dass ein *christlich motivierter Antijudaismus* dafür das Feld bereitet hat. Daraus müssen wir auch für die Bibelauslegung eine Reihe von Konsequenzen ziehen. Denn spätestens seit der Schoah ist bewusst: Auch die Heilige Schrift ist nicht vor Missbrauch geschützt; sie kann instrumentalisiert werden für Intoleranz, Demütigung und Gewalt. Die Verantwortung für die Schoah ernst nehmen heißt deshalb auch: all denen Widerstand leisten, die die Bibel als Kampfmittel einsetzen und dabei Hass säen.

Wir lesen die Bibel in einem pluralistischen Umfeld

Auch christliche Gemeinden sind *pluralistische Auslegungsgemeinschaften* geworden. – Das bedeutet: Auch unter Christinnen und Christen herrscht Meinungsvielfalt, und christliche Gemeinschaften brauchen ein Gesprächsklima, in dem angstfrei über unterschiedliche Auslegungen der Bibel gesprochen und gestritten werden kann.

3.9 Vom Verstehen biblischer Texte – kleine Hermeneutik

Was heißt „Verstehen"?

Formal betrachtet versteht man einen literarischen Text, wenn man ihn *mit einem Kontext verknüpfen* kann. Das können sein:

- biografische Kontexte,
- systematische Deutungsmuster,
- entstehungsgeschichtliche Zusammenhänge und
- wirkungsgeschichtliche Kontexte.

Synchrones Verstehen

Wenn jemand einen literarischen Text liest, entwickelt sich ein *spontaner Dialog zwischen dem Text und dem Leser.* Die Leserinnen und Leser begegnen dem Text nämlich mit dem Vorrat ihrer inneren Bilder, mit ihren Erlebnissen und Erinnerungen – und spiegelbildlich ruft der Text diese eigenen Erzählungen und Bilder in ihnen wach.

Im Kontext der eigenen Bilder und Geschichten

Was geschieht also, wenn jemand – ohne weitere Hilfsmittel – die Geschichte vom Verlorenen Sohn (Lk 15,10-31) liest? – Das Gleichnis erzählt vom Abschied von den Eltern, vom Weggehen und Heimkommen, vom schmerzlichen Scheitern und von der Rivalität zwischen Geschwistern. Die Lesenden könnten sich etwa an die Beziehung zu ihren Eltern erinnern und an die Konflikte, die sie dabei erlebt haben. Sie könnten sich erinnern, wie ihre Eltern auf Niederlagen ihrer Kinder reagiert haben, an das Gefühl, enttäuscht nach Hause zu kommen, an die Atmosphäre des Elternhauses usw.

So gewinnt der Text eine erste, noch vorläufige Bedeutung für die Leserinnen und Leser. Und vielleicht lädt diese Interpretation schon dazu ein, die eigenen Erfahrungen zu sichten und neu zu werten. Denn das Gespräch mit einem literarischen Text könnte die Leser verändern.

Das Verstehen eines Textes kann man grundsätzlich *als offenen Dialog* auffassen: Der Text und seine Welt treten in ein Gespräch ein mit den Lesern und ihrer Welt.

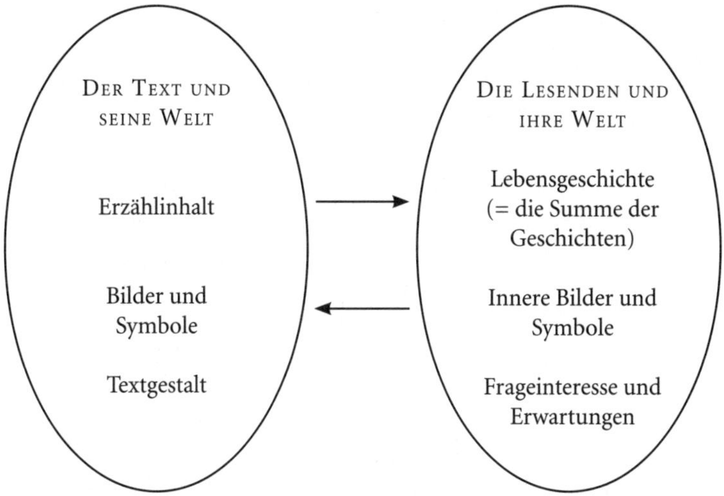

Nun könnte es aber leicht sein, dass Leser aufgrund ihrer Lebensgeschichte zu einer sehr einseitigen – und vielleicht sogar falschen – Auslegung des Gleichnisses gelangen. *Deshalb ist es notwendig, die vorläufige Deutung am Text selbst zu überprüfen.* (So kann man die Dialoge im Gleichnis untersuchen, die Rolle des Vaters, Aufbau und Stilmittel des Textes usw.) Bei dieser *Textanalyse* wird sich zeigen, ob die vorläufige Deutung stimmig ist oder unangemessen. – Die Einsichten der Textanalyse ermöglichen nun *eine differenziertere Deutung*; damit laden sie die Leserinnen und Leser auch ein, ihre eigenen Erfahrungen und Wertungen erneut zu sichten.

Interpretation mithilfe systematischer Deutungsmuster

Eine weitere Verstehensebene öffnet sich, wenn systematische Deutungsmuster als Kontexte gewählt werden. In diesem Falle werden jene Denkmodelle, mit denen wir uns und unsere Welt interpretieren, als *Auslegungshorizonte für die biblische Erzählung* genutzt.

Für das Gleichnis vom Verlorenen Sohn heißt das:

- Eine *psychologische Deutung* wirft die Frage auf, ob der ältere Sohn vielleicht neidisch ist auf seinen Bruder, der mehr gewagt und mehr erlebt hat als er ...
- Eine *politisch-soziale Interpretation* fragt nach den Besitz- und Produktionsverhältnissen im damaligen Palästina und nach

der Art und Weise, wie man damals und heute mit gescheiterten Auswanderern umging ...

- Eine *feministische Interpretation* wird prüfen, ob das Gleichnis typisch männliche Verhaltensmuster spiegelt und warum Frauen darin keine Rolle spielen.
- Eine *theologische Deutung* könnte diskutieren, ob der Vater in seiner Großzügigkeit als Modell für Gott gelten kann, usw.

Die bisher geschilderten Zugänge zur Bibel nennt man *synchrones Verstehen* (gr. synchron: gleichzeitig). Dabei wird die Bibel *wie ein zeitgenössischer literarischer Text* behandelt. Die Leserinnen und Leser

- führen einen unmittelbaren Dialog mit dem Text;
- sie überprüfen diesen Dialog an der Textgestalt (Textanalyse) und
- sie verknüpfen den biblischen Text mit jenen Deutungsmustern, die ihnen helfen, sich und ihre Welt zu verstehen.

Diachrones Verstehen

Schon bei der politisch-sozialen Interpretation stellt sich heraus, dass das synchrone Verstehen nicht ausreicht. Denn ein biblischer Text ist verwurzelt an einem bestimmten Ort, und er reagiert auf die Probleme einer bestimmten Zeit. Erst vor dem *geschichtlichen Hintergrund* wird sein Stellenwert deutlich.

Wer also entdecken will, was die Erzählung vom verlorenen Sohn zur Zeit Jesu bedeutet hat, muss etwas wissen über Besitz- und Arbeitsverhältnisse, über Erbrecht und Auswanderung im damaligen Palästina. Er sollte auch die Konfliktlinien zwischen Jesus und den jüdischen Religionsparteien kennen, und nicht zuletzt sollte er beachten, welche Rolle das Gleichnis vom Verlorenen Sohn im Lukasevangelium spielt.

Mit diesem Hintergrundwissen kann der Dialog mit dem Text noch einmal einsetzen. Das bisherige Textverständnis wird dabei erneut differenziert und erweitert.

Den historischen Zugang zum Bibeltext kann man als *diachrones Verstehen* (wörtl. Verstehen durch die Zeit) bezeichnen. Dabei treten folgende Fragen in den Blick:

- Wann ist der Text vermutlich entstanden?
- Wie geht er auf die damaligen politischen, sozialen und religiösen Verhältnisse ein?
- Welche Funktion hat der Text im Kontext der Bibel?

Wirkungsgeschichtliche Zugänge

Ein biblischer Text tritt nicht wie eine frisch gedruckte Zeitung vor die heutigen Leserinnen und Leser. Denn *in seiner Wirkungsgeschichte hat er einen Kranz von Bildern und Deutungen um sich gesammelt*, die bis in die Gegenwart hinein unsere Wahrnehmung lenken.

Unter der Wirkungsgeschichte verstehen wir hier *die Summe der Wirkungen eines biblischen Textes von seiner Entstehung bis in die Gegenwart.* Dazu gehören:

- Auslegung und Verwendung des Textes im Judentum und in den christlichen Gemeinschaften,
- Wirkungen in Kirche und Gesellschaft, in Politik und Kultur,
- Bearbeitungen des Bibeltextes in Kunst, Literatur, Musik und Film.

Das Gleichnis vom Verlorenen Sohn bietet dazu eine unübersehbare Fülle von Auslegungen und Bearbeitungen. In der Moralerziehung etwa wurde der verlorene Sohn lange Zeit als abschreckendes Beispiel vorgestellt: Er zeigt, wohin ein liederliches und verschwenderisches Leben führt! Häufig wurde das Gleichnis auch in der Bußkatechese verwendet, und dementsprechend wurde der jüngere Sohn reduziert auf die Rolle eines reumütigen Sünders. – Einen anderen Akzent setzt eine theologische Interpretation, die im Vater des Gleichnisses ein Bild für Gott sieht. Ein großes Gemälde von REMBRANDT wirkt wie eine Illustration dieser wohltuenden Güte des Vaters. – Im 20. Jahrhundert aber wird diese Vorstellung von der versöhnlichen Heimkehr brüchig. FRANZ KAFKA und der Maler DE CHIRICO stellen dar, wie die Heimkehr zum Vater misslingt.

Diese wenigen Hinweise deuten den Wert der Wirkungsgeschichte an: Sie zeigt, welches Potenzial eine biblische Erzählung enthält. Und sie fordert die heutigen Leserinnen und Leser auf, diese Möglichkeiten zu sichten und dadurch ihr Textverständnis zu erweitern.

Heutige Leserinnen und Leser sind Erben einer reichen Wirkungsgeschichte der Bibel, und sie können diese Wirkungsgeschichte für ihre Wahrnehmung des Bibeltextes nutzen. Dabei helfen zwei Leitfragen:

- Wie verändern Auslegungstraditionen meinen Blick auf den Bibeltext – schränken sie ihn ein oder erweitern sie ihn?
- Wie bereichern wichtige Zeugnisse der Wirkungsgeschichte (Auslegungen, Bilder, Filme, Musik, Erzählungen …) meinen Dialog mit dem Bibeltext?

Durch diese kritische Sichtung der Wirkungsgeschichte kommt der Dialog mit dem Bibeltext erneut in Bewegung. Indem die heutigen Leserinnen und Leser sich von der Wirkungsgeschichte inspirieren lassen, können sie neue Seiten des Bibeltextes entdecken. Und vielleicht werden sie dadurch sogar angeregt, kreativ mit dem Bibeltext zu arbeiten und so die Wirkungsgeschichte selbst fortzuführen.

Die Spirale des Verstehens

Die bisherigen Überlegungen machen eines deutlich: *Wer einen biblischen Text verstehen will, lässt sich auf einen Prozess ein, der grundsätzlich kein Ende findet*. Er gelangt zwar zu wichtigen Einsichten, aber nie zur abschließenden Deutung. Diesen Prozess des Verstehens kann man sich vorstellen als offenen Kreis, genauer: als Spirale:

- Jeder, der einen neuen Text liest, begegnet diesem Text mit einem bestimmten *Vorverständnis*, d.h. mit seiner Lebensgeschichte, mit seinem Wissen und mit seinen Erwartungen an den Text.
- Aus dem Dialog zwischen Text und Leser erwächst ein *erstes Textverständnis.*
- Ein *neues Vorverständnis* entwickelt sich
  - durch neue Einsichten über den Text und seine Geschichte,
  - durch neue Vorstellungen und Probleme der Lesenden – z.B. (wissenschaftliche) Erkenntnisse, politische und soziale Entwicklungen usw.,
  - durch lebensgeschichtliche Erfahrungen.
- Unter diesen Voraussetzungen beginnt der Dialog mit dem Text erneut. Und so bildet sich ein *differenzierteres Textverständnis.*
- Mit jeder neuen Einsicht über den Text, mit jedem Zuwachs an Wissen und mit jeder neuen Erfahrung kann sich das Vorverständnis weiterentwickeln. Und jedesmal kann dann der Dialog mit dem Text wieder aufgenommen werden, sodass das Textverständnis immer reichhaltiger und differenzierter wird.

Verstehen vollzieht sich in mehreren Stufen und ist grundsätzlich unabschließbar. Auf jeder Stufe können neue Kontexte des biblischen Textes wirksam werden. So wird *Verstehen zu einem offenen Prozess der Differenzierung und Anreicherung.* – Die Auslegung zielt deshalb auch nicht „die richtige Bedeutung" an. Das Ziel der Auslegung ist die Nachdenklichkeit – und damit die Einladung, sich und die eigene Welt besser zu verstehen.

Wann habe ich eine biblische Erzählung verstanden?

Verstehen ist ein mehrstufiger offener Prozess. Obwohl dieser Prozess nie an ein Ende kommt, lassen sich einige Stationen auf dem Weg des Verstehens benennen:
Eine biblische Erzählung habe ich verstanden,

- wenn ich die Erzählung verknüpfen kann mit meiner persönlichen Erzählwelt (der Summe meiner Geschichten) und mit meinen inneren Bildern,
- wenn ich Bauformen der Erzählung identifizieren und dadurch mein Textverständnis überprüfen kann,
- wenn ich die Erzählung mit heutigen Wahrnehmungs- und Deutungsmustern verknüpfen kann und so zu einem mehrdimensionalen Textverständnis gelange,
- wenn ich die Herkunft der Erzählung und ihre Funktion in der Entstehungszeit kenne und dieses Wissen für das Verständnis der Erzählung nutzen kann,
- wenn ich maßgebende Deutungen der Auslegungsgeschichte kenne und beurteilen kann,
- wenn ich wesentliche Zeugnisse der Rezeptionsgeschichte (aus Kunst, Literatur, Musik) analysieren und mit dem biblischen Text verknüpfen kann,
- wenn ich in der Lage bin, eigenständig Deutungen der Erzählung zu entwerfen und zu begründen,
- wenn ich beurteilen kann, welche Auslegungen der Erzählung angemessen und welche falsch sind,
- wenn ich in der Lage bin, unterschiedliche Deutungen der Erzählung zu vergleichen und in ihrem Wert einzuschätzen,
- wenn ich mir meine Lerngeschichte mit dieser Erzählung bewusst machen und sie analysieren kann,
- wenn die biblische Erzählung mir hilft, mein Leben besser zu bestehen,
- wenn ich meine Dialoge mit der Erzählung als Stationen eines offenen Lernprozesses erlebe, der nie endet.

Stufen des Textverstehens

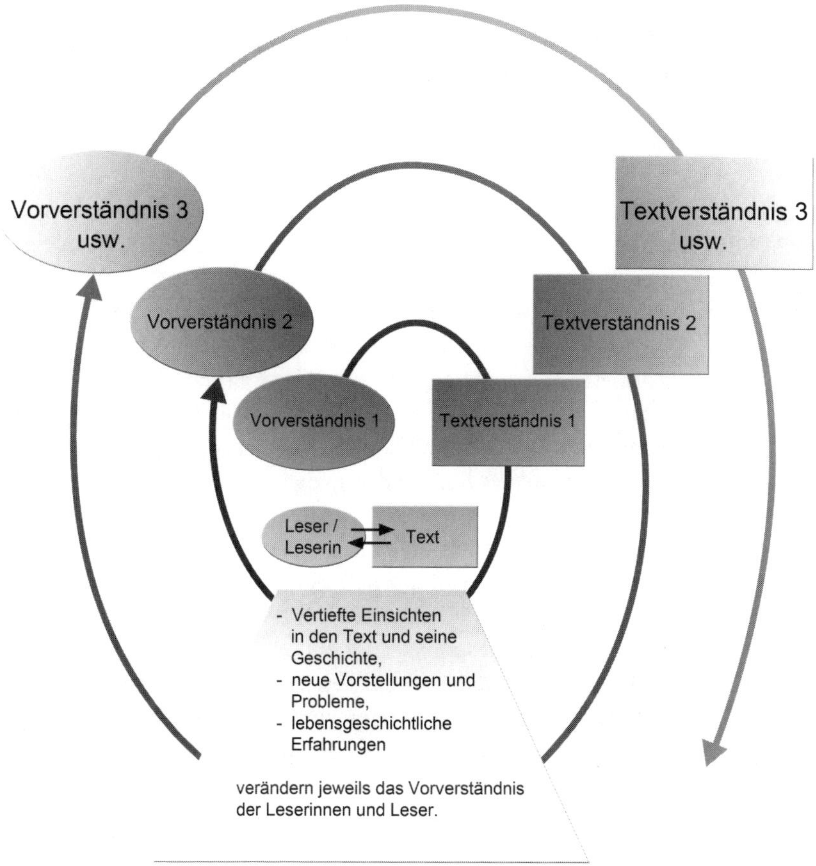

3.10 Warum brauchen wir Erzählungen?

Zu den wirkmächtigsten Überlieferungen der Bibel gehören Erzählungen. Vom Paradies erzählen sie und vom Babelturm, von Kain und Abel, vom Verlorenen Sohn und von vielem anderen. – Fragen wir deshalb: Welche Funktionen erfüllen Erzählungen, und was können literarische Erzählungen bewirken?

Das Leben: die Summe unserer Geschichten

Wenn wir herausfinden wollen, wer wir sind, müssen wir Geschichten erzählen. Aus unserer Kindheit vielleicht, von bedeutsamen Erlebnissen und Begegnungen, von Enttäuschungen, Ängsten und Hoffnungen. Indem wir so erzählen, ordnen und bewerten wir unser Leben: Wir stellen einen zeitlichen Rahmen her, und wir markieren, was uns geprägt hat. *Unser Leben, das ist schließlich nichts anderes als die Summe unserer Geschichten.* Und diese Summe unserer Geschichten bildet den Horizont, vor dem wir die Erzählungen anderer hören oder lesen.

Begegnung mit einer fremden Wirklichkeit

Erzählungen anderer – auch literarische Erzählungen – gestatten nämlich, die eigene Welt probeweise zu verlassen. Hörerinnen und Hörer schlüpfen in eine fremde Wirklichkeit und können so ihre *eigene Identität spielerisch erweitern.*

Denn Erzählungen entwerfen einen Mikrokosmos: eine erzählte Welt. Diese Erzählwelt gewinnt ihren Reiz dadurch, dass sie fremd und extravagant ist, aber dennoch als Resonanzraum unserer eigenen Welt wahrgenommen wird. Beziehungen und Konflikte der Lebenswelt begegnen uns wieder in den Spiegelungen und Masken der Literatur.

Literatur bietet Modelle und Identifikationsmuster

In Erzählungen können wir *Modelle menschlichen Verhaltens* entdecken. Wer sich auf eine Geschichte einlässt, kann sich mit den Gestalten der Erzählung identifizieren oder sich von ihnen abgrenzen. Wie im Spiel laden Erzählungen dazu ein, den eigenen – vielleicht verhärteten – Standpunkt zu verlassen. Zugleich ermöglichen sie Empathie mit dem „fremden Anderen“ und seiner Perspektive.

Erzählungen als Horizonterweiterung

Indem wir uns in fremde Schicksale hineinversetzen, indem wir uns in Lebensformen fremder Kulturen hineindenken, *erweitern wir unsere existenzielle und soziale Fantasie.* Dabei entwickelt sich ein Gespräch zwischen der Summe unserer Geschichten und den literarischen Erzählungen. Wir vergleichen die literarischen Erzählungen mit unseren eigenen Geschichten. Und vielleicht lädt Literatur dann sogar dazu ein, unser Selbstbild und unsere Verhaltensmuster zu überprüfen. – Dann können die Erzählwelten uns helfen, unsere Wahrnehmungs- und Deutungsmuster zu erweitern und seelisch zu reifen.

Erzählungen wecken innere Bilder

Erzählungen stellen uns Bilder von Bedrohung und Rettung, von Angst und Vertrauen, vom Paradies und von der Wüste vor Augen. Sie können ins Gespräch kommen mit unseren inneren Bildern. Dann können Verletzungen und Sehnsüchte, unbewusste Konflikte und blockierte Entwicklungen bewusst werden. Dieser Dialog zwischen den inneren Bildern der Leserinnen und Leser und den Bildwelten der Erzählung *kann Reifungsprozesse anstoßen und so heilend wirken.*

Erzählungen im kulturellen Diskurs

Was für die Verständigung zwischen einem literarischen Text und den Leserinnen und Lesern gilt, lässt sich übertragen und *erweitern auf den kulturellen Diskurs*: Wenn wir begreifen wollen, in welcher Kultur wir beheimatet sind, müssen wir uns die grundlegenden Erzählungen vergegenwärtigen. Dazu gehören die zentralen Erzählungen der Bibel (GENESIS, EXODUS, IJOB, *Passionsgeschichte, Lukas*evangelium ...), die Götter- und Heldensagen der Antike und die epochalen Werke und Gestalten der europäischen bzw. der deutschen Literatur (*Nibelungenlied,* PARZIVAL, DON QUICHOTE, ROMEO UND JULIA, FAUST, DON JUAN, GRIMMS *Märchen* und viele andere). – Dieser Erzählvorrat bildet ein narratives Gedächtnis, das Konturen der Weltwahrnehmung und des Menschenbildes bewahrt.

Erzählungen als Verständigungstexte

Zugleich wirken kulturell vermittelte Erzähltraditionen als *Verständigungstexte*, die sich ins Gespräch einmischen, wenn es um Ziele und Werte gesellschaftlichen Handelns geht. Dadurch verhindern die kulturell prägenden Erzählungen auch, dass die Probleme der Gegenwart unser Denken beherrschen und unsere Vorstellungskraft lähmen.

3.11 Bibel und Koran

→ 1.12

Was ist der Koran?

Der Koran ist ein in arabischer Sprache geschriebenes Buch aus dem 7. Jahrhundert n.Chr. Die Etymologie ist nicht ganz sicher; wahrscheinlich bedeutet das Wort *Lesung, Rezitation, Abschnitt.* Der Koran umfasst 114 Kapitel (Suren), die ihrerseits in Verse eingeteilt sind. Die Suren sind nicht thematisch geordnet, sondern – mit gewissen Ausnahmen – nach ihrer Länge. (Mit den längsten beginnt der Koran.) Die heutige Gestalt des Korans geht nicht auf Muhammad zurück, sondern auf den dritten Kalifen, OSMAN. Um 650 ließ er aus bereits vorliegenden Sammlungen und Einzelüberlieferungen den Koran erstellen. (Ein Kalif ist ein Nachfolger des Propheten Muhammad.)

Unterschiede zwischen Koran und Bibel

Auf den ersten Blick scheinen Bibel und Koran gleichartige Bücher zu sein: Beide sind heilige Schriften einer Weltreligion. Schaut man jedoch genauer hin, so fallen wichtige Unterschiede ins Auge:

- *Der Koran ist stilistisch und inhaltlich einheitlicher als die Bibel.* Er besteht nicht aus einer Fülle einzelner Schriften.
- *Der Koran hat keine lange Entstehungsgeschichte.* Nach muslimischer Überlieferung wurde er innerhalb eines Zeitraums von nur 22 Jahren niedergeschrieben.
- *Größere Erzählzusammenhänge sind im Koran selten.* (Zu den Ausnahmen gehört die Geschichte vom ägyptischen JOSEF/YUSUF in der 12. Sure.) Der Koran ist eher eine Sammlung von Prophetensprüchen. Sie erläutern Glaubenswahrheiten, ermahnen zur richtigen Lebensführung und enthalten Rechtsvorschriften.
- *Der Koran ist wesentlich kürzer als die Bibel.*

Muslimische Einschätzung des Korans

Für Muslime ist der Koran eine völlig einzigartige Schrift. Er ist nämlich kein Buch, das von Menschen geschrieben wurde; er ist das authentische Wort Gottes. Dahinter steht das *muslimische Verständnis der Offenbarung*:

- Gott besitzt die vollständige Wahrheit, also das Wissen über Gott, den Himmel und das Gericht und über den rechten Weg der Menschen. Weil er gnädig und barmherzig ist, hat er schon mehrfach Boten zu den Menschen gesandt, die ihnen die Offenbarung gebracht haben. Diese privilegierten Menschen sind die Propheten.
- *Herausragende Propheten waren* ABRAHAM, MOSE, DAVID *und Jesus*. Die jüdischen und christlichen Anhänger dieser Propheten haben die göttliche Botschaft aber verfälscht oder Unpassendes hinzugefügt, sodass die Menschen den rechten Weg nicht mehr kannten.
- Deshalb hat Gott den Engel GABRIEL zu Muhammad gesandt; er sollte ihm die Offenbarung umfassend mitteilen. Diese Wahrheit steht unverfälscht im Koran. Er ist das authentische, vollständige und abschließende Wort Gottes an alle Menschen.

Nach diesem Deutungsmuster ist der Engel GABRIEL dem Propheten Muhammad über einem Zeitraum von 22 Jahren immer wieder erschienen und hat ihm die Offenbarung mitgeteilt. Muhammad, der nicht schreiben konnte, hat sich die Botschaft genau eingeprägt und sie zunächst mündlich seinen Anhängern mitgeteilt. Erst einige Zeit später wurden diese Offenbarungen schriftlich festgehalten.

> Für orthodoxe Muslime ist die Lektüre des Korans unmittelbare Begegnung mit dem Wort Gottes.
> Muhammad ist nicht der Autor des Korans, sondern nur der Übermittler der Offenbarung.

Parallelen zwischen Bibel und Koran

Im Koran stößt man auf eine Reihe von Personen und Erzählungen aus der Bibel: aus der GENESIS (Sündenfall und Vertreibung aus dem Paradies; Brudermord; Sintflut; ABRAHAM; JOSEF), aus dem Buch EXODUS (MOSE) und mehrere Überlieferungen aus den Evangelien (Jesus; MARIA). Diese Bibelstellen werden erweitert durch Legenden aus außerbiblischer Erbauungsliteratur

(Apokryphen). Königsgeschichten und Propheten fehlen im Koran. Aus der Weisheitsliteratur greift der Koran lediglich Motive aus Psalmen auf. – Wie die Bibel hat der Koran einen hohen literarischen Rang. Viele Muslime schätzen seine sprachliche Schönheit und können Passagen oder ganze Suren auswendig vortragen oder gar singen. Anschaulich wird die Schönheit des Korans auch in den kunstvollen Kalligrafien, mit denen Moscheen und Bücher zur religiösen Bildung geschmückt sind.

Unterschiede zwischen Koran und Bibel

Die biblischen Parallelen sind über den ganzen Koran verstreut. So kann kein größerer Erzählzusammenhang entstehen. Vor allem aber ändert sich der Stil: *Weil der Koran als Wort Gottes konzipiert ist, werden die biblischen Inhalte aus der Perspektive Gottes nacherzählt.* Zugespitzt formuliert: Der Koran bietet Inhaltsangaben biblischer Erzählungen zusammen mit einem Kommentar Allahs. (Dadurch gelingt es, die biblischen Geschichten so zu akzentuieren, dass sie sich in das islamische Glaubensgebäude einfügen.)

Möglichkeiten eines Dialogs über Koran und Bibel

Verbreitet, aber recht unfruchtbar sind apologetische Positionen: Christen behaupten dann, Muhammad habe die Bibel missverstanden oder gar verfälscht. Und im Gegenzug argumentieren Muslime, der Koran allein biete die Offenbarungswahrheit, während Juden und Christen das Wort Gottes überarbeitet und damit verraten hätten. Hilfreicher wird das Gespräch, wenn das Glaubensverständnis der jeweiligen Religion zunächst respektiert wird. *Dann können Christen den Koran als muslimischen Kommentar zur Bibel betrachten* und sich fragen, wie der Koran die Sicht der Bibel verändert, vielleicht sogar erweitert. Und *Muslime könnten die Bibel als Vorstufe des Korans ansehen*, deren Kenntnis die Auslegung des Wortes Gottes bereichert.

Der Dialog zwischen Muslimen und Christen gewinnt neue Verständigungsmöglichkeiten dort, wo die Koranwissenschaft auch *die historisch-kritische Erforschung des Korans* als legitim und notwendig ansieht. Diese Auffassung ist aber noch nicht sehr verbreitet, und das ist verständlich; denn aus konservativer muslimischer Sicht erscheint Kritik am Koran ja als Kritik am Wort Gottes.

VIERTES KAPITEL

Gott

Fragehorizont und Überblick

4.1 Worum geht es in der Frage nach Gott?
4.2 Christliche Rede von Gott

Grundlagen

4.3 Gottesbilder im Alten Testament
4.4 Gottesbilder Jesu und der Evangelien

Wegmarken der Geschichte

4.5 Gottesbilder der christlichen Antike
4.6 Gottesbilder des Mittelalters
4.7 Rationale Wege zu Gott
4.8 Der Streit um Gott in der Neuzeit

Heute von Gott sprechen

4.9 Wie lässt sich das Unsagbare sagen?
4.10 Konturen einer zeitgenössischen Suche nach Gott

4.1 Worum geht es in der Frage nach Gott?

Auf alle vorwitzigen und unbedachten Fragen
über die Götter schwiegen
die Schüler des Pythagoras,
und sie hielten das für die richtige Antwort.
PLUTARCH

Der Fragehorizont

Grenzen des Redens über Gott

Gott ist die zentrale Glaubensvorstellung der Juden, Christen und Muslime. Dieses Wort ist verknüpft mit Erfahrungen und Gebeten von Millionen von Männern und Frauen, es wurzelt in mythischen Erzählungen, die weit in die Vergangenheit reichen. Dieses Wort ist gewachsen in der Gottsuche der Mystikerinnen und Mystiker, es ist angefüllt und beschwert vom Streit der Theologen und Religionsführer, der sich durch die Jahrhunderte zieht. Daher ist es leichtfertig, wenn hier auf wenigen Seiten der Glaube an Gott dargestellt wird. – Dennoch! Trotz dieses unübersehbaren Mangels kann es hilfreich sein, einige Grundlagen und Zugänge zu klären. Es bleibt ja den Leserinnen und Lesern die Freiheit, die folgenden Texte an ihrem eigenen Glaubensverständnis zu messen.

Aussagen über Gott lassen sich auf zwei sehr unterschiedliche Arten lesen:

Zwei Fragerichtungen

- Man kann fragen: *Welche Vorstellung von Gott enthält diese Aussage?* – Zugespitzt kann diese Frage auch lauten: Welche Auskünfte über die (jenseitige) Wirklichkeit Gottes erhalte ich in dieser Aussage? In diesem Fall wird *in einem supranaturalen* Weltbild* gefragt.
- Man kann eine Aussage über Gott aber auch *als Selbstaussage von Menschen* lesen. Dann lautet die Leitfrage:

Welches Bild von sich selbst entwerfen Menschen, wenn sie diese oder jene Aussage über Gott machen? In diesem Fall wird *in einem anthropozentrischen* Weltbild* gefragt.

Wahrscheinlich hat sich in den letzten beiden Jahrhunderten das Frageinteresse zugunsten der zweiten Frage verschoben. Einige Ursachen dafür lassen sich benennen:

Bedeutungsverlust des Gottesglaubens in der Neuzeit

Herr, wie zahlreich sind deine Werke! Mit Weisheit hast du sie alle gemacht, die Erde ist voll von deinen Geschöpfen (Ps 104,24). So dichtete der Psalmist vor über zweitausend Jahren, so betet die Kirche noch heute. Dennoch hat der Glaube an einen weisen Gott, der Himmel und Erde geschaffen hat, an Überzeugungskraft eingebüßt.

Verlust des geozentrischen Weltbildes

Durch den *Übergang vom geozentrischen zum heliozentrischen Weltbild* (Kopernikus, Kepler, Galilei) im 16. Jahrhundert ging ein anschauliches Vorstellungsmodell für den Kosmos verloren. In ihm war Gott im Himmel „oben" beheimatet. „Unten" drohte die Welt des Bösen, die „Hölle"; und zwischen beiden befand sich die Erde als der Raum der Menschen.

Ausweitung der naturwissenschaftlichen Welterklärung

Die Erkenntnisse der Naturwissenschaften haben sich beträchtlich ausgeweitet. Das führte dazu, dass *viele Erscheinungen, die früher dem Eingreifen Gottes zugeschrieben wurden, natürlich erklärt werden können* (z.B. Gewitter, Bewegung der Gestirne, Wechsel der Jahreszeiten, Entstehung und Heilung von Krankheiten, Entstehung der Tier- und Pflanzenarten, Entstehung der Menschen).

Lebensbedingungen sind vorwiegend von Menschen selbst geschaffen

In der modernen Zivilisation sind die Menschen weniger als in der Agrarkultur vom Wetter und von den Jahreszeiten abhängig. Viel häufiger wirken Zusammenhänge in ihr Leben hinein, die von Menschen selbst verursacht wurden. So geht das Gefühl der Abhängigkeit von der Natur und damit indirekt das Gefühl der Abhängigkeit von Gott zurück. *Menschen verstehen sich als autonom und fühlen sich selbst verantwortlich für ihre Lebenswelt.*

Weltkriege und Völkermorde als Grund des Zweifels an Gott

Die Katastrophen des 20. Jahrhunderts – Weltkriege, Vertreibungen und Völkermorde, vor allem die Schoah – haben das Vertrauen auf einen guten und menschenfreundlichen Gott als Lenker der Geschichte erschüttert. *Die Verzweiflung darüber, wie Gott grauenvolles Unrecht in diesem Ausmaß zulassen konnte, ist für viele Menschen zum Fels ihres Atheismus geworden.*

Ein sprachanalytischer* Lösungsweg

In dieser unvollständigen Bilanz wird deutlich, dass überlieferte Vorstellungen von einem jenseitigen, als „Supermann" gedachten Gott sich auflösen. (Und wahrscheinlich muss man hinzufügen: Es gibt derzeit außerhalb der Theologie kein repräsentatives Denkmodell, in dem Gott einen sicheren Platz fände.) Eine Chance, nüchtern, aber dennoch verantwortlich von Gott zu sprechen, eröffnet unter diesen Vorzeichen *ein sprachanalytischer Zugang* zur Gottesfrage. Er fragt nicht mehr: Was können wir über Gott wissen und sagen? Er fragt bescheidener: *In welchen Situationen benutzen Gläubige das Wort „Gott", und was wollen sie zum Ausdruck bringen, wenn sie dieses Wort verwenden?*

Gläubige verwenden das Wort „Gott",

- wenn sie erschrecken über den schicksalhaften Charakter des Lebens: seine Einmaligkeit, seine Grenzen und seine Unwiderruflichkeit;
- wenn sie Versäumnisse und Schuld beklagen, die man nicht mehr gutmachen kann;
- wenn schwierige und unwiderrufliche Entscheidungen sie seelisch belasten;
- wenn sie sich durch Notsituationen, Leid und Elend anderer Menschen zur Hilfe herausgefordert fühlen;

- wenn sie sich dem Anspruch einer unbedingten moralischen Verpflichtung ausgesetzt sehen;
- wenn sie dankbar auf überstandenes Leid und Herausforderungen, die sie bewältigt haben, zurückblicken;
- wenn sie überwältigt sind von der Schönheit der Natur oder beseligt vom Gefühl der Liebe;
- wenn sie darauf vertrauen, dass trotz Enttäuschungen und Leiden ein letzter Sinn das Leben trägt.

In diesen und vielen anderen emotional dichten Situationen werden grundlegende Erfahrungen bewusst: Vergänglichkeit und Zufälligkeit, Daseinsfreude und Dankbarkeit, aber auch die Möglichkeit, die Beschränkungen des eigenen Lebens zu überschreiten und sich aufgehoben zu fühlen in einem größeren Ganzen. Dabei zeigt sich ein wiederkehrendes Muster: Dem, was Menschen machen und gestalten können, steht ein weites Feld des Unverfügbaren gegenüber: Schicksal, Zeit, Glück, Liebe und Tod. Im Horizont solcher Erfahrungen werden Signaturen eines Lebens jenseits der Alltagsroutine sichtbar; und es drängt sich die Frage auf, was es heißt, sich selbst anzunehmen und sein Leben bewusst zu führen.

Bis heute hält ein Teil der Christen daran fest, dass Gott unmittelbar in die Welt und in ihr eigenes Leben eingreift. Ein anderer Teil versucht aus den Streitigkeiten um die „Existenz" Gottes, die vor allem im 19. und 20. Jahrhundert ausgetragen wurden (→ 4.8), Konsequenzen zu ziehen. Für sie erwächst ein hilfreicher Ansatz aus der These des Theologen Paul Tillich (1886 – 1965), wonach Gott das Symbol dessen ist, *was uns unbedingt angeht.* Diesen anthropologischen (d.h. vom Menschen ausgehenden) Ansatz kann man in vielfältiger Weise variieren: Gott ist der Inbegriff dessen, was den Menschen heilig ist; Gott ist das, was wir ohne jeden Vorbehalt ernst nehmen; Gott ist das, was dem Leben Tiefe gibt; Gott ist der Name dessen, was wir als schicksalhaft und unverfügbar erleben, aber auch der Fluchtpunkt, auf den unsere Hoffnungen und Sehnsüchte zielen. In diesem Verständnis schrieb der französische Philosoph Théodore Jouffroy (1796 – 1842): *Unser Leben vergeht mit der Suche nach Gott, denn es vergeht mit der Suche nach dem, was uns fehlt.*

4.2 Christliche Rede von Gott – ein Überblick

Geschichtlichkeit der Gottesvorstellung

Der christliche Glaube an Gott vereinigt viele religionsgeschichtliche und philosophische Traditionen und hat deshalb im Laufe seiner Entwicklung unterschiedliche Ausformungen angenommen. „Gott" wurde damit zu einem vielgestaltigen und bedeutungsreichen Symbol, in dem sich Welterfahrung und Menschenkenntnis, Daseinsangst und Lebenszuversicht gläubiger Generationen vor uns widerspiegeln.

Vereinfacht kann man folgende Gottesbilder unterscheiden, die die christliche Vorstellung von Gott geprägt haben:

Alttestamentliche Tradition

1. Die alttestamentlich-jüdische Tradition (→ 4.3)
In einem langen Prozess der theologischen Auseinandersetzung mit religiösen Vorstellungen der Nachbarvölker gewinnt der jüdische JHWH seine charakteristischen Züge: JHWH ist *Bundespartner Israels* und *Herr seiner Geschichte*. Er ist *Gesetzgeber* und *Richter* über sein Volk. Schließlich wird er als *einziger Gott* (Monotheismus) anerkannt und als *Schöpfer der Welt und des Menschen* verehrt.

Jesus und die Evangelien

2. Gottesbilder Jesu und der Evangelien (→ 4.4)
Jesus lebt in der Vorstellungswelt des jüdischen Glaubens. Mit Gott verbindet ihn ein unmittelbares *Vertrauensverhältnis*, in dem Gott wie ein liebender und fürsorglicher *Vater* erscheint. Daraus erwächst Jesu besondere Hinwendung zu den Randgruppen und Verlierern der Gesellschaft und sein Aufruf zu Empathie und Nächstenliebe.

Christliche Antike

3. Die christliche Antike (→ 4.5)
Mit dem Übergang in den hellenistischen Kulturkreis wird jener Gott, der als Herr der Geschichte verehrt wurde, umgeformt durch das metaphysische Seinsdenken der griechischen Philosophie. Gott wird zum jenseitigen *Ursprung alles Seienden* und zur idealen Verkörperung des Guten und Wahren.

Im Zuge der philosophischen Entwicklung war der Graben zwischen dem Göttlichen und der Welt immer tiefer geworden. Es war dann kaum noch vorstellbar, dass der unendlich vollkommene Gott diese unvollkommene Welt geschaffen haben könnte. Das Problem löste ein Teil der griechischen Philosophen dadurch, dass sie sich Mittlerwesen vorstellten, die zwischen Gott und der Welt stehen, etwa den Demiurgen (Schöpfer) oder den Logos (Wort). Damit bot die griechische Philosophie ein Modell, das die christlichen Theologen auf Christus übertragen konnten. Christus ist das Mittlerwesen, der *Logos*, der als Mitschöpfer und Erlöser die Menschen mit Gott verbindet. So entsteht schließlich die Lehre von der *Dreifaltigkeit (Trinität)*, wonach Gott seit ewigen Zeiten in drei Personen, in Vater, Sohn und Heiligem Geist, existiert.

Mittelalter

4. Gottesbilder im Mittelalter (→ 4.6)
Das christliche Mittelalter bringt eine reiche *Bildwelt* hervor, in der Christus als himmlischer Herrscher, als Weltenrichter oder als leidender Gottessohn die Rolle Gottes übernimmt.

Im 13. Jahrhundert verknüpft Thomas von Aquin die christliche Gottesvorstellung mit dem Weltbild des griechischen Philosophen Aristoteles. Als Schöpfer hat Gott die Welt so gestaltet, dass sie ihm in gewisser Weise ähnlich ist. Deshalb lassen sich Spuren Gottes in der Welt entdecken, und Menschen können von der Welt auf das Wesen Gottes schließen. Auf diesen Denkansatz gründet Thomas von Aquin die fünf Wege seiner Gottesbeweise, die bis in die Neuzeit als philosophische Stütze des christlichen Gottesglaubens in hohem Ansehen standen (→ 4.7).

Zur gleichen Zeit versuchen die *Mystiker*, sich durch Versenkung in das eigene Ich und durch meditative Betrachtung in das Geheimnis des Göttlichen zu vertiefen. Im Unterschied zur argumentativen Theologie der Scholastik bewegen sie sich an der Grenze des Sagbaren und bringen in Metaphern, Vergleichen und Paradoxien ihre Gotteserfahrungen zum Sprechen.

Neuzeit

5. Die Krise des Gottesglaubens in der Neuzeit (→ 4.8)
In der Aufklärung kommt es zu einem bis heute nachwirkenden Konflikt zwischen der Symbolwelt des Christentums und den Denkmodellen der *autonomen Vernunft*. Dieser ist von einem doppelten Missverständnis belastet: Die christliche Orthodoxie

Gottesbild – Menschenbild

Dieses Bild ist Teil des Marienaltars im Münster von Heilsbronn in Mittelfranken. Es wird datiert auf das Jahr 1511 und wurde von Sebastian Dayg, einem wenig bekannten Schüler Dürers, gemalt.

Seine Eigenart enthüllt sich, wenn man es mit Darstellungen des Gnadenstuhls im Mittelalter vergleicht: Aus dem leidenden Jesus wird eine selbstbewusste, dem Vater ebenbürtige Gestalt, die in ihrer körperlichen Kraft – trotz der Wundmale – typische Züge der Renaissance-Helden trägt. Und dieser kraftvolle Sohn Gottes, der auf Augenhöhe dem Vater begegnet, tritt auf als Repräsentant der Menschheit: Rechts von ihm kommt Maria ins Bild, und sie ist die Anführerin einer Personengruppe, die – als Papst, Kaiser und hoher Klerus ausgewiesen – die erlösten Menschen repräsentiert. Durch Christus verliert Gott-Vater den Charakter des strafenden Herrschers: Der Reichsapfel entgleitet ihm, und der Sohn neutralisiert durch festen Griff das Schwert über ihren Häuptern. Dass dieses Schwert kein Unheil anrichten wird, garantiert der Heilige Geist, der als kleine Taube flügelschlagend darauf sitzt. (Diese Taube verrät eine gewisse Verlegenheit: Welchen Rang und welche Funktion hat eigentlich der Heilige Geist in der Trinität?)

Eine zusätzliche Dimension gewinnt das Bild, wenn man es – aus heutigem Blickwinkel – tiefenpsychologisch deutet. Dann verkörpert Gott-Vater die elterlichen Imperative, auch die fordernde und strafbereite Seite der Liebe. Aber das Verlangen nach Strafe und

Sebastian Dayg, Rechtfertigungsbild, 1511

Selbstbestrafung ist aufgehoben durch die Menschwerdung Gottes in Christus. Er verkörpert in seiner Nacktheit und Kraft die Würde des autonomen Menschen. Und in dieser gleichgewichtigen Polarität von Über-Ich und Ich ist die ausgleichende Leitung, ja die Versöhnung des Menschen mit sich selbst, durch die Vernunft möglich. Aus dieser Perspektive wäre dieses Gottesbild das Porträt des spannungsreichen, integralen Menschen.

sieht in ihrer Symboltradition eine Beschreibung empirischer oder geschichtlicher Zusammenhänge (z.B. Schöpfung, Gotteserscheinungen am Sinai), und umgekehrt entwickelt der Rationalismus kein Gespür für symbolische Interpretationen der Wirklichkeit bzw. für die Tiefenstruktur menschlicher Erfahrungen.

Heutige Tendenzen

6. Heutige Tendenzen in der Gottesfrage (→ 4.9)
Zwar hat der Glaube an Gott an Bedeutung verloren. Aber die Kämpfe des 19. Jahrhunderts werden fortgesetzt, wenn im Namen von Vernunft und Wissenschaft, Wahrheit und Moral die Berechtigung des Gottesglaubens und religiöser Überzeugungen bestritten wird. Dennoch wirken sie antiquiert, da das philosophische und theologische Denken fortgeschritten ist. Moderne Theologie ist weniger an jenseitigen Welten interessiert; sie fragt vielmehr, ob sich im Erfahrungsraum der Menschen – in ihrem Schicksal und in ihrer Geschichte – Spuren der Transzendenz entdecken lassen.

Wenn man Paul Tillichs Ansatz, wonach Gott das zentrale Symbol dessen ist, *was uns unbedingt angeht*, zum Leitfaden nimmt, dürfte das Nachdenken über die tieferen Existenzfragen eine Schlüsselfunktion für die Gottesfrage gewinnen.

4.3 Gottesbilder im Alten Testament

Vielfalt und Uneindeutigkeit der biblischen Überlieferung

Was weiß das Alte Testament, die Hebräische Bibel, über Gott? Finden heutige Leserinnen und Leser dort die ursprünglichen und reinen Gottesbilder? Kommen wir der Wahrheit Gottes näher, je weiter wir zurückgehen in die Anfangszeit Israels? – Wer Antworten auf diese Fragen sucht, wird schnell enttäuscht.

Die Hebräische Bibel: ein Buch von Juden für Juden

Denn die Hebräische Bibel wurde von Juden für Juden geschrieben. Wie sie Gott darstellt, ist eng verknüpft mit den politischen, sozialen und religiösen Verhältnissen, die zwischen dem 6. und 2. Jahrhundert v.u.Z. in Palästina herrschten. Deshalb ist ein Teil dieser Überlieferungen nur noch aus dem Geist der Entstehungszeit heraus zu verstehen (z.B. Kult- und Reinheitsvorschriften, Strafbestimmungen und Vorschriften für den Kampf gegen die Feinde). – Wer nun als Christ nach dem alttestamentlichen Bild von Gott fragt, trägt andere Fragen an die Bibel heran als ein Jude, der seine Bibel liest.

Die Hebräische Bibel: ein heterogenes Buch

Vor allem aber ist das Alte Testament kein systematisches Lehrbuch; es ist eine Sammlung von Erzählungen und Glaubensschriften, von Gebeten und Weisheitssprüchen, die in einem Zeitraum von mehreren Jahrhunderten verfasst, gesammelt und redigiert wurden (→ 3.2).

Weil sich der Gottesglaube Israels in einem langen geschichtlichen Erfahrungsraum entwickelt hat, gibt es eine *Vielfalt von Gottesbildern* im Alten Testament. Wer also ein Porträt des biblischen Gottes zeichnen will, gerät in Verlegenheit: Er muss unterschiedlichen Namen, Metaphern und Erzählungen nachspüren. Nur so lassen sich einige Linien nachzeichnen, die charakteristisch sind für die Gottesbilder des Alten Testaments.

Die Vielfalt der Gottesbilder im Alten Testament

Einige Namen Gottes

Mit seinen Nachbarvölkern im Alten Orient teilt Israel die allgemeine Bezeichnung für Gott: *El*, oft kombiniert mit einer näheren Bestimmung (z.B. *El schaddaj:* der allmächtige Gott) oder mit einem Eigennamen (EL ABRAHAMS, ISAAKS usw.), der noch darauf hinweist, dass die El-Gottheiten häufig Familiengötter waren. Verbreiteter ist im Alten Testament die Pluralform *Elohim* (stammverwandt dem arabischen Wort Allah). – Am häufigsten aber wird in der Bibel das Wort *JHWH* (Jahwe) als Name des jüdischen Gottes verwendet. Ausgesprochen wird dieser Gottesname aber bei der Schriftlesung nicht, sondern ersetzt durch das Wort *Adonai* (in der Übersetzung meistens mit *Herr* wiedergegeben). Die Bedeutung des Wortes *JHWH* ist nicht restlos geklärt. Gebräuchlich sind die Übertragungen *Ich bin der Ich-bin* oder *Er weht* oder *Der, der lebt.* – Oft wird in den biblischen Schriften Gott als *JHWH-Zebaoth* bezeichnet, zu Deutsch: *Herr der Heerscharen*, gemeint sind damit die Scharen der Engel und Dämonen.

Zentrale Motive alttestamentlicher Gotteserzählungen

Aussagekräftiger als die Namen für Gott sind die Erzählungen des Alten Testaments. Sie vor allem haben die Gottesbilder von Juden und Christen geprägt:

JHWH, der Befreier

- Im Zentrum des jüdischen Glaubens stehen die *Erzählungen von der Befreiung* des Volkes aus der Knechtschaft in Ägypten (Exodus). Die Erinnerung an den Auszug der Mosegruppe wird im Laufe der Jahrhunderte ausgeweitet zum Gründungsmythos für das Volk Israel. In diesen Erzählungen ergreift Gott Partei für sein Volk und führt es mit starker Hand in die Freiheit.

Der Schöpfer

- An wenigen, aber markanten Stellen verdeutlichen *Schöpfungserzählungen* die Macht und zugleich die Fürsorge Gottes. Sie stellen Gott als alleinigen Herrn der Welt dar und erzählen, dass die Menschen seine wertvollsten Geschöpfe sind. In der Pracht und Vollkommenheit der Schöpfung können sie die Größe ihres Gottes erkennen.

Berufungsgeschichten – Gott als Bundespartner

- Der biblische Gott wird häufig dargestellt *als dialogischer Gott*, der mit Menschen spricht und auch mit sich verhandeln lässt. Damit wird der Wert der Menschen unterstrichen; sie sind nicht Spielball der Götter. Entsprechend erzählen *Berufungsgeschichten*, dass der jüdische Gott Menschen auswählt und ihnen eine Aufgabe (für das Volk Israel) überträgt (NOACH, ABRAHAM, MOSE, DAVID, Propheten ...). Dabei wird Gott als Vertragspartner geschildert (er schließt einen Bund mit den Menschen), der zuverlässig Hilfe verspricht und als Gegenleistung Verehrung und Treue seines Volkes einfordert.

- In diesen Zusammenhang gehören auch die zahlreichen *Erzählungen von Bedrohung und Rettung* (NOACH, JAKOBS Ringen mit dem Fremden, JOSEF in Ägypten, MOSE im Binsenkörbchen, DAVID und GOLIAT, ELIJA ...). Sie sollen den Gläubigen einschärfen: Gott lässt diejenigen, die auf ihn vertrauen, nicht im Stich.

Geschichten von Bedrohung und Rettung

- An herausgehobenen Stellen im Alten Testament wird Gott als Gesetzgeber dargestellt (EX, DTN). Das bedeutet: die soziale und religiöse Ordnung wird mit der Autorität Gottes begründet. Und mehrfach wird erzählt, dass das göttliche Gesetz die Fremden und Benachteiligten schützt. – Problematischer für heutige Leserinnen und Leser wirkt das Motiv, dass Gott rigoros diejenigen bestraft, die gegen die göttlichen Vorschriften verstoßen (z.B. Sabbat, Familienrecht, Sexualmoral ...). Oder gar Geschichten vom Zorn Gottes und von der Strafe für das Volk Israel, nachdem es von der ausschließlichen Verehrung JHWHs abgefallen ist.

Gott als Gesetzgeber und Richter

Diese vielfältigen Erzählungen lassen sich nicht zusammenfügen zu einem klar konturierten Bild von Gott. Vielmehr bilden die Gottesnamen, die Metaphern und die Erzählungen des Alten Testaments ein spannungsreiches Geflecht von ausdrucksstarken, teilweise widersprüchlichen Bildern, die schon in der Bibel mehrfach kommentiert, bearbeitet und teilweise auch revidiert werden. – Beispielsweise werden die Metaphern der Macht in 1 KÖN 19 zitiert und gleichzeitig infrage gestellt. Dort wird erzählt: Der verzweifelte Prophet ELIJA lag an einem schattigen Platz in der Wüste und hoffte auf ein Zeichen der Nähe Gottes. Es erhob sich ein Sturm, ein Erdbeben, es kam ein Feuer, aber Gott war nicht im Sturm, nicht im Erdbeben und nicht im Feuer, sondern *in einer Stimme verschwebenden Schweigens.*

Der Weg zum Monotheismus in Israel

Die Überzeugung, dass es nur einen Gott gibt, steht nicht am Anfang der Glaubensgeschichte Israels, sondern ist das Ergebnis von theologischen und politischen Auseinandersetzungen, die sich über mehrere Jahrhunderte erstrecken.

Man vermutet heute, dass sich der Glaube an einen einzigen Gott ungefähr in folgenden Etappen entwickelt hat:

Polytheismus in der Frühzeit

- In der Frühzeit (11./9. Jahrhundert v.u.Z.) verehrt die Bevölkerung Kanaans *mehrere und unterschiedliche Gottheiten:* Göttinnen und Götter, die Fruchtbarkeit schenken oder die Familie schützen sollen, Kriegsgötter, Wettergottheiten, lokale Gottheiten.

Vorrangstellung JHWHs in der Königszeit

- Nach und nach werden bedeutende Gottheiten in zentralen Heiligtümern am Sitz des Königs verehrt, und *diese Gottheiten erhalten den Vorzug vor anderen.* Im Zuge dieser Entwicklung wird einem Stammesgott mit „Namen" JHWH der Vorrang über die anderen Götter zugesprochen. Dabei verändert sich auch die Vorstellung, die man sich von diesem Gott JHWH macht; er nimmt Züge anderer Gottheiten in sich auf. Er vereinigt gewissermaßen die ursprüngliche Vielfalt der Gottheiten in sich. Zugleich wird die Gottesverehrung männlicher: Die Verehrung weiblicher Gottheiten wird durch die Vorherrschaft JHWHs zurückgedrängt.

JHWH wird Volksgott Israels

- Die politischen und militärischen Bedrohungen durch Babylon (6. Jahrhundert v.u.Z.) führen dazu, dass JHWH mehr und mehr zum Volksgott Israels wird. *So entsteht der Glaube an eine exklusive Beziehung zwischen JHWH und seinem Volk Israel:* JHWH hat sich unter allen Völkern dieses kleine Volk Israel ausgewählt. Er ist der Garant der Wohlfahrt und der Freiheit dieses Volkes.
- Daraus entwickeln priesterliche Kreise eine recht einfache *Geschichtstheologie:* Wenn Israel seiner Erwählung treu bleibt und an JHWH allein festhält, wird es nicht untergehen. Wenn

Israel aber seinem Gott untreu wird, wenn es fremde Götter verehrt, wird es durch Fremdherrschaft und Exil dafür bestraft.

- Die Katastrophe des babylonischen Exils führt theologisch zur Verschärfung des Monotheismus. *Es entsteht eine starke religiöse Strömung, die behauptet: JHWH allein ist Gott!* Wahrscheinlich wird erst nach dem Exil diese Form des Monotheismus in Juda offiziell durchgesetzt und bleibt von da an Merkmal des Judentums. (Unsicher ist, wie lange polytheistische Muster in der Volksfrömmigkeit noch weiterleben.)

JHWH-allein-Bewegung nach dem Exil

In der Bewertung dieser Entwicklung stehen sich heute zwei Positionen gegenüber:
Viele betrachten den Weg zum *Monotheismus als Fortschritt:* Der Glaube an Gott wird von polytheistischen Mythen und anthropomorphen Vorstellungen gereinigt. So entsteht ein einleuchtendes Bild von einem einheitlichen, transzendenten und weltüberlegenen Wesen, an das auch aufgeklärte Menschen glauben können.
Kritiker sehen dagegen im Monotheismus des jüdischen Glaubens eine *Quelle der Intoleranz und eine Verarmung der Gottesvorstellung*, die auch zur Entzauberung der Welt beigetragen hat.

Zur Bewertung

Betrachtet man Israels Weg zum Monotheismus vor dem Hintergrund der altorientalischen Götterwelt, so treten weitere bemerkenswerte Akzente hervor:

Differenz zu verbreiteten Götterbildern

- Vom biblischen Gott wird erzählt, dass er *in der Geschichte seines Volkes handelt.* Er befreit sein Volk; er stiftet Gerechtigkeit und schützt die Schwachen. Damit distanzieren sich die biblischen Schriftsteller von den verbreiteten Natur- und Fruchtbarkeitsgottheiten.
- Zunehmend schärfen die biblischen Schriftsteller ein, *dass man sich von JHWH kein Bild machen darf.* Das Gottesbild wird auf diese Weise aus dem Kult verbannt. Gottesbilder werden insgesamt zurückgedrängt, und im Gegenzug wird „das Wort Gottes“ aufgewertet. Vereinfacht gesagt: Aus der Bildreligion wird eine Wortreligion.

Die Ehre Gottes aus der Natur

Christian Fürchtegott Gellert

Die Himmel rühmen des Ewigen Ehre,
Ihr Schall pflanzt seinen Namen fort.
Ihn rühmt der Erdkreis, ihn preisen die Meere;
Vernimm, oh Mensch, ihr göttlich Wort!
Wer trägt der Himmel unzählbare Sterne?
Wer führt die Sonn aus ihrem Zelt?
Sie kommt und leuchtet und lacht uns von ferne
Und läuft den Weg, gleich als ein Held.
Vernimm, und siehe die Wunder der Werke,
Die die Natur dir aufgestellt!
Verkündigt Weisheit und Ordnung und Stärke
Dir nicht den Herrn, den Herrn der Welt?
Kannst du der Wesen unzählbare Heere,
den kleinsten Staub fühllos beschauen?
Durch wen ist alles? Oh gib ihm die Ehre!
Mir, ruft der Herr, sollst du vertraun.
Mein ist die Kraft, mein Himmel und Erde;
An meinen Werken kennst du mich.
Ich bins und werde sein, der ich sein werde,
dein Gott und Vater ewiglich.
Ich bin dein Schöpfer, bin Weisheit und Güte,
Ein Gott der Ordnung, und dein Heil;
Ich bins! Mich liebe von ganzem Gemüte,
Und nimm an meiner Gnade teil!

4.4 Gottesbilder Jesu und der Evangelien

→ 5.2

Jesus steht in jüdischer Tradition

Viele Christen glauben, dass Jesus ein neues Gottesbild entwickelt hat, das sich etwa im Vaterunser spiegelt oder im Gleichnis vom Verlorenen Sohn. – Es ist eher unwahrscheinlich, dass es sich so einfach verhält; denn Jesus wächst im jüdischen Milieu auf und lebt in der jüdischen Kultur.

- Jesus übernimmt Gottesbilder, die aus der Hebräischen Bibel und aus anderen Bausteinen der jüdischen Überlieferung stammen (z.B. mündliches Erzählgut; Theologie, Volksfrömmigkeit, Gottesdienst). In seinem Verhalten und in seinen Reden knüpft er vor allem an prophetische Traditionen des Judentums an.

- Im Kontext dieser jüdischen Meinungsvielfalt entwickelt Jesus sein besonderes Bild von Gott. Es ist eng verwoben mit seiner Vorstellung, dass die Gottesherrschaft angebrochen ist (→ 5.4).

Abba – Gott als guter Vater

- Von den Gottesbildern seiner Zeit verwendet Jesus auch die Gottesanrede *Abba*. – *Abba* ist ein Wort der Kindersprache, ähnlich wie unser Wort „Papa". Damit unterstreicht Jesus, dass Gott für ihn vor allem wie ein liebender und fürsorglicher Vater erscheint. – Wenn Jesus seinen Gott *Abba* nennt, so ist das auch eine Aussage über sich selbst: Er sieht sich in der Rolle dessen, der die liebende Zuwendung Gottes verkörpert; damit unterstreicht das Wort *Abba* das grundlegende Vertrauen zu Gott, aus dem Jesus lebt.

Gott auf der Seite der Armen, Kranken und Ausgeschlossenen

- Diese Bezeichnung für Gott ist *eng verknüpft mit dem ethischen Programm Jesu:* Die Evangelien erzählen, dass er sich den Verlierern der Gesellschaft zuwendet, den Armen, Kranken und Verachteten. Ihnen stellt er einen Gott vor Augen, der ihnen – wie ein liebender Vater – helfend und unterstützend begegnet

(→ 7.5.2). Mit diesem Gottesbild kritisieren Jesus und die Evangelien die damals verbreitete Auffassung, dass Leiden eine Strafe Gottes sei – womit zugleich behauptet wird, die Verlierer der Gesellschaft seien an ihrem Schicksal doch selbst schuld. Indirekt bedeutet das Gottesbild Jesu auch: Wenn die Armen, die Kranken und Ausgestoßenen für Gott besonders wertvoll sind, dann behalten sie ihre Würde – trotz der Verachtung, mit der die meisten Menschen ihnen begegnen.

Gott richtet über die Hartherzigen

- Gerade im Blick auf die „Hartherzigen" und Reichen propagieren Jesus und die Evangelisten aber auch ein anderes Gottesbild: Menschen stehen unter dem Gericht Gottes. Wenn sie dem leidenden Nächsten Hilfe verweigert haben, werden sie schon bald zur Rechenschaft gezogen (vgl. Gerichtsrede Mt 25). Mit besonderer Schärfe kritisieren die Evangelien die „Schriftgelehrten und Pharisäer", wenn sie im Namen Gottes andere Menschen knechten oder wenn sie das Gesetz über die Bedürfnisse der Menschen stellen (vgl. Mt 23). *Damit zeichnen die Evangelien das Bild eines parteiischen Gottes, der nicht gleichgültig ist gegenüber den Leiden der Menschen.* – Was damit als Anspruch Gottes gemeint ist, wird aus heutiger Sicht vielleicht mit den Begriffen *Verantwortung, Solidarität* und *Empathie* umschrieben.

Ethik als Maßstab für den Glauben an Gott

Religionsgeschichtlich betrachtet beteiligen sich Jesus und die Evangelien an einer geradezu revolutionären Veränderung des Gottesbildes: In der Tradition der Propheten machen sie *die Ethik zum Angelpunkt des Glaubens an Gott.* Tempelkult, Priesterschaft und religiöse Riten werden abgewertet; aufgewertet werden dagegen Mitleid und tätige Nächstenliebe (vgl. Gleichnis vom barmherzigen Samariter). Darin liegt für Jesus und die Evangelien der Maßstab für den Glauben an Gott:

Wenn du deine Opfergabe zum Altar bringst und dich dann erinnerst, dass dein Bruder etwas gegen dich hat, dann lass deine Gabe dort vor dem Altar liegen. Geh, versöhne dich zuerst mit deinem Bruder, dann komm wieder und opfere deine Gabe! (Mt 5,23-24).

4.5 Gottesbilder der christlichen Antike

Das Problem

Die Theologen der christlichen Antike hatten zwei schwierige Probleme zu lösen:

- Wie lässt sich der jüdisch-christliche Glaube mit der griechischen Philosophie in Einklang bringen?
- Wie kann aus den vielfältigen Erzähltraditionen der Bibel eine Gottesvorstellung entwickelt werden, die begrifflich und logisch stimmig ist?

Als das Judentum und das frühe Christentum die hellenistische Welt betraten, gelangten sie in eine geistige Landschaft, in der das philosophische Nachdenken über Gott bereits einen hohen Abstraktionsgrad und eine differenzierte Begrifflichkeit entwickelt hatte. Aber biblische Gottesbilder und das Gottesbild der hellenistischen Philosophie gingen von ganz unterschiedlichen Voraussetzungen aus. Deshalb haben christliche Theologen und Philosophen sich mehrere Jahrhunderte lang bemüht, beide Konzeptionen zu einem halbwegs stimmigen Bild zusammenzufügen.

Die Gottesvorstellung der hellenistischen Philosophie

Die hellenistische Philosophie – namentlich der Neuplatonismus – begriff das „Göttliche" als die Spitze des Seins und intensivste Wirklichkeit. Demnach ist das Göttliche Ursprung alles anderen Seienden und durchdringt es zugleich in unterschiedlicher Dichte. Die Gesamtwirklichkeit stellt sich so als ein gestuftes Sein dar, das in pantheistischer Weise vom Göttlichen durchwirkt ist. Demgemäß erfasst der Mensch das Göttliche, indem er von der vorhandenen Welt auf deren Ursprung zurückschließt. Dieser göttliche Ursprung erweist sich im Vergleich mit der übrigen Wirklichkeit, die als unvollkommen und veränderlich bewertet wird, als das Vollkommene schlechthin: als das Eine, Unveränderliche, Ewige und Zeitlose.

Biblisches Gottesbild

Im Unterschied zu diesem philosophischen Ansatz ist der biblisch-christliche Gott kein Seinsprinzip, das aus der vorhandenen Wirklichkeit zu erschließen ist. Die biblischen Gottesbilder wurzeln in

Erzählungen vom Handeln Gottes in der Geschichte. Es sind Erzählungen von der Befreiung des Volkes aus der Knechtschaft Ägyptens, Erzählungen von Bedrohung und Rettung, von Gericht und Strafe oder auch Berufungsgeschichten, in denen Gott Menschen mit besonderen Aufträgen in Israel betraut (→ 4.3).

Harmonisierungsversuche

Die Theologen und Philosophen, die die Harmonisierung dieser ganz unterschiedlichen Gottesbilder versucht haben, waren meist Intellektuelle; sie hatten griechische Schulen besucht und waren in der hellenistischen Geisteswelt beheimatet. Deshalb gewannen in ihrem Gottesbild philosophische Aussagen ein Übergewicht gegenüber der biblischen Vorstellungswelt.

1. Die christliche Antike übernimmt den Systemansatz der hellenistischen Philosophie:

- Gott ist der *Ursprung alles Seienden*, das wir als vielgestaltig und dem steten Wandel unterworfen wahrnehmen. Er selbst ist der *Eine*, der *Unveränderliche*, der nicht der Zeit unterworfene *Ewige*.
- Gott verkörpert das jenseitige *Ideal aller positiven menschlichen Möglichkeiten*: Gott ist die Liebe, die Barmherzigkeit, die Gerechtigkeit, der Allmächtige, der Allwissende etc.

2. Die christliche Antike integriert den Glauben an Jesus Christus in dieses philosophische Gottesbild (→ 5.9) und entwickelt die Lehre von der *Dreifaltigkeit (Trinität) Gottes*.

Im Zuge der philosophischen Entwicklung war der Graben zwischen dem unveränderlichen und vollkommenen Gott und der Welt immer tiefer geworden. Es war dann kaum noch vorstellbar, dass der unendlich vollkommene Gott diese unvollkommene Welt geschaffen haben könnte. – Ein Lösungsversuch für dieses Problem war die *Vorstellung von Mittlerwesen*, die zwischen Gott und der Welt stehen: der Logos (gr. Wort), durch den Gott die Welt erschaffen hat, und die Weisheit als personifizierter Geist Gottes oder Engel, die als Boten seine Kommunikation mit der Welt ermöglichten. Christliche Theologen griffen solche Gedanken auf und entwickelten auf dieser Grundlage nach und nach die Lehre von der Trinität (Dreifaltigkeit):

- Der eine Gott existiert in drei göttlichen Personen, die sich gegenseitig durchdringen und miteinander im Dialog stehen: Gott-Vater, Gott-Sohn und Gott-Heiliger Geist.
- Der eine Gott hat sich im Verlauf der Heilsgeschichte auf dreifache Weise offenbart: als Schöpfer der Welt (Vater), in Person und Werk Jesu von Nazaret (Sohn) und in den Menschen, die in der Nachfolge und aus dem Geist Jesu leben (Heiliger Geist).

Damit entwickelt die christliche Antike auch einen Interpretationsrahmen für die Lektüre der Bibel. Die Erzählungen von JHWH und die Evangelien liest man von da an als Bestätigung des trinitarischen Bildes von Gott.

Wertungen

Das Gottesbild der griechisch-philosophischen Tradition bereitete dem Denken, der Anschauung und dem Glauben gleichermaßen Schwierigkeiten. Wie lassen sich diese lösen?

Für eine radikale Lösung steht exemplarisch der französische Philosoph, Mathematiker und Physiker Blaise Pascal (1623 – 1662), der in einem „Bekehrungserlebnis“ 1654 den „Gott der Philosophen“ verwarf und den Gott der Bibel für sich wiederentdeckte: *„Gott Abrahams, Gott Isaaks, Gott Jakobs“, nicht der Philosophen und Gelehrten. Gewissheit, Gewissheit, Empfinden: Freude, Friede. Gott Jesu Christi, Deum meum et Deum vestrum (mein Gott und euer Gott) ...“*

Man kann in der Trinitätslehre aber auch eine Bereicherung sehen, weil in ihr zahlreiche Gotteserfahrungen aufgehoben sind. Sie bieten den Gläubigen vielfältige Identifikationsmöglichkeiten:

- Gott als Prinzip des Seienden und Sinnhorizont der Welt („Gott der Philosophen“),
- Gott als Schöpfer, Herr der Geschichte, als Schutz und Ermutigung zum Leben („Vater“),
- Gott im Menschen Jesus Christus („Sohn“),
- Gott in den Lebensformen und Überzeugungen, die sich im Leben der Kirche als das, was die Gläubigen *unbedingt angeht*, entwickeln („Geist“).

4.6 Gottesbilder des Mittelalters

→ 2.3.5

Als Mittelalter bezeichnet man die Epoche zwischen dem Ende der Antike – ungefähr im 6. Jahrhundert – und dem Beginn der Neuzeit im 15. Jahrhundert. Es versteht sich, dass in diesem langen Zeitraum viele Gottesbilder wirksam waren. Nur einige Linien lassen sich hier nachzeichnen:

Darstellungen der Kunst

Bilder von Gott: Christusbilder

Wie kann man Menschen, die nicht lesen und schreiben können, mit dem christlichen Glauben vertraut machen? – Am besten vielleicht durch Bilder. Aber wie sollen Christen ihren Gott darstellen, wenn die Bibel ausdrücklich verbietet, sich ein Bild von Gott zu machen (Ex 20,4 u.ö.)? – Eine Lösung ergab sich über den Glauben an Christus: Wenn Jesus Christus wahrer Gott und wahrer Mensch ist, dann sind Bilder von Christus zugleich Bilder von Gott. Deshalb sind mittelalterliche Gottesbilder meistens *christomorph* (= christusförmig), d.h. *Gott wird darstellbar und dargestellt in der Gestalt Christi.* Am Schnittpunkt von Predigt, Volksfrömmigkeit und Theologie entsteht so eine erstaunliche Vielfalt von Gottesbildern.

Die Majestät Gottes

Dabei dominiert (besonders in der Romanik) die königlich-würdevolle Darstellung Gottes, die *Majestas Domini* – sogar in Darstellungen des Gekreuzigten. – Indem das Königtum Gottes hervorgehoben wird, rücken Gott und mittelalterliche Herrscher (König, Kaiser und Papst) in der Bildwahrnehmung enger zusammen: Gemeinsam erscheinen sie als Garanten der monarchischen und ständischen Ordnung, als Garanten des Friedens und der Gerechtigkeit. So kommt es, dass Gott im späten Mittelalter sogar mit einer Tiara – der Krone des Papstes – dargestellt wird. – Vor allem aber erhält Gott einen Hofstaat: Die Chöre der Engel und Heiligen. In dem Maß, in dem Hoheit und Majestät Gottes betont werden, wächst aber auch der Graben zwischen Gott und den (armseligen) Menschen. Diesen Graben überbrücken die Engel. Sie erhalten eine Mittlerfunktion; sie sind Boten Gottes bei den Menschen, und sie tragen die Gebete der Menschen zu Gott.

Der strafende Gott – das Weltgericht

Freilich wird das segensreiche Wirken der Engel immer wieder durchkreuzt: Nach mittelalterlicher Vorstellung kämpft das Gute in Gestalt der Engel mit dem Bösen in Gestalt des Teufels um die Seele der Menschen. Wer diesen Kampf gewonnen hat, stellt sich spätestens im *Jüngsten Gericht* heraus. Dann wird Christus-Gott als Weltenrichter streng über die Taten der Menschen urteilen. Und dabei muss er gerecht urteilen: Die Guten werden eingeladen in die ewige Freude des Himmels, die Schlechten werden verdammt zu den unaussprechlichen Qualen der Hölle, die niemals enden. Damit die Gläubigen dieses bevorstehende Gericht immer vor Augen haben, erscheint es oft im Tympanon, im Bogenfeld über dem Eingangsportal der Kirche. – Weil man im (Hoch-)Mittelalter damit rechnet, dass das Ende der Welt unmittelbar bevorsteht, lösen diese Vorstellungen starke Ängste aus: Angst vor dem Weltenrichter und Angst vor der Hölle. Deshalb suchen die Gläubigen nach Wegen, Gott gütig zu stimmen: Durch Opfer, Stiftungen für die Armen, durch Fasten, Wallfahrten und Ablass* wollen sie Gott bewegen, ihnen ein gnädiger Richter zu sein (→ 2.3.5).

Es gibt auch eine Gegenbewegung zu der Vorstellung vom strafenden Gott im Weltgericht: Theologen streiten darüber, ob die Liebe Gottes zu den Menschen nicht wesentlich stärker sei als seine Pflicht zur Gerechtigkeit. Der Weg des leidenden Gottessohns, die Passion Christi, scheint doch zu belegen, wie nahe Gott bei den Leidenden ist. Dadurch entwickelt sich auch ein weiterer Bildtypos: Das Mitleiden Gottes – die Compassio Dei – wird eine zentrale Vorstellung für den Glauben und die (persönliche) Frömmigkeit.

Fortsetzung Seite 182

Das Mitleiden Gottes

Misericordia Dei. Gotischer Holzschnitt,
Bibliothèque Nationale, Paris

Der dreifaltige Gott

Gnadenstuhl in der Basilika von Sankt Wendel

Mit Eifer versuchen mittelalterliche Künstler, die christliche Glaubensvorstellung, Gott sei dreifaltig, bildlich auszudrücken. Da die Hemmung stark ist, Gott-Vater zu malen, entstehen auch dabei zunächst Bilder, die nur Christus darstellen, aber er wird gemalt als drei Personen, die zusammengerückt sind zu einer Gestalt. – Ein weiteres herausragendes Motiv wird später der Gnadenstuhl: Gottvater (sitzend/thronend) hält den Gekreuzigten, und der Heilige Geist – in Gestalt einer Taube – verbindet Vater und Sohn.

Denkwege der Scholastik

Scholastische Theologie – Analogie und Differenz

Als Scholastik bezeichnet man die Theologie, die an mittelalterlichen Universitäten entwickelt und systematisch entfaltet wurde. Herausragend und folgenreich wurde vor allem das Denken des Theologen THOMAS VON AQUIN. Im 13. Jahrhundert verknüpft er die christliche Gottesvorstellung mit dem Weltbild des griechischen Philosophen Aristoteles (→ 4.7). Damit entwickelt er ein Denkmodell, das bis ins 20. Jahrhundert hinein die christliche (besonders die katholische) Theologie geprägt hat. – Ein Ansatz ist dabei das Modell von Analogie und Differenz:

- Als Schöpfer gestaltet Gott eine Welt, die ihm in gewisser Weise ähnlich (analog) ist. Daher lassen sich Spuren Gottes in der Schönheit und Vollkommenheit der Welt entdecken, und Menschen können von der Welt auf das Wesen Gottes schließen.
- Allerdings kann die materielle Welt nur unvollkommen abbilden, was in Gott selbst vollendet existiert. Liebe und Gerechtigkeit etwa sind möglich, weil Gott selbst Liebe und Gerechtigkeit ist und weil er sie in seine Geschöpfe eingepflanzt hat. Aber menschliche Liebe und Gerechtigkeit bleiben unvollkommen im Vergleich zu jener vollkommenen Liebe und Gerechtigkeit Gottes.

So ist der Gott der Scholastik den Menschen zugleich nah und dennoch unendlich fern.

Einsichten der Mystik

Mystische Theologie – Gott jenseits der Begriffe

Die Erfahrung der fernen Nähe Gottes prägt noch stärker das Denken der Mystik. – Eine grundlegende Einsicht der Mystik lautet: *Jeder Mensch ist mehr als er selbst. Das Leben hat eine Tiefendimension, die Menschen trägt und sie wertvoll macht. Aber die Vernunft allein kann diese Tiefendimension gar nicht erfassen.* Mystiker, Frauen und Männer, suchen deshalb nach Wegen, die zu dichteren, zu intensiveren Erfahrungen führen, als die Vernunft sie stiften kann: Wege der Betrachtung, der Meditation, der Versenkung. Dort kann jener Punkt erreicht werden, an dem das Leben durchsichtig wird auf einen tieferen Zusammenhang hin. In diesen *Erlebnissen der Diaphanie** wird die Oberfläche des Lebens durchstoßen, und oft können Mystiker nur noch tastend und stammelnd darstellen, was ihnen dann widerfährt.

An der Grenze des Sagbaren suchen sie nach Metaphern, nach Vergleichen und Paradoxien (→ 4.9), die ausdrücken, wie Gott und wie Christus ihnen begegnet sind: Aus der Nacht wird Tag; der Seelengrund wird sichtbar; alle Dinge beginnen zu leuchten; die Seele verliebt sich in Christus; die Gottesschau verwandelt die Frauen und Männer, die sich in Gott verlieren und die dadurch für immer andere werden; in der Betrachtung der Leiden Christi erleben manche von ihnen, wie das eigene Leiden mit den Leiden Jesu verschmilzt.

Im Rückblick kann man vielleicht bedauern, dass die Theologie der Neuzeit sich oft auf die Denkwege der Scholastik gestützt und es dabei versäumt hat, die Einsichten der mystischen Theologie weiterzuentwickeln.

4.7 Rationale Wege zu Gott

Gläubige erwerben ihre Vorstellung von Gott zumeist nicht durch Beweise oder vernünftige Argumente. Wichtiger sind die Einflüsse von Familie und Milieu, von Freunden und Partnern sowie die innere Aufgeschlossenheit für religiöse Fragen (→ 1.5). Die Lebensgeschichte eines Menschen entscheidet damit über Zustimmung oder Kritik an einer bestimmten Glaubensüberzeugung. Dennoch besteht der Wunsch nach rationaler Vergewisserung des eigenen oder des fremden Glaubens.

Die Versuche, den Glauben an Gott verstandesmäßig zu begründen, entgehen aber nicht den Denkvoraussetzungen der jeweiligen Zeit; sie arbeiten mit den Denkmöglichkeiten und den Sichtweisen ihrer Epoche. Daher können rationale Rechtfertigungen des Glaubens in ihrer Entstehungszeit überzeugend wirken, aber im Laufe der Geschichte ihre Geltung einbüßen.

„Gottesbeweise" lassen sich bis in die griechische Philosophie zurückverfolgen, haben aber in der scholastischen Theologie des Mittelalters ihre klassische Ausprägung erfahren:

1. Das Argument des Anselm von Canterbury (1033 – 1109)

Für Gläubige ergibt sich schon aus der Idee Gottes, dass Gott existiert. – Wenn Gott nämlich das Größte (das Vollkommenste) ist, was gedacht werden kann, muss er existieren, weil ein Wesen, das zwar als höchstes gedacht wird, aber nicht existiert, nicht das größte sein kann, das gedacht wird. Denn ein höchstes Wesen, das existiert, bedeutet qualitativ mehr als ein bloß gedachtes Wesen. Somit ist in der Idee Gottes notwendig seine Existenz mitgedacht.

Kritik: Die Denkvoraussetzung dieses Gottesbeweises ist die Einheit von Erkenntnis und Wirklichkeit: Was der Mensch durch Sinneseinflüsse und Nachdenken erkennt, stimmt mit der objektiven Wirklichkeit überein. Sobald in der Geistesgeschichte diese Einheit von Erkenntnis und Wirklichkeit bestritten wird (z.B. Kant: Kritik der reinen Vernunft), verliert der Beweisgang an Überzeugungskraft.

2. Die Beweisführung des Thomas von Aquin (ca. 1225 – 1274)

Im 13. Jahrhundert verknüpft Thomas von Aquin die christliche Gottesvorstellung mit dem Weltbild des griechischen Philosophen Aristoteles (→ 4.6). Demnach gestaltet Gott als Schöpfer eine Welt, die ihm in gewisser Weise ähnlich und zugleich qualitativ von ihm verschieden ist. Daher lassen sich Spuren des Göttlichen in der Welt entdecken und man kann von der Welt auf die Existenz Gottes schließen. Thomas versucht dies auf fünf Wegen, von denen hier drei genannt werden:

Kausaler Gottesbeweis

- Alle Erscheinungen in der Welt gehen auf Entstehungsursachen zurück. – Wenn man die Ursachenkette zurückverfolgt, muss am Anfang ein Urheber der Welt stehen, der nicht auf eine Ursache außer ihm selbst zurückgeführt werden kann.

Diese erste Ursache identifiziert THOMAS mit Gott (*kausaler Gottesbeweis*).

Kontingenzbeweis

- Eine Variante des kausalen Gottesbeweises enthält der *Kontingenzbeweis*. Es gibt Dinge (Seiendes) in der Welt, die nicht notwendig sind (das Zufällige, Kontingente). Dieses nichtnotwendige Seiende könnte genauso gut nicht sein. Dass es aber ist, ist nur damit erklärbar, dass es seine Existenz einem anderen Seienden verdankt. Diese Kette kann aber nicht ins Unendliche fortgesetzt werden. Sie setzt an ihrem Anfang ein Seiendes voraus, das nicht kontingent, sondern aus sich selbst heraus seiend und notwendig ist. Dieses notwendig Seiende heißt für THOMAS Gott.

Teleologischer Gottesbeweis

- Die Zweckmäßigkeit (gr. telos: Ziel, Zweck) und planvolle Einrichtung der Welt (z.B. der Wechsel der Jahreszeiten, Naturgesetze ...) deuten darauf hin, dass es einen vernunftbegabten Weltenlenker geben muss. Auf diese Weise schließt THOMAS VON AQUIN aus der sinnlich erfahrbaren und verstandesmäßig zu erkennenden Welt auf die Existenz Gottes (teleologischer Gottesbeweis).

Die vor allem in den Vereinigten Staaten vertretene *Intelligent-Design-Theorie*, die aus der „intelligenten" Beschaffenheit der Welt auf einen Schöpfer schließt, ist eine moderne Variante des teleologischen Gottesbeweises.

Kritik: THOMAS geht von einer Welt aus, die von Gott nach vernünftigen Gesichtspunkten geplant ist und deren Ordnung mit der Vernunft durchschaut werden kann. Sobald die Welt als Ergebnis von Evolution und Selektion erklärt wird und eine skeptische Grundhaltung, die in der Welt eher die Mängel als das Positive wahrnimmt, bestimmend wird, verliert dieser Denkansatz an Plausibilität.

3. Gott als Postulat der praktischen Vernunft – IMMANUEL KANT (1724 – 1804)

Mit KANT setzt die grundsätzliche Kritik der klassischen Gottesbeweise ein. In seiner *Kritik der reinen Vernunft* bindet er die Erkenntnismöglichkeiten der Menschen an die Bedingungen von Raum und Zeit. Demnach ist es nicht möglich, Aussagen über Sachverhalte zu machen, die jenseits menschlicher Erkenntnis-

Fortsetzung Seite 188

Die Wette

Josef Wohlmuth und Franz W. Niehl nach Blaise Pascal

Man kann nur staunen, wie begabt und vielseitig Blaise Pascal (1623–1662) war: Als Mathematiker („Pascal'sches Dreieck", Erfinder der ersten Rechenmaschine), als Physiker (Erforschung des Luftdrucks und seiner Wirkung) und als Philosoph erwirbt er sich Ansehen und Ehre. In seinen letzten Lebensjahren aber bilden theologische Fragen das Zentrum seiner Interessen. Er will eine *Apologie des Christentums* schreiben. Dabei will er die Argumente der Gegner des Christentums ernst nehmen. Von ihnen ausgehend will er begründen, warum es vernünftig und notwendig ist, christlich zu glauben und zu leben. Doch über disparate Notizen zu seinem groß angelegten Werk kommt er nicht hinaus. Sein früher Tod verhindert die Weiterführung und die systematische Durchdringung. Was er notiert hatte, wird später als Sammlung von Fragmenten veröffentlicht und erlangt unter dem Titel *Pensées* (Gedanken) breite Wirkung. – In einem dieser Fragmente skizziert Pascal auch eine Wette um die ewige Seligkeit. Gestrafft und stark bearbeitet gibt der folgende Text den Gedankengang wieder:

A: Ob es einen Gott gibt oder nicht, lässt sich mit den Mitteln der Vernunft nicht entscheiden. – Stimmst du dem zu?

B: Dem stimme ich zu.

A: Also können wir die Frage auf sich beruhen lassen.

B: Keineswegs, denn ich glaube an Gott.

A: Aber wie kannst du nur an etwas glauben, das du nicht beweisen kannst? – Ich glaube nämlich, dass es keinen Gott gibt.

B: Und wie kannst du beweisen, was du glaubst?

A: So kommen wir nicht weiter. Ich habe ja gleich gesagt, dass es der Vernunft widerspricht, hier eine Entscheidung zu treffen.

B: Ich bin einverstanden. Deshalb schlage ich ein anderes Verfahren vor: Wir wollen wetten.

A: Wieso wetten?

B: *Nun, ein Spiel. Aber ein Spiel mit Folgen – mit Folgen für uns alle! – Ich wette also, dass es einen Gott gibt!*

A: Gut, ich wette also dagegen: Es gibt keinen Gott! – Und was bekomme ich, wenn ich gewinne?

B: *Nichts!*

A: Nichts?

B: *Natürlich. Wenn du gewinnst, hast du zwar recht behalten: Es gibt keinen Gott. Aber im Grunde hast du verloren, und ich habe mit dir verloren. Denn wenn es keinen Gott gibt, gibt es keine gute Zukunft für uns Menschen. Das Leben ist dann sinnlos und leer.*

A: Und wenn du gewinnst?

B: *Nun, dann habe ich doppelt gewonnen: Ich habe recht behalten: Es gibt einen Gott. Und damit gibt es Glück und Zukunft für die Menschen – für mich und für dich natürlich auch. Du hast also mit mir gewonnen.*

A: Das sehe ich ein. Aber trotzdem sind wir durch die Wette keinen Schritt weitergekommen. Ob es Gott wirklich gibt, ist genauso ungewiss wie vorher.

B: *Ja und nein. Es ist doch immerhin klar geworden, dass du dich entscheiden musst und dass die Entscheidung Folgen hat.*

A: Und du meinst, schon allein deshalb sollte ich mich für den Glauben an Gott entscheiden?

B: *Bedenke doch: Du musst zwischen zwei Antworten wählen, die sich ausschließen, die aber mit gleicher Wahrscheinlichkeit richtig sind. Die eine Wahl bringt dir unendlichen Gewinn, die andere hat schreckliche Folgen. – Wie kannst du da noch zögern?*

A: Aber, wenn ich mich dabei irre?

B: *Auch dann hast du nichts verloren. Du hast eine Illusion geglaubt, gewiss. Aber dann konntest du ja nur das Nichts wählen. Und das kann kein Gewinn sein; es kann dich nicht glücklich machen.*

A: Du meinst also, ich muss eigentlich an Gott glauben.

B: *Nein, du musst nicht. Aber es ist deine einzige Chance.*

möglichkeiten liegen, also auch nicht über Gott. Bei KANT reduziert sich die Erkennbarkeit Gottes auf ein Postulat, d.h. eine notwendige Annahme, die sich aus seiner Ethik ergibt.

Nach KANT gibt es absolute sittliche Verpflichtungen. Faktisch verstoßen aber viele Menschen gegen sittliche Normen. Das Bewusstsein einer absoluten sittlichen Verpflichtung kann sich also nicht aus der Beobachtung des tatsächlichen Lebens herleiten. Vielmehr muss es ein im Menschen innewohnendes Gesetz geben, das ihm sagt, was gut und was schlecht ist. Die innere Begründung für dieses sittliche Gesetz liegt in Gott. – Wenn die Einhaltung der Norm zudem nicht in das Belieben der Einzelnen gestellt sein soll, muss es einen Gott geben, der der absolute Garant der sittlichen Wertordnung ist.

Kritik: Das Argument KANTS büßt an Überzeugungskraft ein, wenn man die ethischen Normen als Teil gesellschaftlicher Übereinkunft versteht. Dann werden sittliche Überzeugungen geschichtlich erklärbar und relativiert. Sie verlieren den Charakter einer absoluten Verpflichtung.

Die Gottesbeweise sind Zeugnisse eines Denkens, das über die Erfahrung hinaus nach letzten Prinzipien des Seins und des Seienden fragt. Aus erkenntnistheoretischen Gründen (vgl. KANT) setzt heutiges Denken pragmatischer an und geht von empirischen und intersubjektiv vermittelbaren Sachverhalten aus. Deshalb spielen die Gottesbeweise im gegenwärtigen philosophischen Diskurs kaum eine Rolle. Nichts aber spricht dagegen, dass Gläubige sich in ihrem Glauben an Gott bestätigt fühlen, wenn sie überwältigt sind von der Schönheit der Natur oder fasziniert von ihren Gesetzmäßigkeiten.

4.8 Der Streit um Gott in der Neuzeit

→ 2.3.7

Das Nachdenken über Gott hat im Abendland eine wechselvolle Geschichte – seit der Aufklärung aber ist die Gottesfrage Gegenstand heftiger Auseinandersetzungen.

Ideale der Aufklärung

Die Aufklärung begriff sich als Beginn eines neuen Zeitalters der Vernunft und des Fortschritts, zugleich als Anfang einer neuen Freiheitsgeschichte der Menschen. Ihre Kritik richtete sich gegen Autoritäten und Traditionen, gegen Dogmen und gewachsene Institutionen, die man verdächtigte, Menschen in geistiger und gesellschaftlicher Abhängigkeit zu halten. Auch die überlieferten Gottesvorstellungen wurden dem Richterspruch der Vernunft unterworfen und mussten ihre Existenz rechtfertigen.

Grundpositionen in der Gottesfrage

Im Streit zwischen Gläubigen und Kritikern Gottes bildeten sich typische Positionen heraus, die im Folgenden kurz charakterisiert werden sollen:

Theistische Positionen

Der Theismus (gr. theós: Gott) geht von der Existenz eines persönlichen Gottes aus, der als eine weltüberlegene Kraft auf das menschliche Leben und die Geschichte einwirkt. In diesem Sinne vertraten christliche Theologen gegenüber den Bestreitern des Gottesglaubens eine theistische Position.

Pantheistische Positionen

Im Pantheismus werden Gott und die Welt identisch. *Die Welt ist das Gewebe der Gottheit, und Gott ist die Struktur der Welt.* Gemeinsam ist allen pantheistischen Strömungen eine Wendung nach innen: Weil alles göttlich ist, kann Gott in der gesamten Natur und im eigenen Selbst aufgespürt werden. Diese Auffassung spiegelt sich z.B. in einem Teil der Schriften GOETHES.

Deistische Positionen

Der Deismus (lat. deus: Gott) nimmt zwischen dem Theismus und dem Atheismus eine mittlere Position ein: *Gott hat die Welt zwar erschaffen, übt aber nach der Schöpfung keinen Einfluss mehr auf den Weltverlauf und das Leben der Menschen aus.* Deistische Gedanken wurden in der englischen und französischen Aufklärung von LOCKE bzw. von VOLTAIRE und DIDEROT vertreten.

Atheismus

Atheistische Positionen (gr. átheos: ohne Gott) leugnen die Existenz Gottes. Gott ist eine Erfindung des Menschen, von der sich der aufgeklärte Mensch befreien muss. Indem er diese Illusion aufgibt und den Gottesglauben ablegt, kann er sich ganz der eigenen Vervollkommnung und der Verbesserung gesellschaftlicher Zustände widmen (→ 1.8).

- *Materialistischer Atheismus (*LUDWIG FEUERBACH*)*
  Es gibt nur eine diesseitige Welt. Im Glauben an Gott formulieren die Menschen ihre eigenen Ideale. Wenn sie diesen Zusammenhang erkannt haben, können sie sich aus der Abhängigkeit von einem jenseitigen Gott befreien. Dennoch war der Glaube an Gott nicht sinnlos; denn alle Vollkommenheit und guten Eigenschaften Gottes sollen als Ideale des menschlichen Geistes wirksam bleiben.
- *Marxistisch-materialistischer Atheismus* (KARL MARX)
  Die Materie und ihre Gesetzmäßigkeiten reichen aus zur Erklärung der Welt und der Menschen. Der Glaube an Gott dient dazu, ungerechte Herrschaftsverhältnisse zu rechtfertigen. Gott wird als König und Herr gedacht, um die Herrschaft der Mächtigen zu stabilisieren. Zugleich spendet der Glaube an die ausgleichende Gerechtigkeit Gottes den Unterdrückten Trost, der über die Leiden unter ungerechten Lebensverhältnissen hinweghelfen soll. Der Kampf gegen den Gottesglauben ist der Kampf für die gesellschaftliche Befreiung des unterprivilegierten Proletariats.
- *Kulturkritischer Atheismus* (FRIEDRICH NIETZSCHE)
  Am radikalsten fällt der Atheismus bei FRIEDRICH NIETZSCHE aus. Bei ihm verbindet sich die Absage an Gott mit einer grundsätzlichen Kritik der christlich geprägten Kultur des Abendlandes. Der jüdisch-christliche Gott und die unter seinem Einfluss kultivierten Gefühle wie Gewissensskrupel, Sünden- oder Schuldbewusstsein haben den instinktiven Lebenstrieb geschwächt. Insofern ist der *Tod Gottes* ein

Befreiungsakt auf dem Weg zum *Übermenschen,* der *jenseits von Gut und Böse* und jenseits bisheriger Moralvorstellungen steht. Zugleich sieht Nietzsche auch hellsichtig, dass der Verlust traditionaler Bindungen die Menschen orientierungslos macht und dass die Vernünftigkeit aufgeklärter Lebenskonzepte den spontanen Lebenswillen nicht revitalisiert.

- *Psychoanalytischer Atheismus* (Sigmund Freud)
  Gott ist eine Projektion der Menschen, die sich aus infantiler Bedürftigkeit herleitet. Als Vaterfigur erweckt Gott die Illusion der Geborgenheit und verlangt zugleich die Einhaltung moralischer Forderungen. Indem die Menschen sich von kindlichen Abhängigkeiten und Weltbildern befreien, löst sich die Gottesvorstellung auf, und die Menschen können eigenverantwortlich handeln.

Agnostizismus

Der Agnostizismus unterscheidet sich vom Atheismus darin, dass er die Gottesfrage unbeantwortet lässt. Denn der menschlichen Erkenntnis sind nur Aussagen möglich, die mithilfe der exakten Wissenschaften gewonnen wurden. Ob es einen Gott gibt oder nicht, kann man nicht erkennen und entscheiden. Die Frage nach Gott ist daher sinnlos. Alle Deutungen des Lebens und alle Handlungsentwürfe müssen innerweltlich gewonnen und begründet werden. – Diese Auffassungen werden heute auch von Anhängern des *Neopositivismus* und des *kritischen Rationalismus* vertreten.

Ausblick

Die weltanschauliche Auseinandersetzung über die Gottesfrage, die im 19. Jahrhundert die klassischen Positionen hervorbrachte, wirkte lange nach und ist für viele Gläubige ein Konflikt, der bis in die Gegenwart nicht bewältigt wurde. Aus heutiger Sicht darf man aber feststellen, dass beide Seiten gravierende hermeneutische Fehler begingen. Die christliche Orthodoxie* sah in ihrer Symboltradition eine Beschreibung empirischer oder geschichtlicher Zusammenhänge (z.B. Schöpfung, Jungfrauengeburt, Auferstehung), und umgekehrt entwickelte der aufgeklärte Rationalismus wenig Gespür für intuitive Erfahrungen und symbolische Interpretationen der Wirklichkeit. Beide errichteten fundamentalistisch getönte rationalistische Gedankengebäude und versperrten Türen, die als Öffnungen zu gegenseitigem Verstehen und Erkenntnisfortschritt hätten dienen können.

Der tolle Mensch

Friedrich Nietzsche

Habt ihr nicht von jenem tollen Menschen gehört, der am hellen Vormittage eine Laterne anzündete, auf den Markt lief und unaufhörlich schrie: „Ich suche Gott! Ich suche Gott!" – Da dort gerade viele von denen zusammenstanden, welche nicht an Gott glaubten, so erregte er ein großes Gelächter. Ist er denn verloren gegangen?, sagte der eine. Hat er sich verlaufen wie ein Kind?, sagte der andere. Oder hält er sich versteckt? Fürchtet er sich vor uns? Ist er zu Schiff gegangen? ausgewandert? – so schrieen und lachten sie durcheinander. Der tolle Mensch sprang mitten unter sie und durchbohrte sie mit seinen Blicken. „Wohin ist Gott?", rief er, „ich will es euch sagen! *Wir haben ihn getötet* – ihr und ich! Wir alle sind Mörder. Aber wie haben wir dies gemacht? Wie vermochten wir das Meer auszutrinken? Wer gab uns den Schwamm, um den ganzen Horizont wegzuwischen? Was taten wir, als wir diese Erde von ihrer Sonne losketteten? Wohin bewegt sie sich nun? Wohin bewegen wir uns? Fort von allen Sonnen? Stürzen wir nicht fortwährend? Und rückwärts, seitwärts, vorwärts, nach allen Seiten? Gibt es noch ein Oben und Unten? Irren wir nicht wie durch ein unendliches Nichts? Haucht uns nicht der leere Raum an? Ist es nicht kälter geworden? Kommt nicht immerfort die Nacht und mehr Nacht? Müssen nicht Laternen am Vormittage angezündet werden? Hören wir noch nichts von dem Lärm der Totengräber, welche Gott begraben? Riechen wir noch nichts von der göttlichen Verwesung? – auch Götter verwesen! Gott ist tot! Gott bleibt tot! Und wir haben ihn getötet! Wie trösten wir uns, die Mörder aller Mörder? Das Heiligste und

und Mächtigste, was die Welt bisher besaß, es ist unter unseren Messern verblutet – wer wischt dies Blut von uns ab? Mit welchem Wasser könnten wir uns reinigen? Welche Sühnefeiern, welche heiligen Spiele werden wir erfinden müssen? Ist nicht die Größe der Tat nicht zu groß für uns? Müssen wir nicht selber zu Göttern werden, um nur ihrer würdig zu erscheinen? Es gab nie eine größere Tat – und wer nur immer nach uns geboren wird, gehört um dieser Tat willen in eine höhere Geschichte als alle Geschichte bisher war!"

Hier schwieg der tolle Mensch und sah wieder seine Zuhörer an: auch sie schwiegen und blickten befremdet auf ihn. Endlich warf er seine Laterne auf den Boden, dass sie in Stücke sprang und erlosch. „Ich komme zu früh", sagte er dann, „ich bin noch nicht an der Zeit. Dies ungeheuere Ereignis ist noch unterwegs und wandert – es ist noch nicht bis zu den Ohren der Menschen gedrungen. Blitz und Donner brauchen Zeit, das Licht der Gestirne braucht Zeit, Taten brauchen Zeit, auch nachdem sie getan sind, um gesehen und gehört zu werden. Diese Tat ist ihnen immer noch ferner als die fernsten Gestirne *und doch haben sie dieselbe getan!"*

Man erzählt noch, dass der tolle Mensch desselbigen Tages in verschiedene Kirchen eingedrungen und sein *Requiem aeternam deo* angestimmt habe. Hinausgeführt und zur Rede gesetzt, habe er immer nur dies entgegnet: „Was sind denn diese Kirchen noch, wenn sie nicht die Grüfte und Grabmäler Gottes sind?"

4.9 Wie lässt sich das Unsagbare sagen?

Theologie und die Schwierigkeit, das Unerklärbare zu erklären

Die Theologie betreibt ein widersprüchliches Handwerk: In klaren Begriffen und rational einleuchtend soll sie von Gott und von den Menschen sprechen. Aber ihre Arbeitsgrundlage sind vor allem Metaphern und Gleichnisse, Mythen und Erzählungen. Wie könnte es da gelingen, eine systematische Lehre von Gott und von den Menschen zu entwickeln? – So ist es nicht erstaunlich, dass die schulmäßig-begrifflichen Erklärungen des Glaubens immer wieder als ungenügend empfunden werden. Sie werden korrigiert und ergänzt von Theologien, die das begrifflich kaum zu Fassende des Glaubens stärker in den Blick nehmen. (Die Mühsal, das Nicht-Erklärbare erklären zu wollen, belastet aber nicht allein die Theologie: Auch die Liebe und das Schicksal, auch Glück, Trauer und Tod gehören zum sprachlosen Grund unserer Erfahrung.) Aber ein Problem scheint dabei unlösbar: Auch jene Theologien, die die Grenzen des Sagbaren deutlich sehen, müssen sich der Sprache bedienen. Was ist also möglich? Wie lässt sich das Unsagbare sagen? – Dazu einige Wege:

Aussagenreihe des Dionysius Areopagita

Ein noch recht einfacher Weg geht auf einen unbekannten Theologen des 5./6. Jahrhunderts zurück, der unter dem Pseudonym Dionysius Areopagita geschrieben hat. Im Rahmen seines Nachdenkens über Gott schlägt er vor, eine Aussagenreihe von drei Schritten zu bilden: eine positive Aussage, deren Verneinung und die Überhöhung (z.B. 1. Gott ist gerecht. 2. Gott ist nicht gerecht und nicht ungerecht. 3. Gott ist über alle menschliche Vorstellung hinaus gerecht.) – Diese relativ schematische Reihe soll einschärfen, dass „Gott" nicht festgelegt werden kann auf die Vorstellungen, mit denen Menschen sich und ihre Welt verstehen.

Paradoxon und Oxymoron

Eine logisch stärkere Brechung leistet das *Paradoxon.* In ihm wird Widersprüchliches in einer Aussage verknüpft, z.B. *Oh Mensch, sagt Gott, du würdest mich nicht suchen, wenn du mich nicht gefunden hättest* (Blaise Pascal). Oder: *Wer sein Leben bewahren will, wird es verlieren* (Mk 8,35a). – *Sprich mir schweigend von Gott*

(SIMONE WEIL). – Im Paradoxon werden feste Vorstellungen wieder flüssig, Begriffe und Denkmuster geraten in Bewegung. – Ähnlich wirkt auch das *Oxymoron* (gr. scharfdumm), das Gegensätzliches verbindet (z.B. *Gott ist das dunkle Licht*).

Der Weg der Verneinung

In der *Via negationis* (dem Weg der Verneinung) werden Aussagen über Gott immer wieder verneint (z.B. Gott ist kein Vater, kein König, kein Mann ...), sodass Verfestigungen des Gottesbildes aufgebrochen werden. So soll jenseits der Begriffe ein Ort freigehalten werden, an dem Gläubige Gott suchen und ihn erfahren können. Und die Gläubigen werden daran gehindert, ihr Denken mit eindeutigen Begriffen ruhigzustellen.

Der absolute Komparativ

Auf IGNATIUS VON LOYOLA (1491 – 1556) geht der Satz zurück *Gott ist immer größer.* – Gegen die Erwartung wird in diesem Satz der Vergleichspunkt nicht genannt. Es bleibt also jeder und jedem überlassen, aus der eigenen Erfahrung heraus den Satz zu ergänzen, *größer als ...*

Dialektische Rede

In der *dialektischen Rede* werden zwei Aussagen so verknüpft, dass eine Aussage die Bedingung der anderen ist, z.B. *Gott hat den Menschen erschaffen, damit es ein Wesen gibt, das Gott erschafft.*

Alle diese Formen religiöser Rede dienen einem Ziel: Sie sollen verhindern, dass Gläubige sich in einem Geflecht von Sicherheiten einnisten. Wenn Gott der grundlose Grund ist, wenn man nur schweigend von ihm sprechen kann, dann braucht der Glaube auch eine Sprache, die die Grenzen des Sagbaren erweitert. Dadurch soll der Raum offen bleiben für das, was sich grundsätzlich jeder Festlegung entzieht. – Dem entspricht die Erfahrung, dass das Leben nicht fixierbar ist, dass es nicht aufgeht im Beschreibbaren. Diese Einsicht unterstreicht eine bekannte Sentenz von LUDWIG WITTGENSTEIN: *Wovon man nicht sprechen kann, darüber muss man schweigen!*

Fortsetzung Seite 197

Der Tausch

Elie Wiesel

Die Legende berichtet, der Mensch habe eines Tages folgendermaßen zu Gott gesprochen:
Lass uns die Rollen tauschen. Sei du Mensch, und ich will Gott sein. Nur eine Sekunde lang.
Gott lächelte sanft und fragte: Hast du keine Angst?
Nein. Und du?
Ich habe Angst, sagte Gott.
Trotzdem gab Er dem Wunsche des Menschen nach und wurde Mensch. Dieser nahm den Platz Gottes ein und machte unverzüglich von seiner Allmacht Gebrauch:
Er weigerte sich, an seinen vorigen Platz zurückzukehren. Daher waren weder Gott noch der Mensch mehr das, was sie zu sein schienen. Jahre vergingen, Jahrhunderte, vielleicht auch Ewigkeiten. Und dann plötzlich war das Drama da. Die Vergangenheit war für den einen, die Gegenwart für den anderen eine zu große Last. Da aber die Befreiung des einen an die des anderen geknüpft war, nahmen sie ihre Zwiesprache wieder auf, deren Echo in der Nacht zu uns dringt, voll von Hass, von Reue und vor allem von unendlicher Sehnsucht.

4.10 Konturen einer zeitgenössischen Suche nach Gott

Das Problem: die Suche nach einem „weltlichen Gott“

Der Streit um Gott im 18. und 19. Jahrhundert hat eine wichtige Tatsache verdeckt: Die Gegner und die Verteidiger des Gottesglaubens argumentierten mit einem ähnlichen Gottesbild: Den Gott, an den sie geglaubt oder den sie bestritten haben, stellten sie sich als ein weltüberlegenes jenseitiges Wesen vor, das grundsätzlich auch unabhängig vom Menschen existiert. Pointiert gesagt: Gott wurde als objektives Gegenüber der Menschen gedacht. – Aus heutiger Sicht liegt hier ein Problem. Die moderne Theologie fragt nämlich: Wie sollen Aussagen über einen Gott, den es losgelöst von den Menschen und ihrer Geschichte geben soll, verifiziert oder falsifiziert werden? Kann man überhaupt über eine Wirklichkeit Aussagen machen, die außerhalb von Raum und Zeit angesiedelt ist?

Für die moderne Theologie ergibt sich daraus eine anspruchsvolle Aufgabe: Lässt sich im Erfahrungsraum der Menschen – in ihrem Schicksal, in ihrer Geschichte – eine Tiefendimension entdecken? Spuren der Transzendenz vielleicht, in denen Christen Erfahrungen Gottes sehen können? *Ist es möglich, von Gott nicht-objektivierend, ja, weltlich von ihm zu sprechen?*
Damit ändert sich auch die Richtung des Nachdenkens über Gott. Die Leitfrage lautet nicht mehr: Wie kann man sich Gott (im Rahmen eines weltanschaulichen Systems) vorstellen?

Die Leitfrage lautet nun: *Welche Auswirkungen hat der Glaube an Gott für die Gläubigen, für ihre Beziehungen zu anderen, zur Gesellschaft und zur Natur?*

Gott und die Tiefe der Wirklichkeit

- Ein wichtiger Impuls für diese Suche nach einem „weltlichen Gott“ kommt von dem evangelischen Theologen PAUL TILLICH (1886 – 1951). Für ihn begegnet man Gott in dem, was dem Leben „Tiefe“ gibt. Die Tragweite dieser Metapher wird erkennbar vom Gegenteil her: „Gottlos“ wäre demnach ein Leben, das sich in Oberflächlichkeit verliert, das seine Möglichkeiten verfehlt in gedankenloser Anpassung oder narzisstischem Konsum.

Gott als Horizont absoluter Erfüllung

- Einen anderen Weg schlägt KARL RAHNER (1904 – 1984) ein: Wenn Menschen etwas Wertvolles anstreben (Glück, Liebe, Gerechtigkeit, Freiheit ...), gibt es immer eine unübersehbare Differenz zwischen dem, was eigentlich angestrebt wurde, und dem, was realisiert wird. Die tatsächlich gelebte Liebe bleibt hinter der vollkommenen zurück; die in der Realität mögliche Freiheit trägt immer noch Züge der Einschränkung usw. – Somit ragt in das jeweils begrenzte Leben die Vorstellung eines vollkommen erfüllten Lebens hinein. Und diese Vorstellung ist keine Illusion; sie ist Quelle der Sehnsucht und der Hoffnung und damit eine Ermutigung zu Reifungsprozessen und zu gesellschaftlichen Veränderungen. In dieser Verschränkung von realer Begrenztheit und dem Horizont unendlicher Erfüllung sieht RAHNER eine wesentliche Erfahrung Gottes.

Gott als Beziehungsreichtum

- *Der Mensch wird am Du zum Ich*, schreibt der jüdische Religionsphilosoph MARTIN BUBER (1878 – 1965). Und mit dieser These entwickelt er auch eine Theologie: Gott begegnet im anderen. – Dieser Grundgedanke wird von mehreren Theologen breiter entfaltet. Demnach sind Menschen darauf angewiesen, dass sie in ein vielschichtiges Beziehungsnetz hineinwachsen:
  - ➢ in die Beziehung zur Umwelt im weitesten Sinn, zur Natur, zur Herkunft ...,
  - ➢ in die Beziehung zu anderen Menschen ...,
  - ➢ in die Beziehung zur Kultur (d.h. auch zu Politik, Wirtschaft, Technik und Wissenschaft ...).

  In all diesen Bereichen sind Menschen zugleich Gebende und Nehmende. Sie wachsen in eine bestehende Struktur hinein, verändern sich dabei und verändern zugleich die Verhältnisse, in die sie hineinwachsen.

Wenn nun aus christlicher Tradition gesagt wird: *Gott ist die Liebe*, dann liegt darin eine Hoffnung und ein Appell: Nicht Herzlosigkeit und Kälte, nicht Egoismus und Machtstreben sollen die Beziehungen der Menschen zu ihrer Welt ausmachen, sondern ein Klima des Wohlwollens und der Ermutigung. *Gott kommt dort zum Vorschein, wo Menschen durch ihr Beziehungsgeflecht freier, wahrhaftiger und liebesfähiger werden. Und negativ steht Gott dort auf dem Spiel, wo Menschen gedemütigt werden, wo sie für die Interessen anderer instrumentalisiert und ausgebeutet werden.*

Dieser Ansatz schlägt auch eine Brücke zur traditionellen Vorstellung der Dreifaltigkeit Gottes. Demnach wäre Gott-Vater das Symbol für die Beheimatung und Verwurzelung in der Welt, Gott-Sohn das Symbol für die Liebe zum anderen und der Heilige Geist das Sambol, das zum tätigen und schöpferischen Leben in der Kultur ermutigt.

Der mitleidende Gott

- Nach christlichem Glauben ist Jesus Christus der Sohn Gottes. Nimmt man diese Metapher beim Wort, dann gehören auch die Leidensgeschichte und der Kreuzestod Jesu zur christlichen Gottesvorstellung. Auf dieser Grundlage und angesichts der Weltkriege und der Schoah wurde im 20. Jahrhundert eine Theologie vom Mitleiden Gottes entwickelt: In den Leidensgeschichten der Menschen leidet Gott selbst. Er steht nicht außerhalb der Arena, sondern ist – wie der Gekreuzigte – selbst einer, der Leiden und Verzweiflung mitträgt.

Gott, der Befreier

- In den Siebziger- und Achtzigerjahren des letzten Jahrhunderts entwickelte sich – vor allem in Lateinamerika – die *Theologie der Befreiung*. Angesichts des strukturellen Unrechts, angesichts der Kolonialgeschichte und der andauernden Ausbeutung der Armen werteten Theologinnen und Theologen die politisch-befreienden Tendenzen der Bibel neu: Der Auszug aus Ägypten, die Klage der Exilanten in Babylon, die Kritik der Propheten an Unrecht und Gewalt und nicht zuletzt die Sympathie Jesu für die Benachteiligten rückten ins Zentrum theologischer Aufmerksamkeit. Es ging aber nicht nur um solche Inhalte, es ging auch darum, den Unterdrückten ihre Würde und den Rechtlosen eine Stimme zu geben. In kleinen Gruppen und Basisgemeinden sollten Menschen Prozesse der Befreiung selbst beginnen. Der biblische Gott, der aus der Knechtschaft befreit, wurde wieder entdeckt – und daraus sollten Solidarität, Fantasie und Kraft zur Veränderung heutiger Verhältnisse erwachsen.

Gott in feministischer Sicht

- Eine besondere Ausprägung der Befreiungstheologie ist die feministische Theologie. Sie trägt seit der zweiten Hälfte des 20. Jahrhunderts wesentlich zur Erweiterung der Gottesvorstellung bei. Zunächst machte sie bewusst, in welch hohem Maß die überlieferten Gottesbilder männlich geprägt sind: Herr, König, Richter. Fast alle bildlichen Darstellungen Gottes zeigen einen Mann! – Gegen diese Einseitigkeit sichtet die feministische Theologie weibliche Gottesbilder der Bibel und der Glaubensgeschichte: Gott als Mutter, als Weisheit, als Hausfrau usw. – Sie analysiert das Gottesbild und seine Auswirkungen auf Menschenbilder, auf strukturelle Folgen in Gesellschaft und (Kirchen-)Politik. Darüber hinaus bleibt es noch lange eine Aufgabe, weibliche Akzente in Gebet, in Liturgie und im theologischen Denken zu setzen. Ideal wäre es, wenn so „Gott" aus einseitig männlichen Rollenbildern gelöst würde – und wenn zugleich Gottesbilder wirksam würden, die Identifikationsmöglichkeiten für Frauen (aber auch für Männer) bieten.

Gott als der geheimnisvolle Grund des Lebens und der Welt

- *Wir fühlen, dass, selbst wenn alle möglichen wissenschaftlichen Fragen beantwortet sind, unsere Lebensprobleme noch gar nicht berührt sind.* – Mit dieser skeptischen Einschätzung schärft der Philosoph Ludwig Wittgenstein (1889 – 1951) den Blick für das Unverstehbare des Lebens. Warum haben Menschen ein Schicksal – die einen ein leichtes, die anderen ein schweres? Warum müssen wir sterben? Warum leben wir heute und nicht in einer andern Zeit? Führt die Geschichte in bessere Zeiten oder in schlechtere? Was soll ich mit meinem Leben anfangen? Warum ist das Leben ungerecht? – Derartige Fragen sind nicht durch Versuch und Irrtum und nicht durch kluge Argumente zu beantworten.

  Angesichts dieser Erfahrung entwerfen einige Theologen die Vorstellung, dass Gott der Grund aller Fraglichkeit ist. Die Vorstellung von Gott wäre demnach der Ort, an dem Menschen sich bewusst werden, dass ihr Leben unverfügbar, schicksalhaft und im Tiefsten unbegreiflich ist. An Gott glauben hieße dann, in diese Unverstehbarkeit des Lebens einwilligen und hoffen, dass das Geheimnis der Welt, das Christen Gott nennen, gut ist.

Mit diesem Überblick konnte nur angedeutet werden, wie die Theologie seit dem 20. Jahrhundert nach Gott sucht. Wichtige Fragen aber bleiben: Sind diese Denkansätze überzeugend und fruchtbar? Wie müssten sie sich auswirken im Denken und Handeln der Gläubigen? Welche Folgen ergeben sich daraus für Gebet und Gottesdienst? – Welche Rolle spielt die weltliche Rede von Gott in den Predigten und Verlautbarungen der Kirche?

Was dem Leben Tiefe gibt

Paul Tillich

Die Weisheit aller Zeiten und aller Erdteile spricht zu uns über den Weg zu unserer Tiefe ...

Der Name dieser unendlichen Tiefe und dieses unerschöpflichen Grundes allen Seins ist *Gott*. Jene Tiefe ist es, die mit dem Wort *Gott* gemeint ist. Und wenn das Wort für euch nicht viel Bedeutung besitzt, so übersetzt es und sprecht von der Tiefe in eurem Leben,
vom Ursprung eures Seins,
von dem, was euch unbedingt angeht,
von dem, was ihr ohne irgendeinen Vorbehalt ernst nehmt. Wenn ihr das tut, werdet ihr vielleicht einiges, was ihr über Gott gelernt habt, vergessen müssen, vielleicht sogar das Wort selbst. Denn wenn ihr erkannt habt, dass Gott Tiefe bedeutet, so wisst ihr viel von ihm. Ihr könnt euch dann nicht mehr Atheisten oder Ungläubige nennen, denn ihr könntet nicht mehr denken oder sagen: „Das Leben hat keine Tiefe, das Leben ist seicht, das Sein selbst ist nur Oberfläche." Nur wenn ihr das in voller Ernsthaftigkeit sagen könnt, wäret ihr Atheisten, sonst seid ihr es nicht. Wer um die Tiefe weiß, der weiß auch um Gott.

Was heißt: an einen Gott glauben?

LUDWIG WITTGENSTEIN

Die Lösung des Problems des Lebens merkt man am Verschwinden dieses Problems.
Kann man aber so leben, dass das Leben aufhört,
problematisch zu sein? Dass man im Ewigen *lebt* und
nicht in der Zeit?
Ist nicht dies der Grund, warum Menschen, denen der Sinn des Lebens nach langen Zweifeln klar wurde, warum diese dann nicht sagen konnten, worin dieser Sinn bestand.
An einen Gott glauben heißt,
die Frage nach dem Sinn des Lebens verstehen.
An einen Gott glauben heißt sehen,
dass es mit den Tatsachen der Welt noch nicht abgetan ist.
An einen Gott glauben heißt sehen,
dass das Leben einen Sinn hat.

FÜNFTES KAPITEL

Jesus Christus

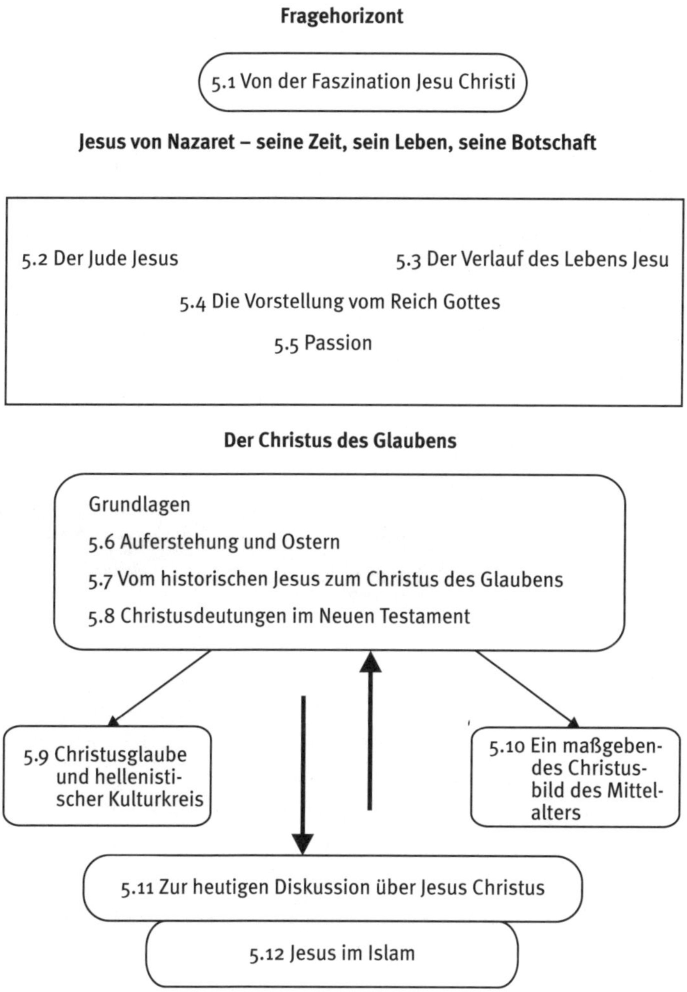

5.1 Von der Faszination Jesu Christi

In der Geschichte der abendländischen Menschheit hat keine Erscheinung solche Macht über die Herzen der Menschen ausgeübt wie dieser Jesus Christus, den man als Menschen kennenlernte und in dessen Gegenwart man übermenschliche, göttliche Wirklichkeit erfuhr.

JOSEF BLANK

Fragestellungen

Nach Jesus von Nazaret kann man aus unterschiedlichen Interessen fragen:

Historisch und kulturgeschichtlich

- Zunächst kann man prüfen, in welcher Umwelt Jesus gelebt hat und welche Stellung er in der Kultur der Antike einnimmt (→ 5.2).
- Wichtiger noch ist die Frage, wie sich die Tradition Jesu ausgewirkt hat auf unsere Wertvorstellungen und Lebensformen (→ 5.10; → 7.5.2).
- Und vor allem: Wie ist das Bild von Jesus Christus verwoben mit der abendländischen Kultur? Wie spiegelt sich die Sehnsucht nach Erlösung in den vielgestaltigen Bildern von Christus? In Passionen und Kreuzwegen, in Gottesdienst und Frömmigkeit, in Literatur, Theater, Kunst und Film?

Theologisch

Für Theologie und Kirche ergeben sich darüber hinaus folgende Fragen:

- Was bedeutet die Gestalt Christi für das Heil der Menschen?
- Wie wirkt sich der Glaube an Jesus Christus auf die Vorstellung von Gott und die Verehrung Gottes aus? (→ 4.4)
- Welche Spannung besteht zwischen den Intentionen Jesu und der Realität der Kirche? (→ 6.3)

Spirituell

Für Gläubige kann sich die Beschäftigung mit Jesus zuspitzen zu Fragen nach der persönlichen Spiritualität und Lebensgestaltung:

- Was bedeutet der Glaube an Christus für das Leben der Christen, für ihr Beten und die Gottesverehrung in der Gemeinde? (→ 5.11; → 4.10)
- Welche Herausforderung enthält die Aufforderung Jesu zur radikalen Nachfolge (z.B. Mk 10,21)? – Verzicht auf Heimat, Familie und Eigentum? Rückzug aus dem „normalen" menschlichen Leben?
- Lässt sich der Ruf in die Nachfolge Jesu verbinden mit den Pflichten eines Staatsbürgers, einer Staatsbürgerin, der Übernahme gesellschaftlicher Verantwortung oder dem Streben nach persönlichem Lebensglück?

Jesus als maßgebender Mensch

Unabhängig von der Zugehörigkeit zu einer christlichen Kirche sind viele fasziniert von der Gestalt Jesu: Er zählt zu den vorbildlichen Menschen, die neue Wege des Lebens gezeigt und gelebt haben. Die Bedürfnislosigkeit Jesu macht nachdenklich, ebenso seine Aufforderung, die Feinde zu lieben. Und immer wieder staunen Menschen darüber, wie tiefgründig die einfachen Erzählungen sind, die auf Jesus zurückgehen: das Gleichnis vom Verlorenen Sohn oder die Beispielerzählung vom Barmherzigen Samariter (→ 5.4; → 3.9). – Und vor allem drückt das Bild des Gekreuzigten stets neu die Klage und Hoffnung derer aus, die ungerecht leiden.

5.2 Der Jude Jesus

→ 3.4; → 3.5

Jüdische Herkunft

Es klingt paradox: Jesus von Nazaret, den die Religionswissenschaften den „Stifter" des Christentums nennen, war selbst kein Christ, sondern Jude. Er ist aufgewachsen in einer jüdischen Großfamilie; er sprach die Sprache seines Volkes, Aramäisch mit einem galiläischen Akzent.

In seiner Familie und im dörflichen Umfeld wuchs Jesus in das jüdische Leben hinein. Dazu gehörten: der religiös geprägte Alltag in der Familie, Gebete und Schriftauslegung in der Synagoge, Torastudium und Wallfahrten zum Tempel nach Jerusalem. Schon damals war das Judentum pluralistisch, d.h. es gab unterschiedliche Ausprägungen der jüdischen Religion. In Galiläa herrschte eine eher konservative Form des Judentums.

Hellenismus und römische Besatzung

Das hing eng mit der kulturellen und politischen Situation zusammen: Seit den Alexanderkriegen wehrte sich ein Teil der Juden gegen die *Überfremdung durch den Hellenismus.* Diese Abwehr verschärfte sich unter der römischen Besatzung. Es gab zwar den König Herodes, aber er war von den Römern eingesetzt worden. Es gab auch die begrenzte Selbstverwaltung des Tempels in Jerusalem, aber die Macht lag eindeutig bei den Römern. Als Reaktion darauf hatten sich *jüdische Erneuerungsbewegungen gebildet, die die Eigenart des Judentums betonten und verteidigten.* Parallel dazu formierten sich – zahlenmäßig kleine – Gruppen von Terroristen, die Anschläge gegen die Besatzungsmacht ausführten.

Der Tempel und die römische Besatzung

Besonders prekär war die Lage in Jerusalem. Dort hatten sich die römischen Besatzungstruppen auf einer Burg oberhalb des Tempels festgesetzt. Von dort kontrollierten sie die großen Wallfahrten und hatten über Treppen direkten Zugang zu den begehbaren Säulendächern des Tempels. In den Augen frommer Juden war dies eine fortgesetzte Provokation: Das höchste Heiligtum wurde von Heiden betreten und dadurch entweiht. – Die Priesterschaft in Jerusalem und die Partei der Sadduzäer (→ 3.5) mussten gute Miene zum bösen Spiel machen und sich mit der Besatzungsmacht arrangieren; sonst hätte man den Tempeldienst – und damit eine wichtige Einnahmequelle für Jerusalem – einstellen müssen.

Apokalyptische Grundstimmung

In dieser aufgeheizten Stimmung entwickelte sich *eine breite apokalyptische Grundströmung.* Viele Wortführer vertraten die Auffassung, dass Gott in einem gewaltigen Gerichtstag dem schrecklichen Treiben der Heiden ein Ende bereiten werde. Auch die Verfehlungen der Juden würden bestraft und danach würde das Reich Gottes errichtet, ein neues Königreich wie zu Zeiten Davids, mit einem neuen Tempel und einem von seiner Sünde gereinigten Volk.

Jesus lebte also in einer politisch und religiös aufgewühlten Zeit. Auch er musste reagieren auf die Fragen, die seine Landsleute bewegten:

- Wie soll man sich gegenüber der Besatzungsmacht und ihren Steuern verhalten?
- Welchen Respekt verdienen Priester und die jüdischen Parteien in Jerusalem?
- Muss man das Reich Gottes mit Gewalt herbeiführen?
- Wie wird das Reich Gottes kommen und wer wird vor dem kommenden Gericht Gottes bestehen können?

5.3 Der Verlauf des Lebens Jesu

Wie hat Jesus gelebt? Wie sah er aus? Mit wem war er befreundet? – Wer Antworten auf solche Fragen sucht, wird von den Evangelien enttäuscht. Denn sie sind keine Biografien, sondern Glaubensschriften, die die Gestalt Jesu aus der Sicht seiner Anhänger deuten.

Deshalb sind auch alle Versuche, ein Leben Jesu zu konstruieren, gescheitert. Dennoch lässt sich durch Kombination und Auslegung verschiedener Angaben der Verlauf des Lebens Jesu ungefähr erschließen:

Der Name

Jesus (hebr. Jehoshua) bedeutet *Gott hilft* oder *Gott rettet.*

Geburt und Herkunft

Jesus wurde ca. 6 – 4 vor der Zeitrechnung in Palästina, vermutlich in Nazaret, geboren.

Seine Eltern hießen Josef und Maria. Als Brüder werden in den Evangelien Jakobus, Josef, Simon und Judas erwähnt (Mk 6,3; Mt 13,55); die Schwestern Jesu werden nicht namentlich genannt.

Die längste Zeit seines Lebens verbrachte er in Nazaret, einem kleinen Dorf in Galiläa. Er war mit den heiligen Schriften und religiösen Traditionen seines Volkes vertraut (→ 5.2). Gearbeitet hat er wahrscheinlich wie sein Vater als Bauhandwerker.

Schüler bei JOHANNES DEM TÄUFER

Im Alter von etwa 30 Jahren schloss Jesus sich JOHANNES DEM TÄUFER an, wurde sein Schüler und ließ sich von ihm taufen.

JOHANNES lebte als Endzeitprediger am Jordan, am Rande der Wüste Juda. Er kündigte das baldige Strafgericht Gottes an. Deshalb rief er seine Zuhörer zu persönlicher Umkehr auf und spendete die Taufe als Zeichen der Sündenvergebung (MK 1,4).

Öffentliches Wirken als Wanderprediger

Nach einiger Zeit trennte sich Jesus von JOHANNES. Er zog *als charismatischer Wanderprediger* durch Galiläa. In Synagogen, unter freiem Himmel oder in Privathäusern sprach er die Zuhörenden an. Seine Haupttätigkeit entfaltete er am See Gennesaret und in verschiedenen Dörfern Galiläas. Diese Lebensform führte zur Entfremdung Jesu von seiner Familie (MK 3,20f).

Die Jesusbewegung

Bald bildete sich um ihn eine „Jesusbewegung", die aus zwei Netzwerken bestand: Aus einem Kreis von Schülern, die ebenfalls ihre Familien verließen und als Wanderprediger die Botschaft ihres Meisters in die Dörfer Galiläas trugen, und aus einem Kreis von Männern und Frauen, die diese besitzlosen Wanderprediger unterstützten.

Unter seinen Jüngern hebt Jesus den Zwölferkreis heraus: Diese zwölf „Apostel" sollen im bevorstehenden Gericht die zwölf Stämme Israels richten.

Die Botschaft von der Gottesherrschaft

Im Zentrum der *Verkündigung* Jesu steht die Vorstellung der beginnenden Herrschaft Gottes (→ 5.4). Diese Gottesherrschaft steht in schroffem Gegensatz zu den herrschenden politischen und sozialen Verhältnissen (→ 5.2):

- Jesus kritisiert massiv den Reichtum.
- In der „Bergpredigt" werden die Armen, die Friedensstifter und die, die nach Gerechtigkeit dürsten, gepriesen.
- In mehreren Gleichnissen werden die Besitz- und Herrschaftsverhältnisse infrage gestellt.

Jesus untermauert seine Botschaft durch sein Verhalten:
Als Exorzist treibt Jesus Dämonen (böse Geister) aus und befreit so Menschen von ihren Krankheiten. Er wendet sich besonders den Verlierern der damaligen Gesellschaft zu, den Kranken und Besitzlosen. Und er hielt Mahlgemeinschaft mit diskriminierten Gruppen, mit „Zöllnern und Sündern".

In seiner *Ethik* (→ 7.5.2) orientiert Jesus sich an der Tora. Dabei verschärft er jene Regelungen, die sich auf das zwischenmenschliche Verhalten beziehen, geht aber großzügig mit den rituellen Vorschriften, den Reinheits- und Speisegeboten, um. Ins Zentrum rückt er das Gebot der Tora, Gott und den Nächsten zu lieben. Er radikalisiert es in der Verpflichtung, sogar die Feinde zu lieben (Mt 5,44).

Seine Autorität begründet er mit seinem vertrauensvollen *Verhältnis zu Gott,* den er auch Abba (Vater) nennt. Im Unterschied zu Johannes dem Täufer betont er die Güte Gottes; das Bild des strafenden Richters rückt in den Hintergrund.

Nach einem erfolgreichen Wirken als Wanderprediger in Galiläa zieht Jesus mit einem Teil seiner Anhänger und Anhängerinnen nach Jerusalem. Dort brachte ihn seine Kritik am Tempel und am Tempelkult in offene Gegnerschaft zu den führenden Kreisen des Judentums.

Gefangennahme und Tod

Deshalb ließ die jüdische Obrigkeit Jesus verhaften. Sie klagte ihn aber als Unruhestifter („König der Juden") vor dem römischen Statthalter Pilatus an. Dieser verurteilte Jesus zum Tode durch Kreuzigung. Um das Jahr 30 wurde Jesus zur Zeit des Pessachfestes vor den Stadttoren Jerusalems hingerichtet (→ 5.5).

Ostererfahrungen

Nach seinem Tod kamen seine Anhängerinnen und Anhänger zu der Überzeugung, dass Jesus für sie lebendig bleibt (→ 5.5). Angesichts dieser *Ostererfahrungen* deuteten sie Person und Leben Jesu neu; sie erkannten in ihm den leidenden Gottesknecht und den endzeitlichen „Menschensohn", wie ihn der Prophet Daniel dargestellt hatte (Dan 7,13-14).

5.4 Die Vorstellung vom Reich Gottes

Sehnsucht nach einer idealen Welt wollen die neutestamentlichen Schriftsteller wecken, wenn sie den Kern der Botschaft Jesu in dem Satz zusammenfassen: *Die Königsherrschaft Gottes ist angebrochen!*

Herrschaft Gottes im AT

Die Vorstellung von der Königsherrschaft Gottes übernimmt Jesus aus der jüdischen Tradition. In der Geschichte Israels hatten sich schon unterschiedliche Deutungen herausgebildet:

- Gott herrscht als Schöpfer über die Welt.
- Gott herrscht über die himmlischen Mächte.
- Gott herrscht durch Gesetz und Kult über das Volk Israel.
- Nach dem Exil (587 – 538 v.u.Z.) gewinnt die Vorstellung von der „Herrschaft Jahwes" futurische und politische Züge: Am Tag JHWHs wird Gott Israel befreien und Jerusalem wieder zu einem strahlenden Zentrum seiner Herrschaft machen.

Angesichts der bedrückenden politischen und sozialen Verhältnisse nahmen viele Juden zur Zeit Jesu an, dass der Tag JHWHs nun unmittelbar bevorstehe. Dann werde Gott die Menschen für ihre Verbrechen und Sünden bestrafen, dem Bösen ein Ende bereiten und ein neues „Reich Gottes" errichten, in dem die Grundsätze der Gerechtigkeit und der Verehrung Gottes gelebt werden (apokalyptische Erwartung). Nur durch die reinigende Katastrophe des Weltgerichts konnte nach dieser Vorstellung das vollkommene „Reich Gottes" entstehen.

An diese Vorstellungen knüpft Jesus an. Aber er setzt andere Akzente:

Reich Gottes in der Verkündigung Jesu

- Die Herrschaft Gottes hat schon begonnen. Sie hat sich noch nicht überall durchgesetzt, aber die Veränderung der Welt ist schon erkennbar.

- Die Herrschaft Gottes muss man sich nicht durch Umkehr und Buße verdienen; sie wird den Menschen geschenkt.
- Denn Gott herrscht nicht als strenger Richter, sondern als verständnisvoller und gütiger Vater.
- Deshalb können diejenigen, die die Herrschaft Gottes annehmen, auch gelassener und liebevoller miteinander umgehen.
- So können sich alle Lebensverhältnisse zum Guten verändern – vor allem für die, die als Verlierer am Rand der Gesellschaft leben.

Jesus distanziert sich mit dieser Vorstellung vom Reich Gottes von einigen apokalyptischen Bildern. Der Kampf gegen die Römer und die Errichtung eines neuen davidischen Reiches gehören nicht zu seinem Konzept.

Wer nun genauer wissen möchte, was die Evangelien unter der Herrschaft Gottes verstehen, wird zunächst enttäuscht; er findet im Neuen Testament keine Definition. Denn *Königsherrschaft Gottes* ist eine Metapher. (Gott herrscht ja nicht wie ein König – und ein König herrscht nicht wie Gott.) Und diese Metapher von der Herrschaft Gottes wird im Neuen Testament erläutert durch Gleichnisse. Wer also wissen will, was es mit der Herrschaft Gottes auf sich hat, muss eintauchen in die erzählte Welt der Gleichnisse.

Gleichnisse knüpfen an alltägliche Erfahrungen an

- Die Gleichnisse vom Reich Gottes zeichnen sich durch Nähe und Fremdheit zugleich aus. Das Anschauungsmaterial erwächst aus den alltäglichen Erfahrungen der Menschen in Palästina: ungleiche Brüder, Einladungen zu einem Fest, Hilfeleistung, Saat und Ernte, Verlieren und Finden, Arbeit und Lohn bilden den Motivvorrat der Gleichnisse.

Gleichnisse überbieten alltägliche Erfahrungen

- Aber in allen diesen Geschichten gibt es einen Punkt, in dem das Gleichnis die Wirklichkeit überbietet (die „Extravaganz“). Der gescheiterte Sohn wird in Ehren wieder aufgenommen, 99 Schafe werden im Stich gelassen, damit eines gefunden werden kann, die Arbeiter, die nur eine Stunde gearbeitet haben, erhalten den vollen Lohn ... – Damit weichen Gleichnisse die harten Gesetze der Welt, in der wir leben, auf. Sie überschreiten sie auf noch nicht gelebte Möglichkeiten hin.

- Als Überbietungsgeschichten zeigen Gleichnisse also, woran es im Leben fehlt. Damit bieten die Gleichnisse aber keineswegs eine Definition der Herrschaft Gottes; sie legen nicht fest, was erlöstes Leben ist. Vielmehr lösen sie eine Suchbewegung in den Leserinnen und Lesern aus. Der barmherzige Samariter, der gütige Vater, der Sämann, der sich von Misserfolgen nicht abschrecken lässt, der ungerechte Verwalter, der Weinbergsbesitzer, der ungerechten Lohn zahlt – sie alle geben zu denken. Und sie zeigen die Richtung, in der nach einem besseren Leben gesucht werden soll.

Gleichnisse brechen Routine auf und wecken Fantasie

Deshalb sind Gleichnisse für Jesus und seine Anhänger besonders wertvoll. Denn *Gleichnisse erweitern die existenzielle und moralische Fantasie*. Sie brechen die Routine der Alltagshandlungen auf und machen Alternativen zum Selbstverständlichen sichtbar. In ihrem Zusammenspiel entwickeln die Gleichnisse so das Panorama einer erzählten Welt, einer verlockenden Gegenwelt, in der die Gesetze, die sonst das Leben einengen, außer Kraft gesetzt sind.

Zugleich wird damit von einem Gott erzählt, der nicht in einer fernen jenseitigen Welt zu Hause ist, sondern der dort in Erscheinung tritt, wo erstarrte und entfremdende Verhältnisse aufgebrochen werden. Wenn sie sich zum Besseren verändern, ist in der Vorstellungswelt Jesu Gott am Werk.

Wer sich auf diese utopische Welt der Herrschaft Gottes einlässt, erlebt, dass sich seine Wahrnehmungs- und Verhaltensmuster ändern. Denn nur, wer sich dem Perspektivwechsel und der Bewegung der Gleichnisse anvertraut, wird hineingezogen in jene Dynamik, die schließlich auch sein Leben verändern sollte. *Wer sich auf die Gleichnisse einlässt, gerät ins Reich Gottes.*

Jesus lebte aus einem mythisch geprägten Weltbild, und er rechnete mit dem unmittelbaren Eingreifen Gottes. Aus heutiger Sicht kann man es vielleicht so sagen: *Reich Gottes* ist eine Metapher für die Fülle der positiven Möglichkeiten des menschlichen Lebens und für den Weg, der dorthin führt.

- Das Leben wird begleitet von Idealen: Die Worte *Glück, Liebe, Frieden, Gerechtigkeit* oder *intakte Umwelt* deuten die Richtung dieser Idealvorstellungen an. Ohne solche Hoffnungen können Menschen kaum in Zustimmung leben.
- Wenn derartige Ziele und Hoffnungen lebendig sind, ragen sie in die Wirklichkeit unseres Lebens hinein. Als Traum von einer erlösten Welt, von einem Leben, das erstrebenswert ist, können sie Wahrnehmungsmuster und Verhaltensweisen verändern.
- Dann kann der Traum von der Herrschaft Gottes den Blick öffnen für Situationen, in denen spontane Menschlichkeit oder der Verzicht auf eigene Rechte segensreicher wirken als ein Verhalten, das sich an Konventionen oder Vorschriften orientiert.

5.5 Passion

Die Leidensgeschichte ist eine anrührende und vielschichtige Erzählung. Sie erzählt von einem, der seinen Freund verrät, von einem treuen Anhänger, der Jesus verleugnet und dabei mehrmals aus Angst lügt; sie erzählt von einer Priesterschaft, die einen unbequemen Gläubigen aus dem Weg räumen lässt, und von einem Richter, der aus Opportunismus und Gleichgültigkeit einen Justizmord begeht. Und vor allem erzählt die Passionsgeschichte von einem Menschen, der unschuldig ist und der dennoch im Intrigenspiel der Mächtigen zu Tode gefoltert wird.

Die Passionserzählungen gehören zu den älteren Überlieferungsschichten der Evangelien. Dennoch eignen sie sich kaum als historische Quellen. Wie die Evangelien im Ganzen sind sie nämlich literarisch geformte Glaubenstexte.

Fortsetzung Seite 219

Kreuzigung

Joseph Beuys

Wie kaum ein anderer Künstler des 20. Jahrhunderts hat sich Joseph Beuys mit dem Kreuz als zentralem Symbol des christlichen Glaubens auseinandergesetzt. In der „Kreuzigung“ von 1962/63 gelingt es ihm, den Assoziationsreichtum dieses Symbols mit den künstlerischen Mitteln der Moderne sichtbar zu machen.

Was erinnert an dieser Skulptur an eine Kreuzigung? Es ist der senkrechte Balken, an dessen oberem Ende ein Zettel aus Zeitungspapier, übermalt mit einem braunen Kreuz, die Inschrift des Kreuzes Christi ersetzt. Am Fuß des Kreuzes zwei Plastikflaschen, die an die Umrisse mittelalterlicher Kreuzigungsszenen mit Maria und Johannes als trauernden Zeugen des Todes Christi denken lassen.

Alle anderen Gestaltungsmittel wirken überraschend und befremdlich. An den Kreuzesbalken ist mit einem alten Elektrokabel eine Latte gebunden. Vor dieser stehen zwei säureverkrustete Plastikflaschen, die früher einmal Blutkonserven aufbewahrten. Ihre Verschlusskappen decken bedruckte Zettel ab, die wiederum das braune Kreuz der Kreuzesinschrift tragen. Die ganze Materialcollage steht auf zwei gipsverschmierten Balken, die an der linken Seite einen deutlichen Einschnitt erkennen lassen. Rostige Nägel ragen roh aus dem Holz; von dem Nagel an der Spitze des Kreuzes tritt zu Schlaufen gewundener Draht zur Seite. Ein Faden mit einer Nadel fällt zur Seite des Kreuzes hinab. Gemeinsam ist allen Materialien dieser „Kreuzigung“, dass sie schäbig und vom früheren Gebrauch abgenutzt sind – Abfälle einer Wegwerfzivilisation.

Joseph Beuys, Kreuzigung, 1962/63

Was unterscheidet diese „Kreuzigung“ von herkömmlichen Darstellungen? Zwar erinnert Beuys durch die Umrisse und die Kreuzinschrift an sie; zugleich verfremdet er gewohnte Vorstellungen durch überraschende Gestaltungsmittel und die Art ihrer Zusammenstellung. Diese sind ganz und gar ungewöhnlich und entziehen sich einer eindeutigen Interpretation. Ihre Symbolkraft regt Fantasie und Gefühl zu einer meditativ-schöpferischen Aneignung an. So verweist die ganze Szene auf den Kreuzestod Christi und seine Bedeutung für den christlichen Glauben. Nadel und Nägel erinnern an die Leidenswerkzeuge, aber auch an leiblichen und seelischen Schmerz allgemein. Die drei braunroten Kreuze auf den Zeitungsfetzen sind Symbole des Gekreuzigten, verweisen aber auch auf das „Rote Kreuz“ und rufen dann weitere Vorstellungen wach: Unfall und Krieg, Schmerz und Sterben, Hilfe und Nächstenliebe. Das Braun-Rot – die Farbe getrockneten Blutes – leitet über zu einem weiteren Zusammenhang, der auch in den Flaschen angedeutet ist: Blut als Träger des Lebens, Blut in Konserven als Mittel des Überlebens und des Weiterlebens für Menschen, die von Unfällen und Krankheiten heimgesucht sind. Auch die Beschriftung der Zettel fordert die Fantasie heraus: „Zentralbank“, „Pfund“, „Saldo“, „effektive Zunahme“ lesen wir auf dem Kreuzesbalken – Begriffe aus der Welt der Banken und Finanzen –, vielleicht auch eine Anspielung auf biblische Motive (vgl. Mk 10,45). Der Zettel auf der linken Flasche zeigt eine Verlobung an, der auf der rechten mehrfach das Wort „Schuld“.

In Beuys' „Kreuzigung“ erwecken Abfälle der Gegenwart Erinnerungen an die Vergangenheit, lassen denken an Blut und Leiden, an Leben und Tod und machen uns beim einfühlsamen Betrachten zu mitgestaltenden Künstlern. Ist es vorstellbar, diese Kreuzigung in einer Gemeindekirche aufzuhängen? Oder entfernt sich ihre radikale Subjektivität zu sehr von überlieferten religiösen Bildwelten und gewohnten Frömmigkeitsformen?

Die Aussageabsicht ist leicht zu ermitteln. Die Gläubigen sollen erkennen:

- Jesus von Nazaret wurde zum Tod verurteilt, obwohl er unschuldig war. An ihm wurde ein grausamer Justizmord begangen.
- Auch wenn Jesus den schändlichen Verbrechertod am Kreuz erleiden musste, ist er dennoch der von Gott gesandte Heilsbringer, der erwartete Messias.
- In seiner Passionsgeschichte bearbeitet schon der Evangelist MARKUS Traditionsgut der frühen Gemeinden. Er arrangiert mit diesem Material eine Reihe von Szenen, die den Weg Jesu vom letzten Abendmahl bis zum Sterben am Kreuz erzählen.

Die Evangelisten LUKAS und MATTHÄUS übernehmen das Erzählgerüst des Markusevangeliums und überarbeiten es nach ihren Vorstellungen von Jesus Christus. Unabhängig von dieser synoptischen Tradition schreibt der Evangelist JOHANNES nach dem Jahr 100 n.Chr. eine Passionsgeschichte, die andere Gemeindeüberlieferungen spiegelt. – Insgesamt liegen uns also vier Erzählungen der Leidensgeschichte vor, die teilweise erheblich voneinander abweichen (→ 3.3.2).

Die Passionsgeschichten entwerfen eindrucksvolle, ja erschütternde Szenen vom Leiden und Sterben Jesu. Der Kreuzweg und der Gekreuzigte haben die abendländische Vorstellungswelt stark geprägt. Passionsspiele und Oratorien vergegenwärtigen immer wieder das Leiden Jesu. Und in Bildern, Gebeten und Liedern versenken sich Christinnen und Christen in die Schmerzen des leidenden Heilands, und vielleicht suchen sie darin auch Trost in ihrem eigenen Leid. – Was aber wissen wir tatsächlich vom Leidensweg Jesu?

Was wissen wir über die Leidensgeschichte und den Tod Jesu?

Hier wie anderswo gehen die Meinungen, die in der Wissenschaft vertreten werden, auseinander. Aber eines ist unbestreitbar:

Jesus wurde in der Zeit, in der PONTIUS PILATUS römischer Statthalter war (d.h. zwischen 26 und 36 n.Chr.), zum Tod verurteilt und am Kreuz hingerichtet. Sein Tod fiel in die Tage unmittelbar vor dem jüdischen Pessachfest.

Außer diesem gesicherten historischen Kern lassen sich eine Reihe von ergänzenden Einsichten gewinnen: Jesus wurde von jüdischen Autoritäten in Jerusalem gefangengenommen. Wahrscheinlich, weil er nach ihrer Auffassung den religiösen Frieden gestört hat. Er hatte den Tempelkult kritisiert und auch die Geschäfte, die damit verbunden waren. Deshalb sollte er beseitigt werden. Das Todesurteil überließ man aber der römischen Besatzungsmacht. Deshalb wurde Jesus vor PONTIUS PILATUS angeklagt, er habe zum Aufruhr und zum Widerstand gegen die Römer aufgerufen.

Verurteilung zum Tod und Hinrichtung am Kreuz waren damals öffentliche Schauspiele, Masseninszenierungen, die der Unterhaltung des Volkes und zugleich der Abschreckung dienen sollten. Es war üblich, mehrere – ja, oft sogar zahlreiche – Verbrecher gleichzeitig zu kreuzigen. Der Tod am Kreuz war qualvoll; das Sterben dauerte lang. Der Verurteilte wird mit Händen und Füßen an ein hohes Holzkreuz genagelt. Nach einigen Stunden kann die Lunge nicht mehr richtig arbeiten, weil der Körper hängt, und der Gekreuzigte erstickt langsam.

Die Passionsgeschichte als Quelle des Antisemitismus

Auf den Erzählungen vom Leiden und Sterben Jesu lastet schwer die antisemitische Tendenz ihrer Wirkungsgeschichte. Dass Juden die Christusmörder seien, zieht sich als Vorwurf durch die Jahrhunderte und diente vielen Christen zur Rechtfertigung für Unterdrückung, Verfolgung und organisierten Mord an Juden.

Nach den unvorstellbaren Verbrechen der Schoah erschrecken Christen über diesen Teil ihrer Glaubenstradition. In der Aufarbeitung wird deutlich:

- Es waren nicht „die Juden“, die Jesus ermordet haben, sondern Vertreter des jüdischen Establishments in Jerusalem, die mithilfe der Römer einen unbequemen Juden aus dem Weg schaffen wollten.
- Auch wenn jüdische Autoritäten maßgeblich am Mord an Jesus beteiligt waren, so kann das niemals kollektive Schuld be-

gründen und Verbrechen an Unschuldigen oder gar Völkermord rechtfertigen.

- Wenn Juden im Namen Christi verfolgt und ermordet werden, geraten die Christen in einen schweren Selbstwiderspruch: Die Leidensgeschichte Jesu ist keine Aufforderung zur Gewalt. Im Gegenteil: Sie müsste sensibel machen für das Leiden Unschuldiger, und sie verpflichtet Christen zur Solidarität mit den Leidenden.

5.6 Auferstehung und Ostern

Anfänge der Gemeinden und der Glaube an die Auferstehung

Der gewaltsame Tod Jesu hat seine Anhänger erschüttert. – Hatten sie einem Phantom geglaubt? Warum musste der Prophet und Wundertäter, den sie verehrt hatten, als Verbrecher am Kreuz sterben? Warum so jung? Ist das, was sie bisher geglaubt hatten, dadurch nicht sinnlos geworden?

Aus dieser Erschütterung wächst nach und nach neue Zuversicht: Ihr Vertrauen in Jesus und in seine Überzeugungen kann nicht sinnlos gewesen sein. Was Jesus gelehrt und gewirkt hat, darf nicht annulliert werden durch seinen schändlichen und frühen Tod.

So bilden sich schon bald nach dem Tod Jesu Freundeskreise, die als Erzähl- und Kultgemeinschaften wachhalten, was Jesus ihnen bedeutet hat. In diesen Gemeinschaften, die sich als jüdische Sondergruppen verstehen, entwickelt sich in unterschiedlichen Ansätzen auch der Glaube an die Auferstehung.

Dabei greifen die frühen Christen eine Metapher auf, die aus dem Motivvorrat der altorientalischen Religionen stammt: Der Tote wird auferweckt vom Totenschlaf und erscheint den Lebenden.

Diese Metapher von der Auferstehung antwortet auf einen tief verwurzelten Wunsch: Der Tod darf nicht das letzte Wort haben.

Gerade von Menschen, die man lieb gewonnen hat, hofft man, dass sie nicht tot sind für immer. Dass sie über den Tod hinaus lebendig bleiben.

Auferstehungstexte im Neuen Testament

In den Schriften des Neuen Testaments spiegelt sich der Glaube an die Auferstehung in unterschiedlichen Formen und Gattungen. – Beispielsweise:

- *Bekenntnishafte Formeln:* Christus ... ist auferweckt worden gemäß der Schrift (1 Kor 15, 3-4).
- *Auferstehungserfahrung als Vision:* Christus erscheint Paulus als blendendes Licht (Apg 9 par).
- *Geschichten vom leeren Grab* (Mk 16,1-8 parr).
- *Erscheinungserzählungen:* Emmaus (Lk 24,13-35); Christus und Maria von Magdala (Joh 20,11-18); Christus und Thomas (Joh 20,24-29).
- *Himmelfahrtslegende* (Apg 1,9-11).

Historisch-faktisches Missverstehen

Lange Zeit waren Christen überzeugt, dass die Auferstehung Christi *ein historisches Ereignis* war, und viele glauben das auch heute noch. Der Leichnam Jesu wäre demnach wieder lebendig geworden und Jesus wäre – verwandelt, aber sinnenfällig – seinen Jüngerinnen und Jüngern erschienen. – Christen, die das glauben, sehen in den Auferstehungsgeschichten des Neuen Testaments historisch zuverlässige Berichte, auf deren Wahrheit sie sich als Gläubige verlassen können.

Die wissenschaftliche Bibelauslegung bezweifelt dieses historisch-faktische Verständnis. Sie sieht in den Auferstehungsüberlieferungen *Glaubenserzählungen, die man symbolisch verstehen sollte.* Nach diesem symbolischen Verständnis bedeutet Auferstehung durchaus nicht, dass ein toter Körper wiederbelebt wird; vielmehr vertraut der Auferstehungsglaube darauf, dass der ermordete Jesus über seinen Tod hinaus gegenwärtig und wirksam bleibt.

Vielschichtige Wirkungen in der Geschichte unserer Kultur

Die Geschichte der Kirchen und die Kulturgeschichte des Abendlandes insgesamt dokumentieren, dass Auferstehung ein starkes und vielschichtiges Symbol ist. Seine Reichweite lässt sich nur dann halbwegs ermessen, wenn man mehrere Bedeutungsebenen bedenkt:

Fortsetzung Seite 224

Auferstehung

Marie Luise Kaschnitz

Manchmal stehen wir auf
Stehen wir zur Auferstehung auf
Mitten am Tage
Mit unserem lebendigen Haar
Mit unserer atmenden Haut.

Nur das Gewohnte ist um uns.
Keine Fata Morgana von Palmen
Mit weidenden Löwen
Und sanften Wölfen.

Die Weckuhren hören nicht auf zu ticken
Ihre Leuchtzeiger löschen nicht aus.

Und dennoch leicht
Und dennoch unverwundbar
Geordnet in geheimnisvolle Ordnung
Vorweggenommen in ein Haus aus Licht.

- Schon im Alten Testament (Ez 37) wird die Metapher der Auferstehung geschichtlich verwendet: Aus dem Totenfeld entsteht ein neues Volk Israel. – Damit gewinnt der Glaube an Auferstehung *eine politische Dimension.* – Sie wird etwa sichtbar in jenen Umwälzungen, durch die unterdrückte Minderheiten oder Völker Freiheitsrechte erringen, die Gewaltregime ihnen verweigert hatten. Dann kann das Gefühl entstehen, man habe Lähmung und Tod überwunden und gehöre wieder zum Kreis der Lebendigen.

- *Psychologisch* gesehen kann Auferstehung jene Wachstumsprozesse bezeichnen, in denen bisherige Lebensformen absterben und neue Lebensmöglichkeiten sichtbar werden. Eine überwundene Lebenskrise kann so als Durchgang durch den Tod und Erwachen zu neuem Leben gedeutet werden.

- Enger im sozialen Bereich bleibt eine *sozialpsychologische Deutung:* Es gibt den Tod der Beziehungslosigkeit. Die Einsamkeit, an der Menschen ersticken können. Wenn nun Menschen erleben, dass sie wieder dazugehören, dass sie wertvoll sind, dann können sie diese Entwicklung vielleicht dankbar als Auferstehung wahrnehmen.

- Eine *kulturgeschichtliche Interpretation* setzt andere Akzente: Kultur und Technik einer Gesellschaft, die soziale und rechtliche Ordnung, Humanität und Menschenrechte können nicht von den jeweils Lebenden neu geschaffen werden; sie sind Teil des kulturellen Erbes. Unsere Maßstäbe für das, was gut und was böse ist, unsere sozialen Einrichtungen, unser Rechtssystem und unser Bildungswesen, all das verdanken wir den Toten. Wir gehen durch Gebäude, die sie errichtet haben, wir spielen Melodien, die sie komponiert haben, wir denken in Vorstellungen, die sie erdacht haben, und wir benutzen Geräte, die sie erfunden haben. So wird die Kultur zum Ort, an dem die Toten weiterleben und an dem wir, die Lebenden, aus der Kraft der Toten leben. (In diesem Sinn kann man auch sagen, dass Christus auferstanden ist in die Kultur des Abendlandes.)

Darüber hinaus aber gibt es einen Rahmen, der sich nur schwer abstecken lässt: Es ist der unbesiegbare Traum, dass dieses hinfällige Leben in einen Zusammenhang mündet, der größer ist als der Tod. Dass die Energien des Lebens die Mächte des Todes überwinden.

Vor diesem großen Horizont der Hoffnung entfaltet sich in der Geschichte des Abendlandes das Bild vom auferstandenen Christus: Als Held, der den Tod überwunden hat, wird er gepriesen. Er wird verehrt als Symbol der Hoffnung in Gottesdiensten, in Liedern und Chorälen, in Gebeten und Bildern. Und wenn im Frühjahr die winterlich-tote Natur wieder zum Leben erwacht, feiern Christen im Osterfest den Sieg des Lebens über den Tod.

5.7 Vom historischen Jesus zum Christus des Glaubens

→ 5.9; → 5.10; → 5.11

Wer in einer Kirche hoch in der Apsis das Bild von Christus dem Weltenherrscher betrachtet, müsste sich staunend fragen: Wie ist es möglich, dass der arme Wanderprediger aus Nazaret sich in den majestätisch-prachtvollen Weltenherrscher, den Pantokrator, verwandelt hat? In der Sprache der Theologie lautet diese Frage: *Wie wurde aus dem historischen Jesus der Christus des Glaubens?*

Der historische Jesus

Unter dem *historischen Jesus* versteht man
- die geschichtliche Gestalt des Jesus von Nazaret und
- die Inhalte seiner Verkündigung.

Die Leitfrage lautet: Was kann nach heutigem Erkenntnisstand zuverlässig über Leben und Lehre Jesu gesagt werden?

Der Christus des Glaubens

Unter dem *Christus des Glaubens* versteht man demgegenüber die Interpretation Jesu durch die Gläubigen bzw. durch Theologie und Kirche.
Die Leitfrage lautet: Was bedeutet Jesus Christus für die Gläubigen oder für die kirchlichen Gemeinschaften?

Das Modell von Identifikation und Übertragung

Will man diese Differenz verstehen, so hilft wahrscheinlich ein psychologisches Modell: das Zusammenspiel von Identifikation und Übertragung. Vereinfacht sieht dieses Modell so aus:
- Immer wieder leben Männer und Frauen, die Hoffnungen und Sehnsüchte ihrer Zeit verkörpern. Ihre Persönlichkeit, ihr Handeln und ihre Aura* wirken faszinierend. Damit bieten sie sich *als Identifikationsfiguren* an.
- Angesichts der Leiden und des Problemdrucks einer Zeit entwickeln Einzelne und soziale Gruppen Vorstellungen von einem besseren Leben.
- Diese – teilweise unbewussten – Idealvorstellungen und das Bild der Identifikationsfigur verschmelzen. Dadurch werden Identifikationsfiguren *zu Erlösergestalten.*
- Im Gegenzug aber können diese Erlösergestalten die – oft diffusen – Vorstellungen von einem besseren Leben konkretisieren. Sie zeigen, wie der Weg dorthin aussehen könnte, und werden so zu maßgebenden Personen, die Orientierung stiften. *Als Vorbilder verkörpern sie humane Werte und können dadurch inspirierend wirken.*
- Durch Bilder und Erzählungen, durch Orte der Verehrung, durch Gedenktage und Riten können Profil und Ansehen der Erlösergestalt wachsen. *Sie wird im Laufe der Geschichte als Symbolfigur im kulturellen Gedächtnis verankert.* Dazu tragen auch Biografien, Filme und wissenschaftliche Arbeiten bei.

In unserer Kultur kann man eine Fülle derartiger Symbolfiguren entdecken: Franz von Assisi, Martin Luther, Teresa von Avila, Bartholome de Las Casas, Friedrich Spee, Abraham Lincoln, Hans und Sophie Scholl, Graf Stauffenberg, Martin Luther King, Frère Roger Schutz, Mutter Teresa und viele andere.

Betrachtet man die Gestalt Jesu Christi aus dem Blickwinkel dieses Modells, so lassen sich einige aufschlussreiche Entwicklungen entdecken:

- Schon während seines öffentlichen Auftretens wird Jesus von Nazaret Träger von Hoffnungen und Sehnsüchten. Er kündigt den Beginn der Gottesherrschaft an, wirkt heilend und sammelt Anhänger um sich, die in ihm den erhofften Messias, den Erlöser Israels, sehen (→ 5.3).

Messiasbilder aus der jüdischen Tradition

- Nach dem Tod Jesu am Kreuz wird das politisch-revolutionäre Messiasbild umgedeutet auf die Erfahrung mit Jesus aus Nazaret; damit bleibt die Messiaserwartung als Interpretationsrahmen wirksam: In den Reden und Taten Jesu, in seinem Leiden und Tod wird konkret und erlebbar, wie Gott sein Volk Israel erlösen möchte.
- Nach diesem Schema werden analoge Erlösungsbilder als Interpretationen Jesu herangezogen: Er ist der neue Mose (Bergpredigt), der Prophet, der Gerechte, der Gottesknecht (nach Jesaja), der Menschensohn, der neue Adam (Paulus). Mehr und mehr entfernen sich diese Bilder von der historischen Person. Aus Jesus von Nazaret wird die Symbolfigur Jesus Christus.

Christusbilder im hellenistischen Kulturkreis

- Christen aus dem hellenistischen Kulturkreis erweitern diese Interpretationen. Im Zentrum ihrer Erlösungssehnsucht steht nicht das befreiende Handeln Jesu. Ihre Frage lautet vielmehr: Wer überbrückt den tiefen Graben zwischen Gott und den Menschen? Christus ist für sie der Erlöser als der Mensch gewordene Sohn Gottes, als der Logos, d.h. das ewige Wort, das die Welt mitgeschaffen hat und wieder beim Vater lebt.

- So werden antike Heilsvorstellungen zum Interpretationsrahmen für Jesus Christus, und zugleich werden durch die Christusgestalt antike Erlösungsvorstellungen mit neuen Inhalten gefüllt.
- Im hellenistischen Kulturkreis entwickelt sich so eine ausgedehnte Christologie (Lehre von Christus). Beginnend mit PAULUS und JOHANNES erweitert sich bis zum Konzil von Chalcedon (451) das Christusbild. Christus wird schließlich proklamiert als einzigartiger Wendepunkt in der Heilsgeschichte. Er wird als *wahrer Mensch und wahrer Gott* betrachtet, der als universaler Heilsbringer die gesamte Menschheit erlöst hat.

Betrachtet man diesen Weg im Rückblick, so fällt eine Beurteilung schwer. In der theologischen Diskussion stehen sich – grob gesehen – zwei Positionen gegenüber.

Eine harmonisierende Position geht davon aus, dass die frühe Christologie die Wirklichkeit Jesu zutreffend interpretiert und begrifflich geklärt hat: Jesus Christus ist der Mensch gewordene Sohn Gottes. Als präexistenter* Logos ist er von jeher die zweite Person der Gottheit. Die Zeitgenossen Jesu – auch seine Jünger und Apostel – konnten dieses Geheimnis nicht in seiner vollen Tragweite erfassen, sodass es einige Jahrhunderte dauerte, bis Klarheit über das Wesen Christi herrschte.

Eine dogmenkritische Position schlägt einen anderen Weg ein: Die Begegnungen mit Jesus und die daran anschließenden Stufen der Symbolbildung lösen Prozesse aus, die schließlich zur Vergöttlichung Christi führen. Im Zuge dieser Entwicklungen entfernt sich das Christusbild immer mehr vom historischen Jesus. Griechische Erlösungsvorstellungen haben dabei die jüdische Tradition überfremdet. Unter ihrem Einfluss verselbstständigte sich das Christusbild. Nach und nach wird es integriert in die Vorstellung einer göttlichen Dreifaltigkeit (Trinität) – damit in ein Gottesbild, das Jesus selbst fremd gewesen wäre.

Sicher ist, dass Jesus Christus zum Gefäß geworden ist, das hellenistische Erlösungsvorstellungen aufnehmen konnte. Wurden dabei wesentliche Vorstellungen Jesu verraten? Oder hat der arme Wanderprediger Erlösungsbilder der griechischen Antike korrigiert und erweitert? War die Vergöttlichung Christi vielleicht sogar eine Bereicherung für die Gläubigen und ein Glück für die europäische Kultur?

5.8 Christusdeutungen im Neuen Testament

Das Problem

Die Frage, wer Jesus ist, hat schon die Jünger zu seinen Lebzeiten beschäftigt (Mk 8,27ff), davon handeln die Evangelien und darüber haben die Theologen in den ersten Jahrhunderten des Christentums heftig gestritten.

In der Neuzeit hat die Frage an Brisanz gewonnen. Denn die Bibelwissenschaften haben erkannt:

- Die Evangelien sind keine historischen Berichte, sondern Glaubenszeugnisse, die *unterschiedliche Deutungen* der Person Jesu enthalten.
- Die Evangelien sind auch keine psychologischen Studien, die analysieren, wie Jesus sich tatsächlich selbst verstanden hat. Deshalb müssen Antworten auf die Frage nach dem *Selbstbewusstsein des historischen Jesus* mit philologischen Methoden aus den Texten rekonstruiert werden.

Möglicherweise hat Jesus sich selbst als *Menschensohn* bezeichnet. Dabei bleibt unentschieden, ob er mit diesem Begriff einfach den Menschen oder den von Gott gesandten Menschen der Endzeit meint. – Die Evangelien überliefern aber keine Aussage Jesu, in der er sich selbst als Messias oder gar als Sohn Gottes bezeichnet hätte.

Fortsetzung Seite 232

Der Prolog des Johannesevangeliums

Joh 1,1–18

Im Anfang war das Wort,
und das Wort war bei Gott,
und das Wort war Gott.

Im Anfang war es bei Gott.

Alles ist durch das Wort geworden,
und ohne das Wort wurde nichts, was geworden ist.

In ihm war das Leben,
und das Leben war das Licht der Menschen.

Und das Licht leuchtet in der Finsternis,
und die Finsternis hat es nicht erfasst.

Es trat ein Mensch auf, der von Gott gesandt war; sein Name war Johannes. Er kam als Zeuge, um Zeugnis abzulegen für das Licht, damit alle durch ihn zum Glauben kommen. Er war nicht selbst das Licht, er sollte nur Zeugnis ablegen für das Licht.

Das wahre Licht, das jeden Menschen erleuchtet,
kam in die Welt.

Er war in der Welt,
und die Welt ist durch ihn geworden,
aber die Welt erkannte ihn nicht.

Er kam in sein Eigentum,
aber die Seinen nahmen ihn nicht auf.

Allen aber, die ihn aufnahmen,
gab er Macht, Kinder Gottes zu werden,
allen, die an seinen Namen glauben,
die nicht aus dem Blut,
nicht aus dem Willen des Fleisches,
nicht aus dem Willen des Mannes,
sondern aus Gott geboren sind.

Und das Wort ist Fleisch geworden
und hat unter uns gewohnt,
und wir haben seine Herrlichkeit gesehen,
die Herrlichkeit des einzigen Sohnes vom Vater,
voll Gnade und Wahrheit.

Johannes legte Zeugnis für ihn ab und rief:
Dieser war es, über den ich gesagt habe:
Er, der nach mir kommt, ist mir voraus, weil er vor mir war.
Aus seiner Fülle haben wir alle empfangen,
Gnade über Gnade.

Denn das Gesetz wurde durch Mose gegeben, die Gnade und Wahrheit kamen durch Jesus Christus. Niemand hat Gott je gesehen. Der Einzige, der Gott ist und am Herzen des Vaters ruht, er hat Kunde gebracht.

Das Selbstbewusstsein Jesu

Jesu Selbstbewusstsein lässt sich jedoch indirekt aus seinen Reden und aus seinem Verhalten erschließen:

- Die vertraute Anrede Gottes als *Vater* offenbart seine besondere *Nähe zu Gott.*
- Die Antithesen der Bergpredigt *Ihr habt gehört, dass gesagt worden ist ... Ich aber sage euch ...* lassen den Rückschluss zu, dass Jesus eine Autorität beansprucht hat, wie sie damals dem mosaischen Gesetz zukam.
- Das dem *Ich aber sage euch ...* häufig vorangestellte *Amen* ist eine Bekräftigungs- und Beteuerungsformel, die den *prophetischen Anspruch* Jesu zum Ausdruck bringt.
- Jesus vergibt Sünden und lädt (kultisch unreine) Zöllner und Sünder zur Mahlgemeinschaft ein. Damit zeigt er sich souverän im Umgang mit den jüdischen Kultvorschriften.
- In Reden und Gleichnissen, Wunderheilungen und symbolischen Gesten verkündet Jesus den Anbruch des Reiches Gottes und verbindet dessen Beginn mit seiner Person. Damit sieht er sich in einer *Schlüsselrolle in der Geschichte Gottes mit den Menschen.*

Christusdeutungen im Neuen Testament

Aus den Erinnerungen an Jesus von Nazaret, die unter dem Vorzeichen der Ostererfahrungen neu durchdacht wurden, bildete sich der Glaube der Christen. Gemeinsame Glaubensüberzeugungen, die im Neuen Testament ihren schriftlichen Niederschlag gefunden haben, sind:

Gemeinsame Glaubensüberzeugungen

- Jesus von Nazaret ist eine *historische Gestalt.* Es gibt Zeugen seines Lebens, und sein Wirken ist das Fundament des christlichen Glaubens.
- Der Gekreuzigte wurde *auferweckt* und lebt als Herr der Kirche weiter (→ 5.6).
- Jesus ist der universale *Erlöser:* Das Heil aller Menschen ist abhängig vom Bekenntnis zu Jesus Christus.
- Aufgrund seines ausgeprägten Vertrauens zu Gott (→ 4.4) wird Jesus Christus der *Sohn Gottes* genannt.

Diese grundlegenden Überzeugungen formulieren die frühen Christen in Hoheitsbezeichnungen, Begriffen und Formeln, die sie der religiösen Vorstellungswelt entnehmen, in der sie beheimatet sind. Entsprechend greifen judenchristliche Gemeinden Bilder auf, die im Alten Testament vorgezeichnet sind:

Judenchristliche Interpretationen

- *Jesus ist der Messias* (= Christus), der Gesalbte Gottes, der Israel wiederherstellt.
- *Jesus ist der neue Mose*, der den Willen Gottes neu interpretiert und das neue Bundesvolk repräsentiert (so besonders bei Matthäus).
- *Jesus ist der Menschensohn*, d.h. jene gottgesandte, vom Propheten Daniel in einer Vision geschaute Gestalt, die die Endzeit ankündigt (Dan 7,13f.).
- *Jesus ist der leidende Gerechte.* In der Selbstauslegung versteht sich das Volk Israel als Gemeinschaft, die im Gehorsam gegenüber Gott Gerechtigkeit üben will und darunter leiden muss. – Personifiziert wird diese Vorstellung in der Gestalt des leidenden Gerechten (Jes 52,13 – 53,12). Die frühen Christen beziehen diese Überlieferung auf Jesus von Nazaret.
- *Jesus ist der neue Adam.* Für Paulus ist Jesus der Wendepunkt der Menschheitsgeschichte. Die Geschichte des Unheils führt er auf Adam zurück; in Jesus Christus beginnt die Geschichte des neuen Menschen, der von Schuld und Tod erlöst ist.

Hellenistische Interpretation

In anderen kulturellen Traditionen verwurzelt, bevorzugen hellenistische Gemeinden Vorstellungen, die weniger geschichtlich als kosmisch geprägt sind (→ 5.9):

- *Christus ist das Licht:* Er führt die Menschen heraus aus der Finsternis von Unwissenheit und Schuld.
- *Christus ist das Leben:* Er bringt der Welt, die dem Tode verfallen ist, göttliches Leben.
- *Christus ist der Logos* (= das Wort): Durch sein Wort hat Gott die Welt erschaffen und wirkt weiter in der Geschichte.

Folgerungen

Diese Beispiele belegen, dass das Neue Testament in einer Vielfalt von Aussagen die Gestalt Christi deutet.
Zugleich wird schon hier sichtbar, dass der Christusglaube in verschiedenen Epochen und Kulturen unterschiedlich ausgesagt werden kann und muss.

Warum Gott Mensch wurde

Irenäus von Lyon

Dazu nämlich ist das Wort Gottes Mensch geworden und der Sohn Gottes zum Menschensohn, damit der Mensch das Wort Gottes in sich aufnehmen und – an Kindes Statt angenommen – zum Sohn Gottes werde. Denn anders konnten wir die Unvergänglichkeit und Unsterblichkeit nicht erlangen, als dadurch, dass wir mit der Unvergänglichkeit und Unsterblichkeit vereint würden.

Wie aber hätten wir mit der Unvergänglichkeit und Unsterblichkeit vereint werden können, wenn nicht die Unvergänglichkeit und Unsterblichkeit vorher das geworden wäre, was wir sind, damit das Vergängliche von dem Unvergänglichen und das Sterbliche von dem Unsterblichen verschlungen werde und wir die Annahme an Kindes Statt empfingen?

5.9 Christusglaube und hellenistischer Kulturkreis

Das Problem

Wie verändert sich der Glaube an Jesus Christus, wenn er aus der jüdischen Vorstellungswelt übersetzt werden muss in die Denkmodelle der hellenistischen Kultur?

Die alttestamentlich geformten Aussagen über Christus verlieren an Erschließungswert für Menschen des griechischen Kulturkreises. Mit der Ausbreitung des Christentums wird es notwendig, dass Christen ihren Glauben im Rahmen des hellenistischen Denkens formulieren. Diese Neuformulierung des Glaubens beginnt schon in den Schriften des Neuen Testaments. Sie wurde aber besonders wichtig, als das Christentum im 4. und 5. Jahrhundert zur beherrschenden Religion im Römischen Reich wurde.

Gegensätze im Weltbild

Das philosophisch-religiöse Denken der Antike unterscheidet sich aber in den Grundanschauungen seines Weltbildes wesentlich von der jüdischen Tradition. Vereinfacht kann man folgende Gegensätze festhalten:

Hellenistisches Denken	*Jüdische Tradition*
Polytheismus: Auffassung, dass das Weltgeschehen bestimmt ist durch das Göttliche, das sich in vielen Erscheinungsformen (Göttern) äußert	*Monotheismus:* Glaube an einen einzigen Gott, der Herr der Welt und der Geschichte ist – bei gleichzeitiger Verweigerung einer konkreten, anschaulichen Vorstellung von diesem Gott (→ 4.3)
Dualistische Tendenz: Das Weltgeschehen wird gedacht als Kampf zweier feindlicher Prinzipien, von denen das eine positiv, das andere negativ bewertet wird: Geist ↔ Materie Seele ↔ Leib Licht ↔ Finsternis	*Geschichtstheologisches Denken:* Die Geschichte Israels ist der Raum, in dem Gott wirkt: Er befreit sein Volk aus Ägypten, er fordert Gerechtigkeit und Freiheit (→ 4.3)

Heilserwartung: Der Sieg des Geistigen im Menschen, der zugleich Teilhabe am Göttlich-Reinen bedeutet	*Heilserwartung:* Die Geschichte vollendet sich am „Tag Jahwes“. Dann wird Gott im Gericht die Vollendung der Welt herbeiführen (→ 5.4)

Beide Verstehensweisen geraten bei der „Christianisierung“ des hellenistischen Kulturkreises in Konflikt. Es musste geklärt werden, was Jesus Christus angesichts hellenistischer Heilserwartungen bedeutet. Dabei ergeben sich vor allem folgende Probleme:

1. Aus jüdisch-christlicher Sicht: Wenn im jüdischen Denken Gott als ein einziges, weltüberlegenes Wesen gedacht wird, wie kann Gott dann in Jesus Christus Mensch werden?
2. Aus hellenistischer Sicht: Wenn zwischen Gott und der Welt, zwischen Geist und Materie, ein unüberbrückbarer Gegensatz besteht, wie kann man sich dann Jesus Christus als Mittler zwischen beiden „Welten“ vorstellen?

Der Druck, diese Probleme zu lösen, wuchs, weil die römischen Kaiser die Kirche drängten, christologische Auseinandersetzungen zu beenden und verbindliche Lehrentscheidungen zu treffen. Denn sie betrachteten die Einheit im Glauben als notwendig für die innere Einheit des Reiches (→ 2.3.2).

Lösungsformeln

So entwickelte sich ein langer innerchristlicher Streit, den die alte Kirche vor allem auf zwei ökumenischen Konzilien (= allgemeinen Kirchenversammlungen) zu entscheiden suchte.

- Das Konzil von Nicäa (325) definierte als Dogma (= verbindlicher Glaubenssatz): Jesus Christus ist *wahrer Gott, eines Wesens mit dem Vater, gezeugt, nicht geschaffen.*
  Die Konzilsväter wiesen mit dieser Formulierung die weitverbreitete Lehre des Arius (um 260 – 336) zurück, der die Auffassung vertrat, Jesus Christus sei nur ein Geschöpf des Vaters, eine Art Halbgott und nicht in gleichem Maße göttlich wie der Vater.
- Wie göttliche und menschliche Natur in Jesus Christus zusammenhängen oder deren Zusammenhang zu denken ist, versuchte das Konzil von Chalcedon (451) zu klären:

Folgend den heiligen Vätern, lehren wir alle einstimmig, dass der Sohn, unser Herr Jesus Christus, ein und derselbe sei. Der eine und derselbe ist vollkommen der Gottheit und vollkommen der Menschheit nach, wahrer Gott und wahrer Mensch, bestehend aus einer vernünftigen Seele und dem Leibe. Der eine und derselbe ist wesensgleich dem Vater der Gottheit nach und wesensgleich auch uns seiner Menschheit nach, „er ist uns in allem ähnlich geworden, die Sünde ausgenommen" (HEBR 4,15). *Vor aller Zeit wurde er aus dem Vater gezeugt seiner Gottheit nach, in den letzten Tagen aber wurde derselbe für uns und um unseres Heiles willen aus Maria, der Jungfrau, der Gottesgebärerin, der Menschheit nach geboren ...*

Dieses Glaubensbekenntnis von Chalcedon erklärt die Einheit von Gottheit und Menschheit nicht. Die grundsätzliche Unverstehbarkeit bleibt. Dennoch traf das Konzil für die spätere Entwicklung zwei wichtige Festlegungen:

Die Menschlichkeit Jesu Christi

1. Die Menschlichkeit Jesu wird nicht abgewertet zugunsten der Gottheit. Dadurch bleibt es möglich, dass Gott in der Welt und im Mitmenschen erfahren wird. Diese Überzeugung spricht schon TERTULLIAN († um 225) aus: *Gott ist Mensch geworden, damit der Mensch göttlich werde.*

Die Göttlichkeit Jesu Christi

2. Das Christentum bleibt eine monotheistische Religion. Schöpfung und Geschichte können damit auf das Handeln des *einen* Gottes zurückgeführt werden. Jesus Christus aber nimmt zugleich immer mehr die Züge dieses Gottes an. Als Weltenherrscher, Pantokrator, wird er mit Insignien der Macht dargestellt, wie man sie aus Bildern oströmischer Kaiser kennt.

5.10 Ein maßgebendes Christusbild des Mittelalters

Die Schuld der Stammeltern und der Kreuzestod

Die zentralen Formeln der Konzilien bleiben unbestrittene Grundlage für die dogmatischen Vorstellungen des Mittelalters und der frühen Neuzeit. Die mittelalterliche Theologie erweitert aber einen Ansatz, der auf PAULUS zurückgeht (RÖM 5,12-21) und von den Kirchenlehrern ATHANASIUS (295 – 373) und AUGUSTINUS (354 – 430) weiterentwickelt wurde: Durch die Schuld der Stammeltern – ADAM und EVA – lebte demnach die Menschheit insgesamt im Widerspruch gegen Gott und damit im Zustand der Sünde. Jesus Christus sei nun gekommen, um durch seinen Tod am Kreuz die Menschheit mit Gott zu versöhnen.

Der Kreuzestod als Wiederherstellung der Ehre Gottes und der Ordnung

Auf dieser Grundlage entwickelt ANSELM VON CANTERBURY (1033 – 1109) eine Theorie, die für die Frömmigkeits- und Dogmengeschichte maßgebend wurde. Diese Theorie, die Menschen unserer Zeit schwer verständlich ist, unterscheidet sich stark von den Vorstellungen der hellenistischen Tradition. Sie wirkt aber einleuchtend *im Rahmen des germanischen Gefolgschaftsdenkens:*

- Gott – so glaubt ANSELM VON CANTERBURY – hat die Welt geschaffen nach dem Grundsatz der Gerechtigkeit: Jeder soll das Maß an Ehre haben, das ihm zukommt.
- Durch die Sünde im Paradies hat ein endliches Geschöpf, der Mensch, die Ehre des unendlichen, allmächtigen Gottes verletzt. Damit hat der Mensch aber auch seine Ehre als Gefolgsmann Gottes verloren und sein Heil verspielt.
- Der Mensch jedoch kann aus sich heraus keine Buße für diese Schuld leisten, weil er kein ebenbürtiger Partner Gottes ist. Gott könnte zwar seine Ehre selbst wiederherstellen, indem er die Menschen tötet. Dann aber würde er einem anderen göttlichen Wesenszug widersprechen, der Haltung der Gnade.
- Gott ist demnach im Dilemma:
  Wenn er die Menschen nach dem Grundsatz der Gerechtigkeit bestraft, gerät er in einen Selbstwiderspruch, weil er gegen den

Grundsatz der Gnade verstößt. Wenn er ihn aber nicht bestraft, verletzt er den Grundsatz der Gerechtigkeit und untergräbt damit die moralische Ordnung des Universums.

- Wie ließe sich dieses Dilemma lösen? – Es müsste ein Wesen Genugtuung leisten, das als Mensch zur Gemeinschaft der Schuldigen gehört und damit für die Menschen Buße leisten könnte. Dieses Wesen müsste aber zugleich Gott ebenbürtig sein.
- Deshalb war es geradezu notwendig, dass Gott selbst in Jesus Christus Mensch wurde. Nur so konnte Gott durch seinen Tod am Kreuz seine Ehre und die Ehre der Menschen wiederherstellen; nur so konnte er zugleich nach dem Grundsatz der Gnade und der Gerechtigkeit handeln.

Der leidende Christus als Identifikationsfigur

Mit dieser Theologie – der *Satisfaktionslehre* (lat. Satisfaktion: Genugtuung) – rückt der Kreuzestod Jesu in den Mittelpunkt des Glaubens. Nach diesem Denkmodell werden die Menschen durch den Tod Jesu am Kreuz mit Gott versöhnt und dadurch erlöst. Mittelalter und frühe Neuzeit erweitern das Christusbild entsprechend durch die *Bildwelt des leidenden Christus*. Es entwickelt sich eine Frömmigkeit, die sich in den Leidensweg, der zum Kreuz führt, und in die Qualen des Gekreuzigten versenkt. Und in der Identifikation mit dem Leidenden entstehen Brücken zwischen dem fernen Christus und dem Geschick der Gläubigen, die unter Pest und Krieg, frühem Tod und Hunger leiden. Vielfältig spiegelt sich diese Haltung in der Kunst, in Hymnen und Gebeten und in Zeugnissen der persönlichen Frömmigkeit: Bilder vom Schmerzensmann; die Pietà (Maria mit dem toten Jesus auf dem Schoß); Kreuzigungsszenen; Grablegungen; das Kreuzigungsbild von Matthias Grünewald; die Betrachtungen des Leidens Christi von Birgitta von Schweden und vieles mehr.
Diese Texte und Bilder bleiben verankert im kulturellen Gedächtnis. Sie wollen Empathie wecken mit denen, die unschuldig leiden. Sie wollen aber auch das Entsetzen wachhalten über das, was Menschen einander antun können.

Das Geheimnis Christi

Oscar Wilde

Erkenne dich selbst! stand am Eingang der antiken Welt geschrieben. Über dem Eingang der neuen Welt wird geschrieben stehen *sei du selbst.* Und die Botschaft Christi an den Menschen lautete einfach *sei du selbst.* Dies ist das Geheimnis Christi. [...]
Was Jesus den Menschen sagen wollte, war einfach dies: *Deine Persönlichkeit ist etwas Wertvolles. Entwickle sie. Sei du selbst. Glaube nicht, dass du durch Anhäufen oder den Besitz von materiellen Gütern deine Vollendung erlangst. In dir selbst liegt deine Vollendung. Wenn du das nur wahrhaben könntest, würdest du nicht nach Reichtum streben. Äußere Reichtümer können dem Menschen geraubt werden. Die echten Reichtümer nicht. In der Schatzkammer deiner Seele liegen unermessliche Kostbarkeiten, die dir niemand wegnehmen kann. Und darum versuche, dein Leben so einzurichten, dass Äußerlichkeiten dir nichts anhaben können. Und versuche auch, dich von deinem persönlichen Eigentum zu befreien. Es verursacht eine kleinliche Befangenheit, unendliche Mühsal, unaufhörlichen Ärger.* Das persönliche Eigentum behindert den Individualismus auf Schritt und Tritt. Man sollte sich vor Au-

gen halten, dass Jesus niemals davon spricht, dass die armen Leute notwendigerweise gut seien und die Reichen notwendigerweise schlecht. Das wäre nicht richtig gewesen. Die Reichen sind als Klasse besser als die Armen, sie sind sittlicher, geistiger, besser erzogen. Es gibt nur eine Gesellschaftsklasse, die mehr an das Geld denkt als die Reichen, und das sind die Armen. Die Armen können an nichts anderes denken. Darin liegt ihr Unglück. Jesus will sagen, dass der Mensch nicht durch das, was er hat, nicht einmal durch das, was er tut, sondern nur durch das, was er ist, zu seiner Vollendung gelangt. Und so wird der reiche Jüngling, der zu Jesus kommt, als ein untadeliger Bürger dargestellt, der kein Gesetz seines Staates gebrochen, keine Vorschrift seiner Religion verletzt hat. Er ist höchst achtbar in der gewöhnlichen Bedeutung dieses außergewöhnlichen Wortes. Jesus sagt zu ihm: Du solltest dich deines Besitzes entledigen. Er hält dich von deiner Selbstverwirklichung ab. Er umstrickt dich wie ein Netz. Er ist eine Last. Deine Persönlichkeit bedarf seiner nicht. In dir und nicht außerhalb deiner selbst wirst du finden, was du in Wirklichkeit bist und was du in Wirklichkeit brauchst.

5.11 Zur heutigen Diskussion über Jesus Christus

Zwischen unserem heutigen Wissen über den historischen Jesus und den christologischen Vorstellungen der altkirchlichen Konzilien klafft ein Widerspruch. – Was bleibt dann noch von dem grundlegenden Glauben an Christus, den Sohn Gottes? Wie kann man das traditionelle Bekenntnis zu Jesus Christus mit dem heutigen Kenntnisstand über Jesus vereinbaren?

„Christologie von unten"

Ein Lösungsversuch ist das Konzept der *Christologie von unten.* Dabei wird die traditionelle Fragestellung umgekehrt. Seit der Antike wurde gefragt: Wie war es möglich, dass Gott in Jesus Christus Mensch wurde? Und: Welche Rolle nimmt Jesus Christus im Rahmen der göttlichen Dreifaltigkeit ein? Die Theologie argumentiert gewissermaßen aus der Perspektive Gottes.
Nun ändert sich die Fragerichtung und die Schlüsselfrage lautet: *Welche Spuren des Göttlichen lassen sich im Wirken des Jesus von Nazaret entdecken?* Inwiefern wird in seinen Begegnungen mit Leidenden, in seinen Vorstellungen vom Reich Gottes und in seiner Leidensgeschichte anschaulich, wie Gott handelt? Das Nachdenken der Theologie setzt jetzt beim Menschen Jesus an.

Im Rahmen der Christologie von unten haben sich Lesarten der Christologie entwickelt, die Brücken schlagen zwischen Denkformen der Gegenwart und den Jesus-Überlieferungen in den Evangelien:

Lesarten der Christologie

- *Die theologische Lesart* – Sie fragt: Welche religiösen Vorstellungen herrschten in der jüdischen Welt, in der Jesus gelebt hat? Und wie hat Jesus als Jude darauf reagiert? (Z.B. Vorstellungen von Gott und seiner Gerechtigkeit; von der Tora und ihrem Verpflichtungscharakter; vom Gebet, vom Tempelkult und den Aufgaben der Priester → 5.2; → 5.3).

- *Die psychologische und die tiefenpsychologische Lesart* – Sie fragt: Wie stärkt Jesus Menschen, die ihm begegnen? Warum wirkt er heilend auf sie? – Welche seelischen Konflikte und Entwicklungen spiegeln die Erzählungen des Neuen Testaments? – Welche Verdrängungs- und welche Reifungsprozesse können heutige Leserinnen und Leser in den Begegnungsgeschichten und in den Heilungserzählungen der Evangelien entdecken?
- *Die sozialgeschichtliche Lesart* – Sie fragt: Unter welchen politischen und sozialen Bedingungen hat Jesus selbst gelebt? Und wie hat er in seinen Äußerungen und in seinem Verhalten darauf reagiert?
- *Die politische Lesart* – Sie fragt: Welche Vorstellungen von Besitz und Herrschaft, von Recht und Gerechtigkeit, von Solidarität und Verantwortung prägen die Überlieferungen von Jesus? (Z.B. Bergpredigt, Weltgericht, Gleichnisse, Streitgespräche) Und welche Impulse erwachsen daraus für die Praxis heutiger Christen? Was bedeutet es, dass Jesus sich auf die Seite der Benachteiligten und Ausgestoßenen gestellt hat? Was bedeutet seine Kritik am Reichtum und an den Formen geistlicher Herrschaft?
- *Die feministische Lesart* – Sie fragt beispielsweise: Welche Rollen hat man Frauen zur Zeit Jesu zugewiesen? Und wie geht Jesus mit diesen Rollenzuweisungen um? Sind die Evangelien vielleicht schon geprägt von dem männlichen Blick der frühen Gemeinden und Evangelisten – und was lässt sich daran ablesen? Wie wurden die Frauen, von denen das Neue Testament erzählt, bisher in der Auslegung der Bibel wahrgenommen? – Und nicht zuletzt: Wie haben sich männliche Leitbilder auf die Entstehung von Christusbildern ausgewirkt? (→ 6.5)

Der kulturgeschichtliche Blick

Mit der Ausbreitung des Christentums im Römischen Reich wird das Christusbild nach und nach aufgenommen in den kulturellen Diskurs, d.h. in jene Klärungsprozesse, in denen eine Gesellschaft sich darüber verständigt, was für sie maßgeblich ist. – Seitdem wird die Geschichte Jesu weitergeschrieben in der (europäischen) Kultur: Schon früh entstehen in kirchlichen Gemeinschaften Christuslegenden, Gebete, Hymnen und Predigten über Christus. Dieser Vorrat an Bildern und Texten erweitert sich kontinuierlich bis in die Gegenwart. So wird eine Vielfalt von Christusbildern

Fortsetzung Seite 245

Das Geheimnis Jesu

Dorothee Sölle

Worin besteht das Geheimnis Jesu? Wie können wir das, was da nicht umzubringen war und ist, benennen?

Ich denke, dass verschiedene Zeiten notwendig verschiedene Formeln gefunden haben, um dieses Geheimnis, diese ansteckende Kraft in den Niederlagen, in der Verzweiflung zu entdecken. Eine christologische Formel, die mir hilft, hat Dietrich Bonhoeffer aufgestellt. Bonhoeffer nennt Christus einen „Menschen für andere". Damit ist nicht falsche Ichlosigkeit, wie sie oft den Frauen abverlangt und aufgezwungen wird, gemeint. Dieser Mensch-für-andere konnte ja ungeheuer provozierend „Ich" sagen, sein „Ich aber sage euch" gegen eine Tradition stellen, sein „Ich bin ... das Wasser des Lebens, das Licht der Welt" aussprechen. Er meinte Gottes Wasser, er meinte Gottes Licht. Er ließ dieses Licht durch sich hindurchleuchten, er verbarg es nicht in den Tiefen seiner Seele, er gab es aus. Er war Mensch-für-andere, weil er Mensch Gottes war und sich von diesem Gott so getragen wusste, dass er nicht aus ihm herausfiel, auch nicht, als er sich von ihm verlassen erfuhr. Die alte Formel „wahrer Mensch" wird von Bonhoeffer mit „Mensch" wiedergegeben, das „wahrer Gott"-Sein nennt Bonhoeffer einfach „für andere" da sein.

Denn Gott ist für andere der Gott der Liebe.

So interpretiert der Satz „Christus ist der Mensch für andere" die alte christologische Formel „wahrer Gott und wahrer Mensch" in einer gegenwärtigen Sprache, die von Gott redet, ohne religiöse Formeln zu benutzen. Der Mensch für andere ist der Mensch nach Gottes Herzen.

entwickelt: Christus der Arzt, der Heiland, der Lehrer, der (Mit-) Schöpfer, der Schmerzensmann, der Gekreuzigte, der Weltenrichter, der Seelenfreund. In diesen vielschichtigen Bildern spiegeln sich geschichtliche Erfahrungen des Abendlandes und zugleich die Veränderungen des Menschenbilds.
Was Menschen heilig ist, was sie verehren, aber auch, was sie erhoffen oder befürchten, nimmt Gestalt an in den Texten und Bildern von Jesus Christus. Dadurch haben bildende Kunst, Film, Literatur und Musik wesentlich zu den Vorstellungen beigetragen, die Menschen unserer Zeit sich von Jesus Christus machen. – Besonders im 20. Jahrhundert hat die bildende Kunst intensive Bilder von Jesus Christus entworfen. Vor dem Hintergrund der beiden Weltkriege und der Schoah wurde *der leidende und sterbende Jesus* zur Identifikationsfigur für die Männer und Frauen, die unter Krieg, Verfolgung und Vertreibung gelitten haben.

So bleiben die Bilder von Jesus Christus offen für neue Entwicklungen und für die Erfahrungen der jeweiligen Gegenwart.

Christus im Gespräch zwischen den Religionen

In den letzten Jahrzehnten wurde ein neues Problem dringlich: *Wie verhält sich der Glaube an Jesus Christus zu den Heilsvorstellungen der anderen Religionen?* Globalisierung und die größere Mobilität führen dazu, dass Menschen unterschiedlicher Kulturen sich häufiger begegnen. Damit treffen auch unterschiedliche religiöse Überzeugungen häufiger aufeinander. Dann ist zu klären: Wie kann über Unterschiede so gesprochen werden, dass man einander versteht? Welche Brücken könnte der Glaube an Jesus Christus schlagen – welche Gräben reißt er auf?

Praktisch kann das bedeuten, dass man die Heilsvorstellungen der buddhistischen Tradition mit dem christlichen Bild vom Erlöser vergleicht. Dass man fragt, welche Möglichkeiten Muslime und Christen haben, sich über das Bild von Jesus zu verständigen. Dass man klärt, wie Juden Jesus Christus sehen können und was es für Christen bedeutet, dass Jesus Jude war. Usw.

Derartige Fragen haben beträchtliche praktische Bedeutung. Wenn die Kulturen der Erde enger zusammenrücken, muss nämlich auch gefragt werden, was die Weltreligionen verbindet. Denn viel hängt davon ab, ob sich zwischen

Fortsetzung Seite 247

Eine Christusbegegnung

Adolf Holl

Eine Christusbegegnung hatte ich vor einiger Zeit in der Wiener Straßenbahn. Der Geringste der Brüder, der mich während der Fahrt ansprach, war ein Bekannter. Er hatte ein wenig getrunken und zeigte sich über das Wiedersehen erfreut. Ja, er spiele noch immer Theater. Das Psychologiestudium habe er nun endgültig aufgegeben, nach dem halbjährigen Aufenthalt in der Nervenklinik. Ob mir seine Gedichte gefallen hätten. Ruf mich doch an, sagte ich.
Auf solche Weise gibt er sich immer noch zu erkennen, der Heiland der Christen. Die Erinnerung an seine bedenkenlose Güte ist verlockend und vorwurfsvoll zumal, wie eine schöne Melodie, die man einmal gehört und später vergessen hat. Die bösartigen Züge der Kirchengeschichte, uns auf den Leib geschrieben, lassen uns wie verdorbene Kinder erscheinen. Gleichwohl bleibt die Göttlichkeit des Menschengesichts, wie sie in der Christus-Ikone leuchtet, unverwüstlich die unsrige.

Nicht-Christen und Christen ein Klima des Ausgleichs und der Toleranz entwickeln kann. Ob Christen und Nicht-Christen bereit und fähig sind, Gerechtigkeit und Frieden zu fördern.
Im interreligiösen Gespräch wird sich dabei herausstellen, ob die Anhänger der verschiedenen Religionen mit Respekt voreinander ihre unterschiedlichen Auffassungen akzeptieren können. Und vielleicht zeigt sich dabei auch, wie das Bild von Jesus Christus sich erneut verändert und erweitert.

5.12 Jesus im Islam

→ 1.12

Jesus im Koran: Prophet, Wort Gottes, Bringer der Schrift

Mehrfach beruft sich der Koran auf Jesus, den er mit dem Namen ISA bezeichnet. ISA wird eingereiht in die Gruppe der großen Propheten. Wie IBRAHIM (ABRAHAM), ISMAEL und YUSUF (JOSEF), wie MUSA (MOSE) und Muhammad hat Allah (Gott) Jesus gesandt, damit er den Menschen den rechten Weg weist. Unter diesen Propheten nimmt Jesus eine herausragende Stellung ein. Denn Allah hat ihn – genau wie ADAM – unmittelbar geschaffen. Er hat seinen Geist zu der Jungfrau MARYAM (MARIA) gesandt, und ISA wurde ohne Mitwirkung eines Mannes empfangen (Sure 19). Er wurde von Allah auch mit der Kraft, Wunder zu wirken, ausgestattet, damit die Juden an die Wahrheit seiner Worte glauben sollten (Sure 3). So nennt der Koran ISA das Wort Gottes (= arab.: Kalima*, Sure 3) oder Geist Gottes oder auch Bringer der Schrift (d.h. der Evangelien).

Jesus in der islamischen Tradition

Über die Ausführungen im Koran hinaus wird ISA zur Identifikationsfigur für eine Reihe islamischer Mystiker. Die Asketen und

Wanderprediger sehen in Jesus einen geistlichen Verwandten, und sie rühmen sein einfaches Leben und seine Offenheit für die Menschen, denen er begegnet. Diese Wertschätzung spiegelt sich auch in literarischen und theologischen Werken des zeitgenössischen Islams. Dabei greifen einige Autoren Motive der Evangelien auf und betonen, wie Jesus Barmherzigkeit geübt und Menschen von der Last allzu strenger Gesetze befreit hat.

Differenz zwischen Muslimen und Christen

Vor allem in drei Punkten unterscheiden sich muslimische und christliche Vorstellungen von Jesus:

- Für Muslime ist Isa ein Mensch, der als Prophet in einer engen Beziehung zu Allah gelebt und gewirkt hat, der aber keinerlei göttliche Eigenschaften hat. (Die Behauptung, Isa sei der Sohn Gottes, wäre für Muslime eine Gotteslästerung.)
- Nach dem Koran ist Isa nicht wirklich am Kreuz gestorben. Denn auch in der Verfolgung hat Allah seinen Propheten geschützt und dafür gesorgt, dass ein anderer Mensch an seiner Stelle gekreuzigt wurde.
- Auch nach muslimischer Tradition wird Isa als Weltenrichter erscheinen (vgl. Mt 25). Aber er wird in seinem Gericht vor allem die wahre Religion – den Islam – durchsetzen. Synagogen und Kirchen wird er zerstören.

Gesichtspunkte für das interreligiöse Gespräch über Jesus

Wenn Muslime und Christen über Jesus reden, meinen sie nicht dasselbe. Das Vorverständnis ist jeweils anders geformt.

- Für Christen ist Jesus Christus die zentrale Erlösergestalt. Indem sie ihm nachfolgen, leben sie nach dem Willen Gottes. Ganz anders verhält es sich bei Muslimen. Den rechten Weg nach dem Willen Gottes gehen sie, wenn sie sich an die Weisungen des Korans halten. Grob vereinfacht kann man sagen: Jene unüberbietbare Autorität, die Jesus Christus für Christen verkörpert, ist für Muslime der Koran (→ 3.11).
- Für Muslime sind Jesus und Muhammad als Propheten nur Übermittler des göttlichen Willens, durch die die Gläubigen auf den rechten Weg geleitet werden. Gott ist einzig und einzigartig. Deshalb haben Muslime den Verdacht, dass Christen den Glauben an den einen Gott verraten, wenn sie behaupten, Gott sei dreifaltig und Jesus Christus sei der gottgleiche Sohn Gottes.

Fortsetzung Seite 250

Jesus und der Besitzer des Ackers

Islamische Legende

Eines Tages ging Isa mit seinen Jüngern an einem Kornfeld vorüber. Das Korn war reif, und die Jünger hatten Hunger. Auf die Fürsprache Isas erlaubte Allah ihnen, Ähren abzureißen und von dem Korn zu essen.

Kaum aber hatten sie damit begonnen, da kam eilig der Mann herbei, dem der Acker gehörte, und rief: „Mein Korn! Mein Feld! Erbe meiner Väter! Ihr Leute, wer hat euch erlaubt, davon zu essen?"

Als Isa das hörte, bat er Allah, alle diejenigen vom Tode zu erwecken, denen seit Adam bis zu dieser Stunde das Feld der Reihe nach gehört hatte. Und bald standen am Fuß jeder Ähre ein Mann oder eine Frau, und auch sie riefen:

„Mein Korn! Mein Feld! Erbe meiner Väter!"

Da gingen dem Besitzer des Ackers die Augen auf, und er erkannte Isa. Und er sagte zu ihm: „Ich bitte dich um Verzeihung, Prophet Allahs! Ich wusste nicht, dass du es warst. Aber jetzt soll dir mein Kornfeld und alles, was ich besitze, rechtmäßig gehören!" Da begann Isa zu weinen und erwiderte ihm: „Armer Mann! Alle diese Männer und Frauen hatten einst dieses Feld geerbt und bebaut; dann mussten sie es verlassen. Wie sie wirst auch du es verlassen müssen, um ihnen zu folgen. Wahrhaftig, du besitzt weder Land noch Güter!"

- Für Muslime spielt die Passion Jesu keine wichtige Rolle. Da Isa nach ihrer Meinung ja nicht gekreuzigt wurde, hat er die Schmerzen und die Verlassenheit am Kreuz nicht erlitten. Auch das Sterben Jesu und die Auferweckung Christi sind für Muslime gegenstandslos. Für die christliche Spiritualität aber ist Jesus gerade deshalb eine Erlösergestalt, weil er selbst an der Leidensgeschichte der Menschen teilhat.
- Muslime betrachten Muhammad als den letzten und endgültigen Boten Gottes; er ist das „Siegel der Propheten“. Christen sprechen diese Rolle aber ausschließlich Jesus Christus zu. Nach ihrer Auffassung ist mit und durch Jesus Christus der Wille Gottes endgültig und vollständig bekannt geworden.

Das Gespräch zwischen Christen und Muslimen über Jesus wird häufig belastet durch den spiegelbildlichen Vorwurf der Fälschung: Aus muslimischer Sicht wurde im Neuen Testament die ursprüngliche Botschaft Jesu verfälscht. Und viele christliche Wortführer gehen davon aus, dass der Koran die Botschaft der Evangelien verfälscht habe. – Ein schwieriger Fall.

SECHSTES KAPITEL

Kirche

6.1 Wahrnehmungen von Kirche

„Kirche" ist eine schillernde Erscheinung und in säkularisierten Gesellschaften ein heikler Gesprächsgegenstand. Einstellungen und Wertungen sind davon abhängig, in welchem Maße sich Menschen zur Kirche zugehörig fühlen oder in Distanz zu ihr leben.

Fragen wir: Wie wird „Kirche" wahrgenommen? Welche typischen Einstellungen und Bewertungen lassen sich ausmachen? Worin haben diese ihre Ursachen und Motive?

Kirche als „auratischer Raum"

Für viele Menschen ist „Kirche" zunächst einmal ein Gebäude aus Stein. Kirchen sind Orte mit einer besonderen Ausstrahlung, mit einer Aura*. Sie sind Inseln der Ruhe im lärmenden Verkehr der Städte und Oasen der Muße im geschäftigen Treiben des Alltags. Sie sind Räume, die zum Verweilen, zum Schauen und zur Besinnung einladen. Ihre Architekturen und Skulpturen sind häufig kostbare Zeugnisse großer Kunst. Ihre Altarbilder, Glasfenster und Grabmäler erzählen Glaubensgeschichten. In ihnen können wir lesen, wie unsere Vorfahren ihr Leben gedeutet haben, worauf sie gehofft, worunter sie gelitten und bei welchen Heiligen sie Trost gefunden haben. Somit sind Gotteshäuser Stein gewordene Zeichen der „Kirche" als einer Gemeinschaft von Gläubigen.

Kirche als Großorganisation

Viele Zeitgenossen sehen in den Kirchen aber hauptsächlich Großorganisationen, die in der Gesellschaft ähnliche Aufgaben erfüllen wie Gewerkschaften, Interessenverbände und Dienstleistungskonzerne. Gern nimmt man deren Dienste in Kindergärten, Schulen, Krankenhäusern und Altenheimen in Anspruch, ohne sich der Glaubensgemeinschaft innerlich verbunden zu fühlen. Nicht selten ist die Haltung gegenüber solchen Großorganisationen von Misstrauen gefärbt. Im Falle der Kirche gesellen sich zum Misstrauen stereotype Vorurteile und massive Anklagen: Wissenschaftsfeindlichkeit, Benachteiligung von Frauen, Diskriminierung von Schwulen, Sexualfeindlichkeit, überhaupt ihre Reserviertheit gegenüber allem, was modern ist und Spaß macht.

Kirche als Glaubensgemeinschaft und Mysterium

Dennoch hat sich die Kirche über zwei Jahrtausende hinweg gegenüber allen Angriffen, Verfolgungen und Verboten erstaunlich widerstandsfähig und lebendig erwiesen. Was ist die Kraft, die die Kirche (über-)leben lässt? Offensichtlich stößt man mit dieser Frage auf ein grundlegendes Verlangen der Gläubigen: Die Kirche ist in den Herzen der Menschen beheimatet. Ihre Anziehungskraft erwächst aus der Sehnsucht nach religiöser Bindung und aus dem Bedürfnis, den eigenen Glauben in Gemeinschaft zu leben und im Gottesdienst zu feiern. Insofern ist die Kirche in ihrer äußeren Organisationsform zwar empirisch zu begreifen, entzieht sich in ihrem religiösen Kern aber dem rationalen Zugriff.

Daraus ergibt sich, dass die Kirche grundsätzlich aus zwei verschiedenen Perspektiven gesehen werden kann:

- Man kann die Kirche *von innen* betrachten. Christen sehen sich als Gläubige eingebunden in eine religiöse Deutung des Lebens. Die Ursprungserzählungen ihres Glaubens halten sie in der Verkündigung lebendig, und sie vergegenwärtigen diese symbolisch in ihren Gottesdiensten. Insofern ist die Kirche auch eine *Erzähl- und Kultgemeinschaft.*
- Ein anderer Blickwinkel entsteht, wenn man die Kirche *von außen* betrachtet. Dann erscheint sie als eine prägende Kraft der europäischen Kultur oder als eine der großen Institutionen, die gestaltend auf die Gesellschaft einzuwirken versuchen und Einfluss ausüben.

6.2 Anfänge der Kirche

→ 2.3.1; → 5.2; → 5.3; → 5.4; → 5.6

Vom Zauber des Anfangs

Und jedem Anfang wohnt ein Zauber inne ..., heißt es bei HERMANN HESSE. Dies trifft in besonderem Maße für die Welt der Religionen zu. An ihrem Anfang stehen häufig charismatische Stifter, die durch die Ausstrahlung ihrer Persönlichkeit und die Überzeugungskraft ihrer Gedanken andere Menschen in ihren Bann ziehen. Es bilden sich Jüngerkreise und Gemeinden, die zu Zellen einer neuen religiösen Bewegung werden. In der Erinnerung späterer Generationen verklären sich die Anfänge zu einem goldenen Zeitalter, dessen Lebensformen normative Kraft erlangen. Heutige Gläubige aber, die durch die Schule des historischen und kritischen Denkens (→ 2.3.7; → 3.7) gegangen sind, suchen die fromme Aura zu durchstoßen und fragen nach der geschichtlichen Wirklichkeit jenseits der frommen Erinnerung.

Die Gefolgschaft Jesu

Jesus lag es fern, eine Kirche im heutigen Sinne zu „gründen". Er lebte in der Erwartung der Endzeit und verkündete das Reich Gottes. Darin sollten sich nach einem Endgericht die religiösen Hoffnungen Israels auf die endgültige Herrschaft Jahwes über die ganze Schöpfung erfüllen (→ 5.4). Unter dem Eindruck solcher Erwartungen rief er seine Zuhörerinnen und Zuhörer auf, ihr Leben zu ändern, und appellierte an das Volk, sich auf das Gericht Gottes vorzubereiten.

Das charismatische Auftreten Jesu von Nazaret stiftete Gemeinschaft. Jünger traten in seine Gefolgschaft; einige davon herausgehoben und in besonderer Weise an der Verbreitung seiner Botschaft beteiligt: Ein *Zwölferkreis* bildete den inneren Kern der Bewegung und repräsentierte zugleich symbolisch die zwölf Stämme Israels, an die sich die Endzeitbotschaft Jesu richtete. Auf diese Weise entstand innerhalb des Judentums eine Erneuerungsbewegung: eine Gemeinde von Jesusanhängern.

Urchristliche Gemeinden

Nach dem Tod Jesu bestanden kleine Gruppen von Anhängerinnen und Anhängern in Galiläa und in Jerusalem fort. Ihre anfängliche Enttäuschung schlug in eine neue Begeisterung und Predigttätigkeit um, die in den *Ostererfahrungen* ihren Grund hatte. Bei diesen handelt es sich um historisch schwer zu fassende Erzählungen, die von Jesu Auferstehung und von Begegnungen mit dem Auferstandenen („Erscheinungen") berichten (→ 5.6).

Die Ortsangaben in den Evangelien geben zu erkennen, dass das Urchristentum von Anfang an aus einer Mehrzahl geografisch verstreuter Gemeinden innerhalb des vielgestaltigen Judentums bestand. Ihre Mitglieder nahmen weiterhin am Tempelkult teil, beachteten das Mosaische Gesetz und pflegten darüber hinaus ihre eigenen lokalen Jesus-Erinnerungen und Jesus-Erzählungen. Gemeinsam war diesen Gruppen

- das Bekenntnis zu *Jesus Christus*,
- die *Naherwartung* des Weltendes,
- der *Kleingruppencharakter* ohne institutionelle Regelungen,
- die *Taufe* als Zeichen der Abkehr vom bisherigen Leben in der Sünde und als Aufnahmeritus in die Gemeinde,
- die gemeinsame *Mahlfeier* als endzeitliches Gedächtnismahl, in dem die Christinnen und Christen die Gemeinschaft mit dem Auferstandenen erfuhren.

„Hebräer" und „Hellenisten" in Jerusalem

Die Jerusalemer Urgemeinde bestand von Beginn an aus zwei Teilgemeinden:

- der Gemeinde der palästinensischen Juden aramäischer Sprache („*Hebräer*") und
- der Gemeinde der griechischsprachigen (oder zweisprachigen) Juden, die in der Diaspora des hellenistischen Auslands gelebt hatten („*Hellenisten*").

Die Lösung vom Judentum

Weil die Hellenisten die Tempel- und Gesetzeskritik Jesu stärker betonten, zogen sie das Misstrauen der jüdischen Behörden auf sich. Schließlich wurden sie aus Jerusalem vertrieben (Apg 8,1). Dadurch gelangte die christliche Lehre in einen anderen Kulturraum und erfuhr eine einschneidende Veränderung: Die „Hellenisten" predigten außerhalb Palästinas ein *Christentum ohne Judentum*, das heißt, sie verzichteten bei den Heiden auf die Beachtung des Gesetzes und die Beschneidung. Für diese Öffnung erreichte PAULUS auf dem Jerusalemer *„Apostelkonzil“* die Zustimmung der „Ältesten“ (APG 15). Dadurch konnte sich das junge Christentum in den nächsten drei Jahrhunderten vor allem in den Städten des Römischen Reiches ausbreiten. Das Christentum wurde eine Religion neben dem Judentum.

Gemeindeleitungen

Wegen der hochgespannten Naherwartung sahen die frühen Gemeinden keine Notwendigkeit, eigene Ämter und Ordnungen zu entwerfen. Erst als die Endzeiterwartung abflaute und die Gemeinden wuchsen, mussten sie ihrem Zusammenleben eine dauerhafte Ordnung geben. Dabei setzten sich Gemeinden mit festen Leitungsämtern durch. Diese waren den *charismatischen Gemeinden* der Frühzeit, in die jedes Gemeindemitglied seine besondere geistige und religiöse Begabung einbrachte (1 KOR 12), organisatorisch überlegen.

Presbyter und Episkopen

Die ersten christlichen Gemeinden, die noch in enger Verbindung zu ihrem jüdischen Umfeld standen, übernahmen das Leitungsmodell der jüdischen Synagogengemeinde. An ihrer Spitze stand ein Kollegium von *Presbytern* (gr. Älteste). Hellenistisch-christliche Gemeinden nannten ihre Gemeindeleiter *Episkopen* (gr. Aufseher). Presbyter und Episkopen, von denen sich die Begriffe *Priester* und *Bischof* herleiten, waren zunächst Bezeichnungen für dasselbe Amt.

Bischöfe, Priester und Diakone

Aus dem Presbyter- bzw. Episkopenkollegium trat seit Beginn des 2. Jahrhunderts einer hervor, der die Sprecherfunktion für das Kollegium übernahm. Mit der Zeit wurde der Titel *Episkopus*, zu Deutsch *Bischof*, allein für diesen Sprecher gebraucht. Die übrigen Presbyter, die *Priester*, wurden den Sprechern nachgeordnet. Unter den Presbytern standen die *Diakoninnen* und *Diakone* (gr. Diener), die für die Sozialarbeit in den Gemeinden zuständig waren. Damit setzte sich nach und nach ein *„monarchischer Episkopat“* (gr. Alleinherrschaft des Bischofs) als Amtsstruktur der alten Kirche durch: An der Spitze stand der Bischof, der den Priestern und Diakonen gegenüber weisungsbefugt war.

Die führenden Gemeindemitglieder gehörten dem *Klerus* (gr. diejenigen, auf die bei der Wahl das „Los" fällt) an, für die Gläubigen bürgerte sich die Bezeichnung *Laien* (gr. das Volk) ein.

Klerus und Laien

Zum weiteren Ausbau der Kirchenorganisation → 2.3.2

6.3 Selbstverständnis der katholischen Kirche

Was kennzeichnet die katholische Kirche? Wodurch unterscheidet sie sich von anderen christlichen Gemeinschaften? Wie versteht sie sich selbst? – Weil die katholische Kirche sich als geschichtliche Größe verändert, weil sie in unterschiedlichen Völkern und Kulturen beheimatet ist, fällt eine Antwort auf diese Fragen schwer. Notwendig ist es dabei auch, zwischen dem geistlichen Selbstverständnis und der institutionell-rechtlichen Gestalt der Kirche zu unterscheiden.

Das geistliche Selbstverständnis

Traditionell bezeichnet sich die katholische Kirche als *geheimnisvollen Leib Christi*, d.h. als Organismus, in dem Jesus Christus fortlebt und in der Geschichte wirkt. – Dieses korporative Bild wird im Zweiten Vatikanischen Konzil erweitert durch das Verständnis der Kirche als *Sakrament* und als *pilgerndes Volk Gottes.* – Mit dem Begriff Sakrament wird die Vorstellung ausgedrückt, die Kirche sei Zeichen und Werkzeug der Erlösung. Die katholische Kirche wäre demnach ein Mittel, durch das Gott in der Welt handelt und das Wege zum Reich Gottes ebnen soll. – Mit der Metapher pilgerndes Volk Gottes sieht sich die Kirche auf dem Weg durch die Geschichte, in Anlehnung an die Geschichte Israels.

Merkmale

In ihrem Selbstverständnis charakterisiert sich die katholische Kirche mit vier Merkmalen; sie ist

- *einig*, d.h. sie vereinigt alle Menschen, die in der Nachfolge Jesu leben, in einer umfassenden Gemeinschaft,
- *heilig*, d.h. sie sieht sich in besonderer Nähe zu Gott, ihm verbunden und notwendig für die Heiligung der Gläubigen,
- *katholisch*, d.h. alle Menschen betreffend, als Heilsangebot für alle Völker und Kulturen,
- *apostolisch*, d.h. sie sieht sich in der ununterbrochenen Nachfolge der Apostel.

Grundvollzüge der Kirche

Die katholische Kirche nennt als Elemente ihres Handelns drei Grundvollzüge: *Martyria (gr. Zeugnis), Liturgie und Diakonie.*

Martyria: Die Kirche soll Zeugnis der biblischen Botschaft geben: Sie bewahrt, verkündet und lehrt den Glauben an Gott und lädt ein zur Nachfolge Jesu.

Liturgie: In ihren Gottesdiensten hält sie die Erinnerung an die Geschichte Gottes mit den Menschen wach und stärkt so die Gemeinschaft der Gläubigen.

Diakonie: In tätiger Nächstenliebe wenden sich Christen den Notleidenden zu und beherzigen damit den Grundsatz, dass der Glaube sich in der Liebe bewährt.

Das rechtlich-institutionelle Selbstverständnis

Die Ordnung der katholischen Kirche ist festgelegt im Kirchenrecht. Demnach steht der Papst – nach katholischem Verständnis der Nachfolger des Apostels PETRUS – an der Spitze der hierarchisch geordneten Kirche. Er ist die höchste Lehrautorität, zugleich oberster Gesetzgeber und Richter und der Vorgesetzte der Kirchenregierung. Ihm nachgeordnet sind die Kardinäle und Bischöfe, die vom Papst berufen werden.

Regional ist die katholische Kirche in Diözesen (Verwaltungsbezirke) aufgeteilt, die von einem Bischof geleitet werden. Im Allgemeinen wird eine Gruppe benachbarter Diözesen zu einer Kirchenprovinz zusammengefasst, an deren Spitze ein Erzbischof steht.

Die Bischöfe gelten in der katholischen Kirche als Nachfolger der Apostel. Sie besitzen jeweils für ihr Bistum die Jurisdiktions-, Lehr- und Weihegewalt. Als Kollegium haben sie teil an den Lehrentscheidungen und Leitungsaufgaben der Gesamtkirche. Dieses Recht wird wahrgenommen in Bischofssynoden* und allgemeinen Konzilien*.

Probleme und Konflikte

Das Zweite Vatikanische Konzil und verschiedene nationale Synoden haben die katholische Kirche zur modernen Welt hin geöffnet. Sie haben zur ökumenischen Zusammenarbeit ermutigt und Impulse für den Dialog der Weltreligionen gegeben. Dennoch sind viele Fragen der Kirchenreform offengeblieben, über die heute in der katholischen Kirche gestritten wird, z.B.:

- Welche Mitwirkungsrechte haben die Gläubigen, die Laien, bei wichtigen kirchlichen Entscheidungen?
- Wie hält es die katholische Kirche mit der Gleichberechtigung der Frauen?
- Wie groß sollte die Selbstständigkeit der nationalen Bischofskonferenzen und der einzelnen Bischöfe sein? – Wo müsste der Einfluss der vatikanischen Behörden begrenzt werden?
- Damit hängt eng zusammen: Sind nationale oder regionale Eigenentwicklungen in Liturgie und Theologie möglich? Können sich beispielsweise indische, afrikanische oder lateinamerikanische Formen in Theologie und Gottesdiensten entwickeln?
- Kann und darf die katholische Kirche die Kirchen der Reformation als gleichwertig und gleichberechtigt anerkennen?

6.4 Mönchtum und Ordensgemeinschaften

Die Grundidee mönchischen Lebens

Mönche finden wir in vielen Religionen. Männer – auch Frauen – wählen vorübergehend oder auf Dauer eine besondere Lebensform, die sich an religiösen Idealen ausrichtet. Mönche üben Askese, d.h. sie verzichten auf Besitz und Macht, Ehe und Familie und schränken ihre natürlichen Bedürfnisse nach Essen und Trinken, nach Schlaf und Bequemlichkeit, nach Kleidung und Wohnung ein. Askese kann man als Einsiedler, Wanderasket oder in einer klösterlichen Gemeinschaft leben. Die Motive sind vielfältig, z.B.:

- die Erfahrung einer besonderen religiösen Berufung,
- die Sorge um das eigene Seelenheil,
- der Einsatz für andere Menschen,
- Verachtung der Welt oder
- radikale Kritik an verbreiteten Lebensformen und Konsumgewohnheiten.

Die Anfänge: Einsiedler in der Wüste

Einsiedler in der Wüste

Das christliche Mönchtum folgt dem Vorbild Jesu und dem Rat des Evangeliums: *Wenn du vollkommen sein willst, geh, verkauf deinen Besitz und gib das Geld den Armen; so wirst du einen bleibenden Schatz im Himmel haben; dann komm und folge mir nach* (Mt 19,21). Schon im 3. Jahrhundert verließen zahlreiche Christen die Städte und Dörfer und zogen sich in die Randgebiete der Wüsten Syriens und Ägyptens zurück, um dort als Einsiedler (gr. Eremiten) zu leben.

Zu den religiösen Motiven gesellten sich ganz weltliche: Eine hohe Steuerlast, Schulden oder die Verpflichtung zu gemeinnützigen Arbeiten konnten dazu verführen, sich diesen Zwängen durch Flucht in die Freiheit des Eremitendaseins zu entziehen. Andere Eremiten waren fasziniert von der Fähigkeit zur Selbstüberwindung. In einer Welt, die den Gegensatz von Diesseits und Jenseits, von Gott und Welt, von Seele und Körper stark empfand, wurde die „Abtötung des Fleisches", der Verzicht auf Annehmlichkeiten, der Kampf gegen den Schlaf, das Ertragen körperlicher Schmerzen und vor allem der Verzicht auf Sexualität als Zeichen besonderer Frömmigkeit und Heiligkeit geschätzt. Das entbehrungsreiche Leben in der Wüste konnte auch als Protesthaltung gegen eine Kirche gewählt werden, die nach der Konstantinischen Wende (→ 2.3.2) durch Masseneintritte zu einer Volkskirche geworden war und deutliche Zeichen der Verweltlichung erkennen ließ.

Zeitweise nahm die Weltflucht massenhaften Charakter an. Häufig zog der Ruf eines berühmten Eremiten zahlreiche Jünger in seine Umgebung. So hat Antonius der Einsiedler (um 251 – 356), die bekannteste Gestalt des frühen Mönchtums, eine solche Anziehungskraft ausgestrahlt, dass am Ende des 4. Jahrhunderts rund 5000 seiner Nachfolger, teils allein, teils in kleinen Gruppen, in der Umgebung seiner Klause gelebt haben.

Aus Einsiedlern werden Mönche

Der Ägypter PACHOMIUS war der Erste, der um 320 in Ägypten ein Kloster gründete. Die frühen Klöster glichen Dörfern, in denen die Mönche oder Nonnen in ihrem eigenen Hause wohnten, während in der Mitte der Siedlung ein Esssaal und Kapellen für die gemeinsamen Mahlzeiten und Gottesdienste errichtet wurden. Diese Siedlungen waren mit einer Mauer umschlossen, die die Bewohner vor der Außenwelt schützte. PACHOMIUS gab seiner Mönchsgemeinschaft eine Regel, die die asketischen Auswüchse des Einsiedlertums beschnitt und das Zusammenleben von einigen Hundert Mönchen ermöglichte.

PACHOMIUS war *Abt*, d.h. geistlicher „Vater" der Klostergemeinschaft, dem die Mönche zu *Gehorsam* verpflichtet waren. Neben dem Gehorsam waren *Armut*, *sexuelle Enthaltsamkeit* und ein Tagesrhythmus aus *Gebet und Arbeit* Kennzeichen dieses frühen mönchischen Lebens.

Benediktinisches Mönchtum

BENEDIKT VON NURSIA und seine Mönchsregeln

Zu Beginn des 6. Jahrhunderts legte BENEDIKT VON NURSIA mit der Gründung eines Klosters auf dem Monte Cassino in Unteritalien die Grundlagen für das Mönchtum in Westeuropa. Er band mönchisches Gemeinschaftsleben an eine Regel, die die Bedürfnisse des einzelnen Mönchs und die Erfordernisse der Klostergemeinschaft ins Gleichgewicht brachte. Er verpflichtete die Mönche zum *gemeinsamen Chorgebet* und zur *körperlichen Arbeit*, woraus sich der Wahlspruch *Ora et labora* (Bete und arbeite) herleitet. Bei seiner Aufnahme ins Kloster gelobt der Mönch *Beständigkeit*, d.h. lebenslange Zugehörigkeit zur Klostergemeinschaft (stabilitas loci), *Ehelosigkeit, persönliche Armut* und *Gehorsam* gegenüber dem Abt. Als besondere Tugenden gelten Gottes- und Nächstenliebe, Gastfreundschaft, das Leben im Einklang mit der Natur und die Ehrfurcht gegenüber allem Geschaffenen.

Aufgrund des Fleißes, der Disziplin und Anspruchslosigkeit der Mönche, aber auch durch Schenkungen gelangten die Klöster zu Reichtum und Macht. So wurden sie zu interessanten Wirtschaftsunternehmen, mit denen Könige ihre Gefolgsleute durch Einsetzung als „Laienäbte" belohnten.

Fortsetzung Seite 267

Sprüche der Wüstenväter

Die Sprüche der Väter sind eine Sammlung von Anekdoten, Parabeln und Aussprüchen, die von den bekannten Eremiten und Mönchsgestalten des 4. und 5. Jahrhunderts überliefert wurden. Die schriftliche Sammlung, der eine mündliche Tradition vorausging, entstand spätestens am Ende des 5. Jahrhunderts.

Als Arsenius noch am Hofe war, betete er zu Gott: *Herr, führe mich so, dass ich gerettet werde.* Da vernahm er eine Stimme, die sprach: *Arsenius, flieh die Menschen; so wirst du gerettet werden.*

Der Vater Antonius sprach: *Wer in der Wüste in seiner Zelle sitzt, ist von drei Anfechtungen befreit: der des Hörens, der des Redens und der des Sehens; nur ein Kampf bleibt ihm, der gegen die eigene Sinnlichkeit.*

Derselbe Antonius richtete seinen Blick auf die Tiefe der Ratschlüsse Gottes und stellte die Frage: *Herr, wie kommt es, dass manche nach einem kurzen Leben sterben, andere aber ein hohes Alter erreichen? Und warum leiden die einen Not, während andere reich sind? Warum schwelgen die Ungerechten in Reichtum und die Gerechten sind in Armut?* Da kam eine Stimme zu ihm, die sprach: *Antonius, achte auf dich selbst; denn das sind Fügungen Gottes, und es frommt nicht, sie zu erforschen.*

Ein andermal sagte er: *Vom Nächsten her kommen uns Leben und Tod. Gewinnen wir nämlich den Bruder, so gewinnen wir Gott. Geben wir hingegen dem Bruder Ärgernis, so sündigen wir gegen Christus.*

Der Vater Antonius sprach: *Es kommt eine Zeit, in der die Leute närrisch werden, und wenn sie einen sehen, der kein Narr ist, dann stehen sie gegen ihn auf und sagen: Du rasest! Deswegen, weil er ihnen nicht ähnlich ist.*

Ein Bruder, der gesündigt hatte, wurde vom Priester aus der Kirche verwiesen. Da erhob sich der Vater Besarion, ging mit ihm hinaus und sprach: *Auch ich bin ein Sünder.*

Man erzählte vom Vater Johannes, dem Perser: Als Übeltäter zu ihm kamen, brachte er ein Waschbecken und wollte ihre Füße waschen. Da wurden sie beschämt und fingen an zu bereuen.

Vater Poimen sagte: *Sich bewahren, auf sich achten und die Unterscheidungsgabe: diese drei Tugenden sind die Wegführerinnen der Seele.*

Einige von den Alten kamen zum Vater Poimen und sagten zu ihm: *Wenn wir beim Nachtgottesdienst Brüder einschlafen sehen, willst du, dass wir ihnen einen Stoß geben, damit sie wachen?* Er erwiderte: *Wahrlich, wenn ich einen Bruder einnicken sehe, dann leg ich seinen Kopf auf meine Knie und lasse ihn ruhen.*

Ausspruch des Vaters Poimen: *Hunger und Schläfrigkeit ließen uns nicht dazu kommen, die einfachsten Dinge zu sehen.*

Wiederum sagte er: *Viele sind mächtig geworden, aber nur wenige spornen an.*

Man erzählte von Vater Sisoes: Er saß einmal da und schrie mit lauter Stimme*: O Elend!* Sein Schüler sprach zu ihm: *Was hast du, Vater?* Der Greis antwortete: *Einen einzigen Menschen suche ich, um mit ihm zu reden – aber ich finde keinen!*

Aus der Regel des hl. Benedikt

Benedikt hat seine Regel als Unterweisung für Anfänger im klösterlichen Leben verstanden. Sie enthält einen Prolog und 73 Kapitel. Neben Regelungen für das gemeinsame Gebet und das tägliche Leben beschreibt Benedikt Grundhaltungen des Mönchs, wie Gehorsam, Schweigsamkeit und Demut. Die Kapitel über die Amtsträger des Klosters, vor allem die Kapitel über den Abt, fordern einen konsequenten, aber auch einfühlsamen und maßvollen Führungsstil.

Prolog

Höre, mein Sohn, auf die Weisung des Meisters, neige das Ohr deines Herzens, nimm den Zuspruch des gütigen Vaters willig an und erfülle ihn durch die Tat! So kehrst du durch die Mühe des Gehorsams zu dem zurück, den du durch die Trägheit des Ungehorsams verlassen hast.

Fragen wir mit dem Propheten den Herrn: „Herr, wer darf wohnen in deinem Zelt, wer darf weilen auf deinem heiligen Berg?" Hören wir, Brüder, was der Herr auf diese Frage antwortet und wie er uns den Weg zu seinem Zelt weist: „Der makellos lebt und das Rechte tut; der von Herzen die Wahrheit sagt und mit seiner Zunge nicht verleumdet; der seinem Freund nichts Böses antut und seinen Nächsten nicht schmäht ..."

Wir wollen also eine Schule für den Dienst des Herrn einrichten. Bei dieser Gründung hoffen wir, nichts Hartes und nichts Schweres festzulegen. Sollte es jedoch aus wohlüberlegtem Grund etwas strenger zugehen, um Fehler zu bessern und die Liebe zu bewahren, dann lass dich nicht sofort von Angst verwirren und fliehe nicht vom Weg des Heils; er kann am Anfang nicht anders sein als eng. Wer aber im klösterlichen Leben und im Glauben fortschreitet, dem wird das Herz weit, und er läuft in unsagbarem Glück der Liebe den Weg der Gebote Gottes.

Der Abt
Der Abt, der würdig ist, einem Kloster vorzustehen, muss immer bedenken, wie man ihn anredet, und er verwirkliche durch sein Tun, was diese Anrede für einen Oberen bedeutet: Er vertritt im Kloster die Stelle Christi.

Wer also den Namen „Abt" annimmt, muss seinen Jüngern in zweifacher Weise als Lehrer vorstehen: Er mache alles Gute und Heilige mehr durch sein Leben als durch sein Reden sichtbar.

Wenn der Abt lehrt, halte er sich immer an das Beispiel des Apostels, der sagt: „Tadle, ermutige, weise streng zurecht." Das bedeutet für ihn: Er lasse sich vom Gespür für den rechten Augenblick leiten und verbinde Strenge mit gutem Zureden. Er zeige den entschlossenen Ernst des Meisters und die liebevolle Güte des Vaters.

Der Gehorsam
Der erste Schritt zur Demut ist Gehorsam ohne Zögern. Er ist die Haltung derer, denen die Liebe zu Christus über alles geht.

Der Gottesdienst
Es gelte, was der Prophet sagt: „Siebenmal am Tag singe ich dein Lob." Diese geheiligte Siebenzahl wird von uns dann erfüllt, wenn wir unseren schuldigen Dienst leisten zur Zeit von Laudes, Prim, Terz, Sext, Non, Vesper und Komplet ...
Auch in der Nacht lasst uns aufstehen, um ihn zu preisen.

Der Klosterverwalter (Cellerar)
Um Kranke, Kinder, Gäste und Arme soll er sich mit großer Sorgfalt kümmern; er sei fest davon überzeugt: Für sie alle muss er am Tag des Gerichtes Rechenschaft ablegen.
Alle Geräte und den ganzen Besitz des Klosters betrachte er als heiliges Altargerät. Nichts darf er vernachlässigen. Er sei weder der Hab-

gier noch der Verschwendung ergeben. Er vergeude nicht das Vermögen des Klosters, sondern tue alles mit Maß und nach Weisung des Abtes.

Eigenbesitz des Mönches
Keiner habe etwas als Eigentum, überhaupt nichts, kein Buch, keine Schreibtafel, keinen Griffel, gar nichts ... Alles Notwendige dürfen sie aber vom Vater des Klosters erwarten.

Die Zuteilung des Notwendigen
Man halte sich an das Wort der Schrift: „Jedem wurde so viel zugeteilt, wie er nötig hatte." Damit sagen wir nicht, dass jemand wegen seines Ansehens bevorzugt werden soll. Wohl aber nehme man Rücksicht auf Schwächen. Wer weniger braucht, danke Gott und sei nicht traurig. Wer mehr braucht, werde demütig wegen seiner Schwäche und nicht überheblich wegen der ihm erwiesenen Barmherzigkeit. So werden alle Glieder der Gemeinschaft im Frieden sein.

Handarbeit und Lesung
Müßiggang ist der Seele Feind. Deshalb sollen die Brüder zu bestimmten Zeiten mit Handarbeit, zu bestimmten Stunden mit heiliger Lesung beschäftigt sein.

Die Aufnahme der Gäste
Alle Fremden, die kommen, sollen aufgenommen werden wie Christus; denn er wird sagen: „Ich war fremd, und ihr habt mich aufgenommen."

Die Aufnahme von Brüdern
Kommt einer neu und will das klösterliche Leben beginnen, werde ihm der Eintritt nicht leicht gewährt, sondern man richte sich nach dem Wort des Apostels: „Prüft die Geister, ob sie aus Gott sind."

Bei der Aufnahme verspreche er im Oratorium in Gegenwart aller Beständigkeit, klösterlichen Lebenswandel und Gehorsam.

Reformbewegungen

Aus Protest gegen solche Missstände entstanden im 10. und 11. Jahrhundert Reformbewegungen, deren Zentren die burgundischen Klöster *Cluny* und *Cîteaux* waren.

Klosterreform von Cluny

Die Klosterreform von Cluny hatte folgende Ziele:

- die innere Erneuerung der Klöster im Geiste BENEDIKTS, vor allem durch Pflege der Liturgie und des Chorgebets,
- die Ausschaltung der Macht von Bischöfen und Landesherren über die Klöster,
- der Zusammenschluss der Reformklöster zu weltweiten, dem Papst – und nicht den Landesherren – unterstellten Klosterverbänden (Orden),
- die Erneuerung der Gesamtkirche: Reformanhänger bekämpften die Käuflichkeit kirchlicher Ämter (Simonie) und die Einsetzung der Bischöfe durch die Landesherren (Laieninvestitur). Außerdem drangen sie darauf, die Ehelosigkeit (Zölibat) der Priester in der Kirche durchzusetzen.

Die Zisterzienser

Aus dem 1098 gegründeten Klosters Cîteaux in Burgund ging der Orden der Zisterzienser hervor. Großen Einfluss auf diesen Reformorden hatte BERNHARD VON CLAIRVAUX (1090 – 1153), der die Frömmigkeit des Ordens durch seine Christusmystik prägte und als erfolgreicher Kreuzzugsprediger die Politik seiner Zeit mitgestaltete. Kennzeichnend für diesen Reformorden sind

- die neuartige Verfassung: Oberste Autorität des Ordens ist das jährlich tagende Generalkapitel, zu dem sich die Äbte aller Klöster versammeln,
- die strenge Askese, die die Mönche u.a. zur regelmäßigen körperlichen Arbeit verpflichtet,
- die betonte Einfachheit in der Lebensführung, die sich auch im schmucklosen Kirchenbau (ohne Türme) ausdrücken sollte,
- die mystische* Frömmigkeit, insbesondere die Marienverehrung.

Da die Zisterzienser eine für ihre Zeit fortschrittliche Landwirtschaft betrieben und sich mit Vorliebe in den Einöden Europas niederließen, wurden sie zu den wichtigsten Kolonisatoren des 12. Jahrhunderts.

Fortsetzung Seite 270

Sonnengesang

Franz von Assisi

Den Sonnengesang dichtete Franz von Assisi in altitalienischer Sprache am Ende seines Lebens, vermutlich Ende 1224 oder Anfang 1225. Franz preist darin Gott, den Schöpfer der Welt.

Höchster, allmächtiger, guter Herr,
dein sind der Lobpreis, die Herrlichkeit und Ehre
und jeglicher Segen.
Dir allein, Höchster, gebühren sie,
und kein Mensch ist würdig, dich zu nennen.

Gelobt seist du, mein Herr, mit allen deinen Geschöpfen,
zumal dem Herrn Bruder Sonne;
er ist der Tag, und du spendest uns das Licht durch ihn.
Und schön ist er und strahlend in großem Glanz,
dein Sinnbild, o Höchster.

Gelobt seist du, mein Herr, durch Schwester Mond
und die Sterne;
am Himmel hast du sie gebildet, hell leuchtend
und kostbar und schön.

Gelobt seist du, mein Herr, durch Bruder Wind
und durch Luft
und Wolken und heiteren Himmel und jegliches Wetter,
durch das du deinen Geschöpfen den Unterhalt gibst.

Gelobt seist du, mein Herr, durch Schwester Wasser,
gar nützlich ist es und demütig und kostbar und keusch.

Gelobt seist du, mein Herr, durch Bruder Feuer,
durch das du die Nacht erleuchtest;
und schön ist es und liebenswürdig und kraftvoll und stark.

Gelobt seist du, mein Herr, durch unsere Schwester,
Mutter Erde,
die uns ernähret und lenkt (trägt)
und vielfältige Früchte hervorbringt und bunte Blumen
und Kräuter.

Gelobt seist du, mein Herr, durch jene, die verzeihen
um deiner Liebe willen
und Krankheit ertragen und Drangsal.
Selig jene, die solches ertragen in Frieden,
denn von dir, Höchster, werden sie gekrönt werden.

Gelobt seist du, mein Herr, durch unsere Schwester,
den leiblichen Tod;
ihm kann kein Mensch lebend entrinnen.
Wehe jenen, die in schwerer Sünde sterben.
Selig jene, die sich in deinem heiligsten Willen finden,
denn der zweite Tod wird ihnen kein Leid antun.

Lobt und preist meinen Herrn
und sagt ihm Dank und dient ihm mit großer Demut.

FRANZ VON ASSISI und die Bettelorden

Bettelorden

Im 12. und 13. Jahrhundert veränderten sich Wirtschaft und Gesellschaft des Mittelalters. Der Fernhandel im Gefolge der Kreuzzüge, die wirtschaftliche Entwicklung und der Ausbau der Geldwirtschaft führten zu bisher nicht gekanntem Reichtum in den Händen erfolgreicher Kaufmanns-, Adels- und Patrizierfamilien. Ihnen entstammte auch der hohe Klerus, der seinen Reichtum häufig offen zur Schau stellte.

Dagegen richtete sich der Protest des FRANZ VON ASSISI (1181 – 1226) und seiner Freunde, die in Macht, Reichtum und Luxus einen Widerspruch zum Leben des armen Jesus von Nazaret und dem brüderlichen Leben der frühen Gemeinden sahen.

Geboren als Sohn eines reichen Kaufmanns, sagte sich FRANZ von seiner Familie los und beschloss, ein Leben in Armut und im Dienst am Nächsten zu führen.

Aus dem spontanen Entschluss entwickelten sich Ordensgemeinschaften, für die FRANZ Lebensordnungen in Form von Regeln entwerfen musste. Der Orden erwarb Häuser und baute Kirchen, trotzdem sollte das Armutsideal das Leben des einzelnen Mönchs und den Charakter der Gemeinschaft insgesamt bestimmen.

Außer dem ursprünglichen Mönchsorden gründete FRANZ mit KLARA, einer Adligen aus Assisi, den sogenannten Zweiten Orden der *Klarissen*, die bis heute mit großer Konsequenz das Armutsideal leben (heute: betrachtender Orden).

Die Bettelorden – *Franziskaner* und *Dominikaner* – breiteten sich während des 13. Jahrhunderts in ganz Europa aus und gründeten in den Städten ihre Niederlassungen. Das Bürgertum nahm das seelsorgerliche Angebot an und sicherte durch Zuwendungen den Lebensunterhalt der Mönche. Vor allem in den Städten Nord- und Mittelitaliens ließen reiche Kaufleute und Handwerkergilden den ursprünglich schlichten Hallenkirchen und Klöstern der Bettelorden Stiftungen zukommen, sodass Großbauten entstanden, die das Stadtbürgertum mit Stolz und Selbstbewusstsein erfüllten.

Der Jesuitenorden

Ignatius von Loyola und der Jesuitenorden

Ignatius von Loyola (1491 – 1556) entstammte einer Adelsfamilie und war zunächst Offizier des spanischen Königs. Während er sich von einer schweren Schussverletzung erholte, vertiefte er sich in das Leben Jesu und der Heiligen und beschloss, sein weiteres Leben in den Dienst Gottes und der Kirche zu stellen.

Mit der Gründung der „*Gesellschaft Jesu*" (Jesuiten) rief er einen Orden ins Leben, der sich ganz dem Papst zur Verfügung stellte und sein Selbstverständnis aus seinen Funktionen für die Kirche ableitete. Charakteristisch für den Jesuitenorden sind:

Charakteristische Merkmale

- *Modernität:* Der Orden verzichtet auf Chorgebet, Ordenstracht und feste Klöster. Die Ordensmitglieder sollen vielseitig einsetzbar sein. Dem entspricht auch die intensive und breite Ausbildung in Philosophie und Theologie sowie die Spezialisierung in einem Arbeitsgebiet außerhalb der Theologie.
- *Disziplin:* Der Orden hat eine zentrale Leitung, den „General", der unmittelbar dem Papst untersteht. Der Generalobere ernennt die Leiter der Ordensprovinzen und größeren Niederlassungen. Der hierarchischen Organisation entsprechen Gehorsam und Selbstdisziplin der Ordensmitglieder.
- *Spiritualität:* „Alles zur höheren Ehre Gottes!" lautet der Wahlspruch der Jesuiten. Ziel der Ordensgemeinschaft ist die Durchdringung vieler Lebensbereiche mit christlichem Geist. Zunächst war der junge Orden aktiv in der Auseinandersetzung mit der Reformationsbewegung (→ 2.3.6). Die Schwerpunkte seiner Arbeit lagen aber in der Mission (darunter China; Südamerika, besonders Paraguay), in der Jugendseelsorge, im Unterricht an Gymnasien und in der wissenschaftlichen Forschung und Lehre.

Im Zeitalter des Absolutismus spielte der Orden eine wichtige Rolle in der Beratung der Fürsten. – Die Verwicklung in staatliche Machtpolitik führte 1773 zur Aufhebung des Ordens. 1814 wurde er wieder errichtet, erreichte aber seine frühere Bedeutung danach nicht mehr.

Neugründungen im 19. und 20. Jahrhundert

19. und 20. Jahrhundert

Reformation (→ 2.3.6), Aufklärung (→ 2.3.7) und die Aufhebung zahlreicher Klöster im Zuge der Säkularisation im Jahre 1803 bedeuteten auch für die Orden krisenhafte Einschnitte. Erst im 19. Jahrhundert kam es zu zahlreichen Neugründungen religiöser Gemeinschaften, die sich dem Unterricht, der Jugendarbeit, der Krankenpflege und anderen sozialen Aufgaben widmeten. Neu dabei ist das Aufblühen von *Frauengemeinschaften* (→ 6.5). So entstanden im 19. Jahrhundert allein in Frankreich 400 neue weibliche Kongregationen*, deren Wirken soziale Not linderte, aber auch einen Markstein in der Geschichte der *Emanzipation der Frau* darstellt.

Mit der Kolonisation Afrikas und Asiens entwickelte sich in Deutschland eine Welle der Missionsbegeisterung. Sie hatte die Gründung von religiösen Genossenschaften zur Folge, die sich ausschließlich der Mission widmeten: Steyler Missionare, Weiße Väter, Spiritaner, Missionsbenediktiner u.v.a. – Auch hier eröffneten sich für Frauen neue Tätigkeitsfelder in der Seelsorge, im Bildungs- und Gesundheitswesen, die früher ausschließlich Männern vorbehalten waren.

Die Gemeinschaft von Taizé

Nach dem Zweiten Weltkrieg rief der Schweizer Theologe Roger Schutz (1915 – 2005) die *Gemeinschaft von Taizé* ins Leben, in der sich Ideale des klassischen Mönchtums mit heutigen Herausforderungen verbinden. Die Brüder von Taizé legen das Versprechen ab, ihr Leben in den *Dienst Gottes und des Nächsten* zu stellen. Sie verpflichten sich zur *Ehelosigkeit*, zur *Gemeinsamkeit des Besitzes* und zum *Gehorsam* gegenüber dem gewählten Vorsteher, dem Prior. Gebet, Gottesdienst und Meditation sowie Arbeit zur Sicherung des Lebensunterhalts bestimmen den Tagesablauf dieser ökumenischen Gemeinschaft. Der Selbstverpflichtung zur Nächstenliebe kommen die Brüder nach, indem sie in den Slums vieler Großstädte rund um den Globus Niederlassungen gründeten und durch ihre Arbeit Solidarität mit den Armen bezeugen. Zum Profil der Gemeinschaft gehört die praktizierte Ökumene: Heute gehören über 100 Brüder verschiedener christlicher Konfessionen aus über 25 Nationen der Communauté von Taizé an. Die spirituelle Atmosphäre von Taizé und die 1974 von Roger Schutz ins Leben gerufenen internationalen Jugendtreffen haben die Gemeinschaft zu einem besonderen Anziehungspunkt für die Jugend werden lassen.

Stichwörter zur Wertung

Klöster und Orden haben eine wechselvolle Geschichte; viele von ihnen spiegeln die Frömmigkeit und die religiösen Herausforderungen ihrer Entstehungszeit. Ihre Bewertung fällt unterschiedlich aus:

- Allgemein anerkannt wird die Leistung der Klöster und Orden als wichtige Kulturträger des Mittelalters. Unbestritten sind die Verdienste, die sich Orden und religiöse Gemeinschaften in Schule und Bildung, in der Sozialfürsorge und im Gesundheitswesen, in der Mission und in der Entwicklungsarbeit erworben haben und weiterhin erwerben.
- In der katholischen Tradition erfreut sich das Mönchtum darüber hinaus als besonderer Weg der Nachfolge Christi und als Stütze von Papst und Kirche großer Wertschätzung. Allerdings führten soziale und kulturelle Umbrüche im 20. Jahrhundert zu einer Verunsicherung und Krise der klassischen Orden.
- LUTHER und die Reformatoren (→ 2.3.6) dagegen haben das Mönchtum abgelehnt, weil sie die Unterscheidung zwischen „gutem" und „vollkommenem" Leben nicht anerkannten und aus reformatorischem Glaubensverständnis die Rechtfertigung durch „gute Werke" bezweifelten.

6.5 Frauen in der Kirche

Bis auf den heutigen Tag weigern sich die Leitungen der römisch-katholischen und der orthodoxen Kirchen, Frauen als gleichberechtigt anzuerkennen. Damit verzichten sie auf Energien, auf Begabungen und Kreativität, die sie dringend brauchten. – Diese Politik der Kirchenleitungen hat geschichtliche Wurzeln, und auch deshalb lohnt es sich, einige Stationen der Vergangenheit genauer zu betrachten.

6.5.1 Frauen im Spiegel des Neuen Testaments

Frauen im Freundeskreis Jesu

Aus heutiger Sicht lässt sich Folgendes über die Frauen im Umkreis Jesu und in den frühen Gemeinden sagen:

Zum Freundeskreis Jesu gehörten überraschend viele Frauen. Wahrscheinlich waren es überwiegend ungebundene Frauen (Witwen, Geschiedene, unverheiratete Frauen).

Jesus ging unbefangen auf Frauen zu, und es wird erzählt, dass er auch als Heiler und Anwalt von Frauen gewirkt hat (Heilung der blutflüssigen Frau; Rettung der Ehebrecherin).
Maria von Magdala hatte im Freundeskreis Jesu eine herausgehobene Rolle.

Frauen in den frühen Gemeinden

In den frühen Gemeinden wirkten auch Frauen als Gemeindeleiterinnen und als Lehrerinnen des Glaubens.

Aber es lässt sich nachweisen, dass schon in den neutestamentlichen Schriften die Rolle von Frauen abgewertet wird und dass im Gegenzug die Stellung der Männer gestärkt wird (vor allem in der Briefliteratur).

Schon am Ende des 1. Jahrhunderts werden Frauen offensichtlich aus Leitungsämtern verdrängt. Damit setzt sich das patriarchale Gesellschaftsmuster der Antike gegenüber der Praxis Jesu und der frühen Gemeinden durch.

6.5.2 Frauen in der Kirche des Mittelalters

Die sozialen Muster der Spätantike waren so fest verwurzelt, dass sich die Reichskirche (→ 2.3.2) als Hort patriarchaler Herrschaft entwickelt und verfestigt hat. Ideologisch feierte eine Tradition Siege, die sich auf die zweite Schöpfungserzählung (GEN 2 – 3) berief und daraus ableitete, die Frau sei dem Mann als Helferin zugeordnet, ihm unterworfen und die Frauen seien die Quelle der Versuchung und Verführung der Männer.

In der Kirche des Mittelalters kam es zu entscheidenden neuen Weichenstellungen:
- Es entstanden zahlreiche *religiöse Frauenkonvente.*
- In ihrem Schutz konnten sich gebildete und tatkräftige Frauen entwickeln und entfalten.
- Es bildete sich in diesem Umfeld eine eigenständige Theologie heraus, die als *Frauenmystik* bis in die Gegenwart hinein wirkt.

Religiöse Frauenkonvente

Vom 9. bis zum 13. Jahrhundert entwickelte sich eine Vielzahl religiöser Frauengemeinschaften. Sie waren keineswegs einheitlich und eröffneten recht unterschiedliche Lebensformen für Frauen. Stark vereinfacht lassen sich drei repräsentative Muster unterscheiden:

Damenstifte für Angehörige des Adels

Für die Versorgung von Witwen und nachgeborenen Töchtern (und zugleich zur Vermeidung legitimer Nachkommen) stifteten adelige Familien religiöse Einrichtungen, in denen Frauen ein relativ eigenständiges Leben führten. Diese Frauen konnten ihren Konvent auch wieder verlassen; sie hatten im Stift häufig bessere Bildungs- und Entfaltungsmöglichkeiten als in ihren Familien.

Frauenklöster

Nach dem Muster der Männerklöster (→ 6.4) entstanden Klöster für Frauen. *Sie orientierten sich in Spiritualität und Lebensführung an den monastischen Regeln* (Chorgebet; Arbeiten und Beten; Leitungsaufgaben und Wirtschaftsform). Da ein Teil dieser Klöster beträchtlichen Grundbesitz und Lehen erhielt, konnten Äbtissin-

Fortsetzung Seite 278

Madonna im Rosenhag

STEPHAN LOCHNER

Über weite Strecken ist die Geschichte der Kirche patriarchalisch geprägt. Gegenläufig dazu entwickelte sich eine schwärmerische Marienverehrung, die häufig zum emotionalen Kern der Volksfrömmigkeit wurde. Als Jungfrau und Gottesmutter verkörperte Maria das Tugend-, Schönheits- und Weiblichkeitsideal unterschiedlicher Zeiten und befriedigte die Sehnsucht nach mütterlichem Schutz und nach dem weiblichen Göttlichen. Ein künstlerisches Zeugnis inniger Marienfrömmigkeit ist STEPHAN LOCHNERS „Madonna im Rosenhag".
Inmitten einer teppichartigen Wiese, die mit Erdbeerpflanzen voller Blüten und Früchten bewachsen ist, sitzt Maria als jugendliche Himmelskönigin auf einer roten Kissenrolle. Eine blühende Rosenhecke und eine bewachsene steinerne Rasenbank begrenzen den als Paradiesgarten konzipierten Raum. Zwölf Engelkinder schließen in einem Dreiviertelkreis die Mittelgruppe ein. Am oberen Bildrand erscheint in einer Wolkengloriole, von Engeln umringt, segnend Gottvater und vor ihm die Taube des Heiligen Geistes.

Alle Bildelemente haben eine symbolische Bedeutung. Der Künstler greift ein im Mittelalter verbreitetes Motiv auf: den „Hortus conclusus", den verschlossen Garten, der ein Zeichen der Tugenden und der Jungfräulichkeit Marias ist.
Das Jesuskind hält in seiner Linken einen Apfel, auf den ein kleiner Engel besonders hinweist, während er ihm aus seinem Körbchen eine weitere Frucht reicht. Damit ist gemeint, dass durch die verbotene Frucht des Paradiesbaumes die Sünde in die Welt gekommen ist, die Christus durch seinen Tod überwunden hat. Auf Christi Tod verweisen auch die roten Erdbeeren als Sinnbilder seiner Blutstropfen. Die Pfauenfedern an den Flügeln der Engel erinnern an den Pfau, einem aus der Antike übernommenen Unsterblichkeitssymbol.
Auch die Farben haben symbolische Bedeutung: Gold die Farbe des Überirdischen, Blau die Farbe Marias, Rot die Farbe des Schöpfers. Das frische Grün des Rasens und der Rosenlaube galt als Symbol des neuen Lebens, das durch Christus in die Welt gekommen ist.

STEPHAN LOCHNER, Madonna im Rosenhag, um 1448, Öl auf Holz, 51 x 40 cm, Wallraf-Richartz-Museum, Köln

Die kleine Tafel ist vermutlich für die private Andacht in einem Kölner Bürgerhaus gemalt worden. Ihre „himmlische Schönheit“ zeigt aber auch, wie sehr sich Frömmigkeit und Frauenbild seitdem zum Pragmatischen hin verändert haben.

nen auch weltliche Macht ausüben (niederes Gerichtswesen, Münzrecht usw.).

Gemeinschaften von Beginen

Im 13. Jahrhundert entwickelten sich vor allem in Belgien, den Niederlanden und Norddeutschland *Gemeinschaften von Frauen, die ohne Gelübde und feste Regeln ein zurückgezogenes, frommes und tätiges Leben führten*. In Beginenhöfen verbanden sie oft individuelle Unabhängigkeit mit Formen gemeinsamen Lebens. – Weil sie durchaus wirtschaftlichen Erfolg hatten, wurden sie von Vertretern der Zünfte bekämpft. Weil sie die Klosterregeln nicht übernahmen, weckten sie Misstrauen und wurden von Vertretern der amtlichen Kirche häufig verfolgt.

Priester für die Frauengemeinschaften

Alle diese Einrichtungen mussten ein Problem lösen: Sie waren konzipiert als reine Frauengemeinschaften; weil aber nur Männer die Sakramente spenden durften, brauchten sie einen oder mehrere Priester, die ihren geistlichen Weg begleiteten, für sie die Messe lasen und Beichte hörten. Daraus entstanden verschiedene Formen der Zuordnung und Abhängigkeit: Manche Klöster stellten selbst einen Kaplan an, andere arbeiteten mit einem Männerkloster zusammen. In jedem Fall musste dafür gesorgt werden, dass der Kontakt mit den außenstehenden Männern distanziert und kontrolliert blieb. So wurden in vielen Kirchen der Frauenklöster Emporen gebaut, von denen aus Nonnen der Messe folgen konnten, ohne die Klausur zu verlassen.

6.5.3 Die Frauenmystik und Hildegard von Bingen

Frauenklöster waren Stätten der Erziehung und Bildung. Dort war es Frauen möglich, ihre literarischen und musischen Fähigkeiten zu entfalten; dort konnten sie eigenständige Ausprägungen der Theologie entwickeln. Bis heute beeindrucken jene Überlieferungen, die man unter dem Stichwort Frauenmystik zusammenfasst. Herausragende Vertreterinnen sind Hildegard von Bingen,

Mechthild von Magdeburg (um 1208 – 1282 oder 1294), Marguerite Porète (um 1250/60 – 1310, hingerichtet), Katharina von Siena (1347 – 1380), Birgitta von Schweden (um 1303 – 1373) und in der frühen Neuzeit Teresa von Avila (1515 – 1582).

Leitfragen der Mystik

Die Leitfragen jeder Mystik* lauten:

- Muss es unter der Oberfläche der Erscheinungen nicht eine tiefere Schicht der Wirklichkeit geben? Einen Grund des Daseins vielleicht, der allen Erscheinungen – der Natur wie den Menschen – Sinn und Richtung gibt?
- Und wie ist es Menschen möglich, zu diesem Grund allen Daseins zu gelangen und ihn zu benennen?

Frauenmystik kann man als *personal geprägte Mystik* bezeichnen, das bedeutet: Die Beziehung zwischen Gott und der Seele, die Gemeinschaft der Liebe zwischen Mensch und Gott steht in ihrem Zentrum.

Hildegard von Bingen

Hildegard von Bingen gilt als bedeutendste Frau des deutschen Mittelalters. Verblüffend sind zunächst die Vielfalt ihrer Begabungen und die Breite ihres Wirkens. Als Ärztin und Heilkundige, als Schriftstellerin und Komponistin, als Äbtissin und Theologin leistet sie Außerordentliches. Sie greift ein in politische und kirchliche Entwicklungen. Auf ihren zahlreichen Reisen kritisiert sie Trägheit und Verweltlichung des Klerus; so erwirbt sie sich über ihre Lebenszeit hinaus den Ruf als Prophetin der Deutschen.

Lebensgeschichte

Hildegard wird um 1098 als zehntes Kind einer adeligen Familie im Rheinland geboren. Noch im Kindesalter wird sie in die Obhut einer Klostergemeinschaft gegeben. Mit 38 Jahren wird sie zur Lehrmeisterin ihrer Gemeinschaft bestellt. Etwa 50-jährig gründet sie das Kloster Rupertsberg und 1165 das Kloster Eibingen, das sie bis zu ihrem Tod im Jahr 1179 leitet.

Theologie

In ihren theologischen Arbeiten beruft sich Hildegard immer wieder auf ihre Visionen. Ihr Hauptwerk *Scivias Domini* (lat. Wisse die Wege des Herrn) enthält 35 farbige Miniaturen, die ihre Vorstellungen von Gott, dem Kosmos und von der Aufgabe des Menschen veranschaulichen.

Angelehnt an Bilder aus den Schriften der Propheten entwirft HILDEGARD Szenen umfassender Einheit und Zusammengehörigkeit: Die Wirkkraft Gottes durchströmt den Kosmos; sie soll auch Leib und Seele der Menschen und die Gesellschaft als Ganze durchströmen. Dann kann jene Harmonie entstehen, an der Natur und Menschen gesunden.

Unabhängig von der Frage, welche Erlebnisform die Visionen HILDEGARDS darstellen, lässt sich ihr rhetorisch-strategischer Wert leicht erkennen: HILDEGARD konnte die Autorität eines gelehrten Theologen oder eines Kirchenfürsten nicht beanspruchen; diese Rollen waren ja Männern vorbehalten. Indem sie sich auf ihre Visionen berief, wies sie sich als Prophetin aus, die das Recht hatte, im Namen Gottes zu sprechen.

6.5.4 Entwicklungen in der Neuzeit

Die Auffassung, dass Frauen den Männern unterlegen und untergeordnet seien, war in allen Kulturen des Altertums und des Mittelalters tief verwurzelt. Auch (und gerade) in den Kirchen galt das Dogma vom gottgegebenen Vorrang der Männer. Nur in einem langen und leidenschaftlichen Prozess konnte die Frauenbewegung die (weitgehende) Gleichberechtigung der Frauen erkämpfen; allerdings beschränkt sich dieser Sieg bis heute auf einen kleinen Ausschnitt der Welt (West- und Nordeuropa; Nordamerika; Australien; Neuseeland). Innerhalb des Christentums sind einige Entwicklungen von besonderem Interesse:

- Aufstieg pädagogisch und sozial engagierter Frauenkongregationen,
- Entstehung von Frauenverbänden,
- Feministische Theologie,
- Frauenordination.

Pädagogisch und sozial tätige Frauenkongregationen

Schon im 17. Jahrhundert wurden in bürgerlich-städtischen Gesellschaften *Frauenkongregationen* gegründet, deren Ziel die Mädchenbildung war (z.B. *Ursulinen; Englische Fräulein*). Als sich im 19. Jahrhundert ein bildungsinteressiertes katholisches Bürgertum in der Breite entwickeln konnte, gewannen diese Orden an Bedeutung.

Parallel erlebten karitative Frauenorden eine Blütezeit (*Barmherzige Schwestern* u.a.). Sie widmeten sich vor allem der Krankenpflege und betreuten Waisen- und Altenheime. – In den evangelischen Kirchen entstehen analog die Gemeinschaften der *Diakonissen*.

Frauenverbände

Seit der Mitte des 19. Jahrhunderts werden – vor allem in der katholischen Kirche – *zahlreiche Frauenverbände* gegründet. Teilweise engagieren sie sich auf sozialem Gebiet; teilweise repräsentieren sie Berufsgruppen, die ihre Rechte in Kirche und Gesellschaft vertreten.

Feministische Theologie

In den Siebzigerjahren des 20. Jahrhunderts entwickelt sich – vor allem in Westeuropa und den Vereinigten Staaten – eine Feministische Theologie. Sie betrachtet sich weithin als Teil der Befreiungstheologie und strebt mehrere Ziele an:

- Sie will den Frauen in Theologie und Kirche Gehör verschaffen.
- Sie will Einseitigkeiten und Verzerrungen einer männlich geprägten Theologie aufdecken und korrigieren.
- Sie will mit eigenen Methoden und Themen den theologischen Diskurs bereichern.

Frauenordination

Seit den Anfängen des 20. Jahrhunderts wird in kirchlichen Gemeinschaften darüber diskutiert, ob Frauen zu kirchlichen Leitungsämtern zugelassen werden sollten. Vor allem in den USA, in Nord- und Westeuropa gibt es inzwischen eine Reihe von Kirchen, in denen Frauen als Pfarrerinnen und Bischöfinnen amtieren können. In der anglikanischen Kirche werden seit 1976 (USA) bzw. 1994 (England) Frauen zu Priesterinnen geweiht. Zwischen 1959 und 1968 haben sich die meisten evangelischen Landeskirchen in Deutschland für die Frauenordination entschieden. Die Altkatholiken lassen seit 1996 Frauen zur Priesterinnenweihe zu.
In und zwischen den Kirchen löste diese Entwicklung heftigen Streit aus.

- Die Gegner der Frauenordination behaupten, die Priesterweihe für Frauen widerspreche der apostolischen Tradition.
- Die Befürworter bestreiten die Richtigkeit dieses Arguments und sagen vor allem, dass auch die Kirchen soziokulturellen Veränderungen unterliegen und deshalb die volle Gleichberechtigung der Frauen akzeptieren müssten.

6.6 Kirche und Staat

→ 2.3.2

In Artikel 4 des Grundgesetzes heißt es: *Die Freiheit des Glaubens, des Gewissens und die Freiheit des religiösen und weltanschaulichen Bekenntnisses sind unverletzlich.*
Die ungestörte Religionsausübung wird gewährleistet.

Religionsfreiheit

Für uns ist die Freiheit des religiösen Bekenntnisses zu einer Selbstverständlichkeit geworden. Wir haben uns daran gewöhnt, dass Menschen in unserem Land aus ihrer Religionszugehörigkeit keine Nachteile erwachsen und dass sie auch in der Öffentlichkeit ihren Glauben bekennen dürfen (*positive Religionsfreiheit*). Die Religionsfreiheit schließt aber auch die Entscheidung ein, sich von jeder Religion loszusagen und konfessionslos zu leben (*negative Religionsfreiheit*).

Diese Freiheitsgarantien des Grundgesetzes sind in der Geschichte Europas relativ jung und haben sich erst langsam im Zuge der Neuzeit als Verfassungsnormen durchgesetzt. Denn von der römischen Antike an (→ 2.3.2) bis in das 20. Jahrhundert hinein haben sich Staat und Kirche wechselseitig gestützt: Der Staat – in der Person des Herrschers – sah in der gemeinsamen Konfession der Staatsbürger ein Mittel, den Zusammenhalt des Staats zu fördern und bürgerliches Wohlverhalten und Staatstreue religiös zu fundieren. In dem Maße, in dem der Glaube stärker als persönliches Bekenntnis aufgefasst wurde und die Einheit von religiösem Bekenntnis, Gesellschaft und Staat verloren ging, wurde es notwendig, die Beziehungen zwischen dem Staat und den Religionsgemeinschaften/Kirchen verfassungsrechtlich zu regeln. Dabei bildeten sich drei Grundmodelle heraus:

Grundmodelle des Staatskirchenrechts:

1. Staatskirche

- *Staatskirche:* Eine Religionsgemeinschaft wird zur maßgebenden und rechtlich privilegierten Kirche. Mögliche Privilegien sind: Nur die Staatskirche hat das Recht, an öffentlichen Schulen Religionsunterricht zu erteilen, Rundfunk- und Fernsehsendungen zu platzieren, Theologenausbildung an staatlichen Universitäten zu betreiben, Kirchensteuer zu erheben oder standesamtliche Einträge zu beurkunden.

2. Trennung von Kirche und Staat

- *Trennung von Kirche und Staat:* Die Zugehörigkeit zu einer Religionsgemeinschaft wird zur Privatsache des Staatsbürgers. Der Staat registriert die Kirchenzugehörigkeit seiner Bürger nicht; die Kirchen haben den Charakter privatrechtlicher Vereinigungen; es entfallen staatliche Zuwendungen sowie Mitsprache und Repräsentanz im öffentlichen Leben.
  Die Trennung von Kirche und Staat zeigt atmosphärische Unterschiede. Während etwa in den Vereinigten Staaten das Verhältnis grundsätzlich wohlwollend und wechselseitig bestärkend ist (→ 2.4), neigen Länder mit einer stark laizistischen Tradition eher zu kirchenkritischen Haltungen. Eine strenge Trennung zwischen Kirche und Staat haben z.B. Frankreich und Mexiko in ihrer Gesetzgebung festgelegt.

3. Kooperationsmodell

- *Kooperationsmodell:* Die Verfassung gewährleistet die Freiheit der Religionsausübung. Keine Religionsgemeinschaft wird vor anderen privilegiert, und der Staat sichert allen das Recht zu, ihre Angelegenheiten selbstständig zu regeln. Gleichzeitig aber werden Vereinbarungen getroffen, die eine Zusammenarbeit und Förderung dort ermöglichen, wo gemeinsame Interessen dies nahelegen.

Das Staatskirchenrecht in der Bundesrepublik

Die Beziehungen zwischen Staat und Kirche in der Bundesrepublik Deutschland sind nach dem Kooperationsmodell gestaltet. Sie haben ihre gesetzlichen Grundlagen im Grundgesetz (Art. 4, Art. 7 und Art. 140), in den Verfassun-

gen der Länder, in Konkordaten, in Kirchenverträgen und in der Rechtsprechung hoher Gerichte.
Als wichtige Bestimmungen sind zu nennen:

- die Glaubens-, Gewissens- und Bekenntnisfreiheit,
- die Neutralität des Staates in religiösen Fragen,
- die Garantie der ungehinderten religiösen Betätigung,
- der besondere Status der Kirchen als Körperschaften des öffentlichen Rechts mit dem Recht, Pflichtbeiträge (Kirchensteuern) einzuziehen,
- die Kooperation von Kirche und Staat in Bereichen von gemeinsamem Interesse, vor allem im Bildungs- und Sozialwesen.

Wertungen

Wie in den meisten europäischen Ländern ist auch in Deutschland das kooperativ angelegte Trennungsmodell, in dem Staat und Kirche bzw. Religionsgemeinschaften durch Verträge aneinander gebunden sind, weitgehend akzeptiert. Es garantiert Religionsfreiheit, aktiviert aber zugleich das Engagement religiöser Menschen zugunsten der Gesellschaft. Auch verfügen die Kirchen über anerkannte Kompetenz und entsprechende Einrichtungen auf den Gebieten der sozialen Fürsorge (z.B. Krankenhäuser, Pflegeeinrichtungen) und der Erziehung (z.B. Kindergärten, Schulen). Ihre Erfahrungen im Umgang mit Menschen, ihre Hilfe bei der Lebensbegleitung sowie in Not- und Grenzsituationen (Katastrophen, Krankheit, Trauer, Tod) sind integrative Bestandteile unseres Sozialsystems.

Integration des Islams?

Die Etablierung des Islams als drittgrößte Glaubensgemeinschaft in der Bundesrepublik wirft die Frage auf, ob und in welcher Weise er sich in das bestehende Recht integrieren lässt. Schwierigkeiten bereitet die Tatsache, dass die verschiedenen Varianten des Islams keine feste Glaubensorganisation kennen, mit denen der Staat Verträge wie mit den christlichen Kirchen oder mit jüdischen Organisationen schließen könnte. Außerdem ist unklar, wieweit es mit der theologischen Tradition des Islams vereinbar ist, die Freiheitsrechte des Grundgesetzes, die weltanschauliche Neutralität des Staates sowie die Trennung von Religion und Staat zu akzeptieren.

Eine große Stadt ersteht

T: Silja Walter, (1965) 1966/1995
M: Josef Anton Saladin, (1965/1972) 1975
Gotteslob Nr. 642

Durch dein Tor lass uns herein
und in dir geboren sein,
dass uns Gott erkennt.
Lass herein, die draußen sind;
Gott heißt Tochter, Sohn und Kind,
wer dich Mutter nennt.

Dank dem Vater, der uns zieht
durch den Geist, der in dir glüht;
Dank sei Jesus Christ,
der durch seines Kreuzes Kraft
uns zum Gottesvolk erschafft,
das unsterblich ist.

6.7 Kirchliche Hierarchie und demokratische Kultur

→ 2.3.2

Grundsätzliches

Kirchliche Hierarchie und demokratische Kultur: Diese Überschrift signalisiert einen Widerspruch. Denn *Hierarchie* im religiösen Sinne heißt *heilige Herrschaft*, ein in Gott begründeter Vorrang einer Gruppe von Amtsträgern über die Vielen, die außerhalb des Sakralen in der Welt des Profanen leben. Demokratisches Bewusstsein aber ist beflügelt vom Ethos der Gleichheit und verhält sich skeptisch gegenüber Machtansprüchen, die aus der Transzendenz hergeleitet werden und sich nicht funktional rechtfertigen lassen.

Vorbehalte erwachsen aber auch aus theologischen Motiven. Hierarchien stehen in Spannung zu Werten wie Gleichheit und Geschwisterlichkeit in der Kirche. Außerdem können sie als Barrieren erlebt werden, die dem freien Zugang der einzelnen Gläubigen zu Gott im Wege stehen. Deshalb liegt die Kritik an der *Amtskirche* auf einer ähnlichen Ebene wie die Auseinandersetzung Jesu mit den *Schriftgelehrten und Pharisäern* oder Luthers hierarchiekritische Proklamation des *allgemeinen Priestertums der Gläubigen*. Kritik an ihren Repräsentanten ist die unvermeidliche Begleiterscheinung der Vergesellschaftung von Religion.

Die Entstehung von Leitungsämtern

Aus welchen Bedürfnissen und organisatorischen Notwendigkeiten ist die kirchliche Hierarchie entstanden?

Zwar sind die kirchlichen Ämter sehr alt, aber auf eine direkte Einsetzung durch Jesus von Nazaret lassen sie sich nicht zurückführen. Weil Jesus das baldige Ende der Welt erwartete, lag die Planung einer kirchlichen Ämterhierarchie außerhalb seiner Absichten. Mit seiner Botschaft vom Anbruch der Gottesherrschaft wandte er sich an seine jüdischen Zeitgenossen. Deshalb wählte er aus seinen Jüngern zwölf Männer aus (*Zwölferkreis*), die als Symbol für die zwölf Stämme das Volk Israel in seiner Gesamtheit repräsentieren sollten. Nach Jesu Tod verkündeten Missionare, die *Apostel* (gr. Sendboten) genannt wurden, das Evangelium.

Von der kollegialen Gemeindeleitung zum monarchischen Episkopat

Da das Weltende auf sich warten ließ, mussten die Gemeinden ihrem Zusammenleben eine dauerhafte Ordnung geben. Dabei setzten sich Gemeinden mit festen Leitungsämtern durch, weil diese den charismatischen und wenig strukturierten *bruder*schaftlichen Gemeinden der christlichen Frühzeit überlegen waren.

Obwohl die Entwicklung im Einzelnen unterschiedlich verlief, setzte sich im Laufe des zweiten Jahrhunderts das Amt des monarchischen Bischofs in allen Teilkirchen durch. Der *eine* Bischof verkörperte die Einheit der Gemeinde und machte deren Kontinuität seit den Tagen ihrer Gründung durch die Apostel oder deren Schüler sichtbar (Apostolische Sukzession). Der Bischof wurde von den Gemeindemitgliedern gewählt, brauchte aber die Zustimmung der Nachbarbischöfe, die ihrerseits durch Gebet und Handauflegung die sakramentale Ordination vornahmen.

Metropoliten und Patriarchen

In der weiteren Entwicklung übertrug sich die herausgehobene politische und kulturelle Bedeutung der Provinzhauptstädte (Metropolen) auf die kirchliche Verwaltung. In ihnen fanden die *Synoden* statt, auf denen Fragen des Glaubens und der Kirchenordnung diskutiert und entschieden wurden. Sie wurden von den ortsansässigen Bischöfen einberufen und geleitet. Auf diesem Wege wuchs diesen ein Vorrang vor den übrigen Bischöfen der Provinz zu. Es entstand die Institution des *Metropoliten:* eines Bischofs mit Vorrang vor den anderen Bischöfen seines Sprengels, der Synoden für die ganze Provinz einberief und leitete, der die Kirchendisziplin überwachte, Gerichtsherr innerhalb der Kirche war und Bischofswahlen beaufsichtigte und bestätigte.

In Anpassung an die übergeordneten Verwaltungseinheiten des Reiches erlangten fünf Metropolen und ihre Bischöfe einen besonderen Rang: Alexandrien, Antiochien, Rom, Konstantinopel und wegen seiner religiösen Bedeutung Jerusalem. Die Bischöfe dieser „Super-Metropolen" nannte man *Patriarchen* und ihre Verwaltungsbezirke *Patriarchate.*

Mit der Gründung Konstantinopels als neuer Hauptstadt des Reiches im Jahre 330 kam es zu einer gewissen Rivalität zwischen den Patriarchen des Alten und Neuen Rom, die schließlich zur tragischen Spaltung des Christentums in eine östliche und westliche Christenheit im Jahre 1054 führte.

Das Primat des römischen Bischofs

Auch die Christengemeinde der Stadt Rom wurde zunächst von einem Bischofskollegium geleitet, bis sich am Ende des 2. Jahrhunderts ein einzelner Bischof als dessen Leiter durchsetzte. Seinen Nachfolgern auf dem römischen Bischofsthron gelang es, im Laufe der nachfolgenden vier Jahrhunderte einen Vorranganspruch, *Primat* genannt, vor den übrigen Bischöfen zu behaupten und in der westlichen Kirche als *Papst* auch durchzusetzen. Auf dem Wege dahin spielte ein Bündel von Umständen und Argumenten eine Rolle: u.a. der politische und kulturelle Rang sowie der Nimbus Roms als *„Haupt"(-stadt) des Reiches*, der Anspruch, als einzige Kirche des Westens eine Gründung der Apostel Petrus und Paulus zu sein (*Apostolizität*) sowie das energische Eingreifen römischer Bischöfe in innerkirchliche Auseinandersetzungen mit dem Anspruch besonderer Autorität in Glaubens- und Kirchenfragen.

Mit dem Beginn des Mittelalters hatten die Päpste sich als geistig-religiöse Führungsmacht im Westen etabliert und konnten ihre politische Stellung durch den Ausbau des Kirchenstaates und durch die Anlehnung an das aufstrebende Frankenreich stärken. Die Zentralisierung der Macht im römischen Papsttum und die Ausbildung einer sakralen Priesterhierarchie haben das Bild der katholischen Kirche bis in das 20. Jahrhundert geprägt und die frühchristliche Auffassung von Kirche als Gemeinschaft der Gläubigen in den Hintergrund treten lassen.
Auch das Amt des Bischofs veränderte im Verlauf des Mittelalters seine Gestalt. Dadurch, dass die Kaiser Bischöfe zur Verwaltung und Verteidigung des Reiches heranzogen, ihnen Hoheitsrechte übertrugen und sie mit Grundbesitz belehnten, stiegen diese zu Reichs- und Kirchenfürsten auf. Sie entstammten adligen Familien und waren integriert in ein Feudalsystems, das bis zur Französischen Revolution Bestand haben sollte.

Korrekturen des Zweiten Vatikanischen Konzils

Das *Zweite Vatikanische Konzil* (1963 – 65) hat versucht, diese Entwicklung der kirchlichen Ämter aus demokratischem Geist zu korrigieren. Es hat den Gedanken, dass alle Getauften die Kirche bilden und für sie Verantwortung tragen, in Erinnerung gerufen (*allgemeines Priestertum aller Getauften*). Neben dessen sakralen Charakter betont das Konzil den *Dienstcharakter* und die *Kollegialität* des kirchlichen Amtes: Jeder Bischof übt sein Amt innerhalb des Kollegiums der Bischöfe mit und unter dem Bischof von Rom aus. Das Amt des Papstes selbst wird als Modell interpretiert, in dem die *Einheit der Kirche* sichtbar wird und das der Einheit der Kirche dienen soll.

In der Einrichtung von Bischofsynoden, Diözesanräten und Pfarrgemeinderäten wird die hierarchische Struktur der katholischen Kirche durch *Mitsprachegremien* ergänzt.

Offene Fragen

Aber trotz der Korrekturen des Zweiten Vatikanischen Konzils bleibt das Amtsverständnis der katholischen Kirche problematisch.

- Grundsätzlich ist zu fragen, ob die heutige Kirchenverfassung den Anforderungen genügt, die in offenen demokratischen Gesellschaften an große Institutionen gestellt werden. In verfassungsrechtlicher Hinsicht regiert der Papst nämlich als absoluter Monarch: Er ist oberster Gesetzgeber und Richter und zugleich Vorgesetzter der kirchlichen Verwaltung. Die im staatlichen Bereich bewährte und fest verankerte Gewaltenteilung fehlt. Hierin liegt eine Ursache für die zahlreichen Konflikte, unter denen die katholische Kirche leidet.
- Selbstverständnis und Anspruch des *römischen Papstes*, vor allem seine Unfehlbarkeit und sein Primat in rechtlichen und organisatorischen Fragen bleiben auch innerhalb der katholischen Kirche umstritten.

  Apodiktische Entscheidungen, etwa zur Demokratie und Religionsfreiheit im 19. Jahrhundert, zur Abstammungslehre unter dem Pontifikat Pius' XII. oder das Verbot empfängnisverhütender Mittel Pauls VI. haben sich als rückwärtsgewandt, falsch oder nicht durchsetzbar erwiesen. Sie beschädigen deshalb die Autorität des Lehramts, binden die Nachfolger an Entscheidungen ihrer Vorgänger und behindern damit Entwicklung und Fortschritt in der Kirche. Unter den heutigen Bedingungen eines innerkirchlichen Pluralismus kann das Lehramt nur so ausgeübt werden, dass unterschiedliche Interpretationen des Glaubens in der Kirche Platz haben und der Papst solchen Glaubensüberzeugungen öffentlich zur Aner-

kennung verhilft, die sich in der Kirche durchgesetzt und allgemeine Zustimmung erfahren haben.
Auch lassen sich umstrittene Entscheidungen, etwa Bischofsernennungen, die offensichtlich extreme theologische Richtungen favorisieren, in einer kritischen Kirchenöffentlichkeit nur noch schwer durchsetzen. Deshalb ist es wünschenswert, dass solche Entscheidungen das Glaubensbewusstsein der Ortskirchen berücksichtigen und in Kollegialität mit den dort Verantwortlichen getroffen werden.

- Das zölibatäre *Priestertum* durchlebt in der Diasporasituation westlicher Industriegesellschaften eine krisenhafte Entwicklung. Sie äußert sich in beruflicher Verunsicherung und in persönlichen Identitätskrisen, die junge Männer vor der Wahl des Priesterberufs zurückschrecken lassen und dazu beitragen, den Priestermangel zu verschärfen. Dieser wiederum gefährdet die Existenz und Arbeitsfähigkeit zahlreicher Pfarrgemeinden.
- In die Leitungsfunktionen der verbleibenden Pfarreien rücken *Pastoral- und Gemeindereferenten/innen* nach. Ihnen aber ist die Ausübung zentraler sakraler Handlungen verwehrt, vor allem die Feier der Eucharistie, die Spendung des Bußsakraments und der Krankensalbung. Auch diese ungeklärte Zwitterstellung wird auf die Dauer von den Gemeinden und von den Betroffenen selbst als unbefriedigend erlebt.
  Vor allem wird sich in einer Zeit, die in allen Bereichen die Chancengleichheit der *Frauen* zum Programm erhoben hat, schwer vermitteln lassen, warum Frauen vom Priesteramt ausgeschlossen sind.
  Angesichts dieser drängenden Probleme ist zu fragen, ob nicht die Zulassung verheirateter Männer und Frauen zum Priesteramt das kleinere Übel darstellt im Vergleich zu den Irritationen, die ein solcher Traditionsbruch zweifellos auslösen würde.

- Im Verhältnis zwischen Bischöfen und Laien scheinen zwei Fragen besonders dringlich:
  Welche Eigenständigkeit von Laien und welche Meinungsvielfalt lassen Bischöfe zu? Wie üben Bischöfe ihr Amt aus in einer Gesellschaft, die von demokratischen Umgangsformen geprägt ist?

SIEBTES KAPITEL

Ethik

Ethik

Problemeröffnung

7.1 Wozu Ethik?

Grundinformation

7.2 Vorschule der Ethik
- 7.2.1 Wie lernen wir, moralisch zu handeln?
- 7.2.2 Wie sich die Werte wandeln
- 7.2.3 Wie frei sind wir?

7.3 Grundbegriffe ethischer Argumentation

Vertiefung – philosophisch

7.4 Philosophische Entwürfe des richtigen Lebens
- 7.4.1 EPIKUR und die Ethik des Glücks
- 7.4.2 IMMANUEL KANT: Leben unter dem Anspruch der Autonomie
- 7.4.3 Der Utilitarismus oder das Prinzip der Nützlichkeit
- 7.4.4 Das natürliche Sittengesetz
- 7.4.5 HANS JONAS: Das Prinzip Verantwortung
- 7.4.6 Normenfindung durch Diskurs
- 7.4.7 Tugendethik

Vertiefung – theologisch

7.5 Ethische Impulse aus dem christlichen Glauben
- 7.5.1 Ethische Traditionen aus dem Alten Testament
- 7.5.2 Ethische Impulse der Botschaft Jesu
- 7.5.3 Christliche Ethik heute

Ein ethischer Entscheidungsgang

7.5.4 Wie soll man mit illegalen Immigranten umgehen?

7.1 Wozu Ethik? – Die Suche nach dem gelingenden Leben

Alle Menschen wollen glücklich sein, ist eine Grundüberzeugung des Kirchenvaters AURELIUS AUGUSTINUS. Die Lebenserfahrung scheint die Behauptung des Philosophen und Theologen zu bestätigen. Denn gerade vor lebenswichtigen Entscheidungen denken Menschen darüber nach, wie sie ihr Leben einrichten sollen, damit sie darin zufrieden und glücklich werden. Das beginnt schon in jungen Jahren mit der Berufswahl: Sollen Karriere und Verdienst ausschlaggebend sein, oder folge ich mehr meinen Interessen und Neigungen? Was verspreche ich mir von meinem künftigen Beruf: Eigenverantwortung, Selbstentfaltungs- und Entwicklungsmöglichkeiten oder eine gesicherte Stellung mit geregelten Arbeitszeiten, die Freiraum für Familie, Sport und Hobby lassen? Das setzt sich in späteren Jahren fort: Erscheint der berufliche Aufstieg mit häufigen Wohnortwechseln und großen Belastungen erstrebenswerter als ein bescheidenerer Lebenszuschnitt, der mehr Zeit für die Familie und für die Teilnahme am Leben der Kinder lässt? Für welchen Lebensstil soll ich mich grundsätzlich entscheiden: Für ein Leben, das in narzisstischer Weise um das eigene Ich kreist und dessen Bedürfnisse bedient, oder für ein Leben, das sich öffnet für soziale Beziehungen, für Engagement in Gesellschaft, Kultur und Politik? Auch Bekanntschaften können zu ähnlich grundsätzlichen Überlegungen führen: Finde ich mein Lebensglück eher in den Bindungen einer Familie, oder ziehe ich die Unabhängigkeit des Single-Daseins mit lockeren Partnerschaften und Freundschaften dem Leben mit einer Familie vor? Aber auch Trennungen und das Eingehen von neuen Beziehungen sind meistens begleitet von der Hoffnung auf neues Lebensglück.

Wie werde ich glücklich?

Eben dies ist auch die Kernfrage jeder Ethik: Was müssen wir tun, damit unser Leben gelingt? Wie erreichen wir ein Leben, zu dem wir Ja sagen und in dem wir in Übereinstimmung mit uns selbst leben können? Die philosophische Tradition hat im Sinne dieser Lebensorientierung auch vom „*guten*" oder „*glücklichen*" Leben als Gegenstand der Ethik gesprochen.

Was für eine Gesellschaft wollen wir?

Schon auf der Suche nach persönlichem Lebensglück spüren wir, dass unseren Wünschen Grenzen gesetzt sind. Armut, fehlende Unterstützung durch die Familie, Mangel an Studienplätzen und Lehrstellen, geringe Aussichten auf einen festen Arbeitsplatz oder Arbeitslosigkeit tragen dazu bei, dass viele Menschen nicht zu einem „guten" Leben gelangen können. Da wir in gesellschaftliche, wirtschaftliche und politische Zusammenhänge eingebunden sind, ist das persönliche Lebensglück auch von den Chancen abhängig, die dieses Umfeld uns bietet oder verwehrt. Deshalb ist die Frage, wie wir unser gesellschaftliches Leben gestalten, auch eine ethische Frage. Parlamente dürfen sich nicht von den Wünschen der durchsetzungsfähigsten Interessengruppen leiten lassen, sondern sind verpflichtet, für das Allgemeinwohl Sorge zu tragen.

Was ist gerecht?

Wenn die Ethik im Blick auf die Einzelnen nach den Bedingungen fragt, die ein „*gutes*" oder „*glückliches*" Leben ermöglichen, fragt sie im Blick auf die Gesellschaft, wie diese beschaffen sein muss, damit sie unseren Vorstellungen von *Gerechtigkeit* entspricht. Es darf nicht sein, dass der rücksichtslose Egoist über den hilflosen Schwachen triumphiert oder eine kleine Schicht Privilegierter über die Vielen verfügt. Vielmehr soll *die größte Zahl* (JEREMY BENTHAM, → 7.4.3) in den Genuss eines guten Lebens kommen. Deshalb muss man sich auf solche Leitbilder und Werte verständigen, die *Gerechtigkeit* in einem Gemeinwesen fördern. Eine gerechte Ordnung, mit der sich die Mehrheit der Bürgerinnen und Bürger identifiziert, ist eine notwendige Voraussetzung für gesellschaftliche Integration und sozialen Frieden.

Welche Entwürfe eines guten und gerechten Lebens gibt es?

Weil die Vorstellungen von einem guten und gerechten Leben sich im Laufe der Zeit verändern und gerade in den offenen Gesellschaften der Moderne unterschiedliche Entwürfe des guten Lebens miteinander konkurrieren, klärt die Ethik solche Positionen.

Wie lassen sich Normen und Werte begründen?

Diese Klärungsarbeit hilft den Suchenden, aus dem Angebot an Werten und Lebensmodellen auszuwählen, sich zu entscheiden und die getroffene Entscheidung auch zu begründen. Weitgehend Einigkeit besteht in der Philosophie seit Kant darüber, dass Ansprüche, die ich für *mein* Leben einfordere, grundsätzlich auch anderen zugebilligt werden müssen. Der Anspruch auf ein Leben in Selbstachtung und Würde gilt nicht nur für mich, sondern auch für die anderen.

Wie kann man sich friedlich über Wege zum glücklichen Leben verständigen?

Trotz der grundsätzlichen Anerkennung eines solchen *kategorischen Imperativs* (→ 7.4.2) führt das konkrete Zusammenleben notwendig zu Reibungen und Konflikten. Die Ethik zeigt Wege auf, wie Menschen sich trotz unterschiedlicher Überzeugungen, Motive und Temperamente über ethische Fragen verständigen können. Deshalb gehören zu den Aufgaben der Ethik:

- die Einübung in den ethischen Diskurs* (→ 7.4.7),
- die Suche nach verbindenden *Grundwerten* und *Normen*
- sowie die Rechenschaft über die Methoden ethischer Erkenntnis.

Klärung aktueller Fragen

Besonders dringend ist das Bedürfnis nach ethischer Klärung in solchen Lebensbereichen geworden, in denen der wissenschaftliche und medizinische Fortschritt neue Fragen aufwirft:

- Darf man manipulierend in das menschliche Erbgut eingreifen (Gentechnik)?
- Darf man menschliche Eizellen künstlich befruchten?
- Darf man die Lebensdauer von Kranken und Siechen willkürlich verkürzen (Euthanasie*)?

7.2 Vorschule der Ethik

7.2.1 Wie lernen wir, moralisch zu handeln?

Moral als Lernprozess

Weder der Aufstieg zu einer oder einem Heiligen noch das Abgleiten in die Kriminalität sind einem Menschen in die Wiege gelegt. Lebensläufe sind nur zum Teil bestimmt durch die genetische Ausstattung; moralisches Verhalten ist vielmehr Ergebnis von Lernprozessen, die sich in der wechselseitigen Interaktion von Mensch und Umwelt vollziehen.

Lernphasen: Kindheit und Jugend

Vereinfachend lassen sich diese Lernprozesse so darstellen: Das Kind wächst in der Regel mit seinen Eltern auf und übernimmt zunächst unreflektiert deren Verhaltensmuster. Es spürt an ihren Reaktionen – und lernt dabei –, dass gewisse Dinge erlaubt, sogar erwünscht, und andere verboten sind.

In der frühen Lebensphase übernehmen Kleinkinder elementare Verhaltensmuster auf dem Wege der Gewöhnung. Im Laufe der Entwicklung und der Ausprägung des Ichs meldet das Kind eigene Wünsche und Interessen an und beginnt, sich gegenüber den Erwartungen der Eltern zu behaupten. Besonders emotional bringen Kinder und Jugendliche in der Trotzphase (etwa vom 3. bis zum 5. Lebensjahr) und in der Pubertät (ab etwa zwölf Jahren) ihre eigenen Wünsche und Bedürfnisse zur Geltung. Für die Erziehenden stellt sich in diesen Umbruchsphasen die schwierige Aufgabe, sich mit den Kindern auseinanderzusetzen, zu argumentieren, Grenzen aufzuzeigen, aber auch Spielräume auszuhandeln und Verhaltensregeln zu vereinbaren.

Im glücklichen Falle verlaufen diese Lernprozesse so, dass das Bedürfnis nach kindlicher Selbstachtung und die Anpassungsanforderungen der Eltern in Einklang gebracht werden. Die Erziehung kann aber auch misslingen: etwa dann, wenn die Erwartungen der Eltern das Kind überfordern oder wenn die Fähigkeiten des Kindes zu wenig erkannt und gefördert werden. Ein extremer Fall liegt vor, wenn die Kinder verwahrlosen. Von der Verwahrlosung gefährdet scheinen vor allem solche Jugendliche zu sein, die zu wenig Zuwendung erfahren oder denen die Eltern keine Grenzen setzen.

Erwachsenenalter

Das moralische Lernen ist mit der elterlichen Erziehung nicht beendet. Sich verändernde Lebenssituationen – Studium, Berufsleben und gesellschaftliches Umfeld – führen in andere Wertemilieus und machen es notwendig, sich diesen wenigstens partiell anzupassen. Die Anpassungsleistung wird noch dadurch erschwert, dass wir nicht nur sukzessiv in unterschiedlichen Wertemilieus leben, sondern gleichzeitig in verschiedenen agieren: in der Familie, in der Schule, in der Freizeitgruppe, in einer Kirchengemeinde, im Beruf ... Jeder dieser Kreise bildet ein Feld von eigenen Werten und Erwartungen aus, die die Mitglieder beachten müssen, um Anerkennung und Zugehörigkeit zu erfahren. Damit wir aber nicht zu angepassten und routinierten Rollenspielern werden, kommt es darauf an, die von außen herangetragenen Anpassungserwartungen und die eigenen Bedürfnisse so miteinander zu verbinden, dass sie eine lebensfördernde Balance bilden. Deshalb erscheinen als wichtige Grundhaltungen heute solche Werte, die dazu beitragen, in einer pluralen und sich rasch verändernden Gesellschaft mit starken Anpassungsforderungen das Gefühl der Kontinuität des eigenen Ichs zu bewahren:

Wichtige Grundhaltungen

- *Autonomie* als Fähigkeit zur Selbststeuerung und Bewahrung des Ichs,
- *Wahrnehmungsfähigkeit* für die emotionale Qualität von Beziehungen und Situationen,
- *Kooperationsfähigkeit* als Fähigkeit, mit anderen zu handeln, Vereinbarungen zu treffen und zugunsten gemeinsamer Ziele zusammenzuarbeiten,
- *Konfliktfähigkeit* als Fähigkeit, in unterschiedlichen Wertemilieus und mit Widersprüchen zu leben und die eigenen Wünsche und Bedürfnisse in einer angemessenen Form zur Geltung zu bringen.

Krisenhafte Entwicklungen

Die emotionale und ethische Entwicklung verläuft nicht immer glatt, sondern weist häufig Brüche auf. Wenn Jugendliche sich aus dem Milieu ihrer Herkunft lösen, wenn Freundschaften oder Beziehungen zerbrechen, entstehen Konflikte und häufig Schuldgefühle. Derartige Krisen, die das Leben belasten, können leichter bewältigt werden, wenn die Betroffenen Freunde und Bekannte haben, die sie verständnisvoll unterstützen. Werden derartige Krisen bewältigt und verarbeitet, erweisen sie sich oft als wichtige Reifungsschritte im Leben eines Menschen.

Über die normalen Krisen hinaus gibt es biografische Entwicklungen, die als Scheitern erlebt werden: Schulabschlüsse misslingen; jemand gleitet in die Drogenszene ab; Lebensgemeinschaften zerbrechen; jemand ist nicht in der Lage, für sich Sorge zu tragen. Es besteht die Gefahr, dass Menschen dann ihre Selbstachtung verlieren. Auch in diesen Fällen ist der moderne Sozialstaat zur Solidarität verpflichtet.

7.2.2 Wie sich die Werte wandeln

→ 7.4.6

Was sind Werte?

Werte sind Leitvorstellungen, die das ethische Handeln bestimmen. Von ihnen ist vor allem dann die Rede, wenn ihr Verfall oder Verlust beklagt wird. Anlass zu solchen Klagen geben z.B. der Zerfall familiärer Bindungen, die Vernachlässigung oder Beschädigung öffentlicher Räume, Suchtprobleme und die Gewaltbereitschaft unter Jugendlichen. Dennoch:

Vom Wert der „Tugenden“

> Werthaltungen oder – wie man früher sagte – „Tugenden“ sind relativ stabile Bindungen an gesellschaftlich anerkannte Orientierungsmaßstäbe und Leitvorstellungen. Sie setzen die Handelnden instand, vielen alltäglichen Anforderungen routinemäßig zu entsprechen, ohne sich jeweils

zu neuen Entscheidungen durchringen zu müssen. Solche Verhaltenssicherheit stärkt das Selbstvertrauen und fördert dadurch ein Leben in Zustimmung zu sich selbst. Ein Verhalten, das aus stabilen Haltungen erwächst, ist auch für Außenstehende kalkulierbar. Deshalb wirken die Träger positiver Werthaltungen zuverlässig, und sie erfahren Wertschätzung und Anerkennung.

Wertewandel

So wie das Werteprofil eines Einzelnen geprägt ist von der Erziehung, vom Bildungshintergrund des Elternhauses, von der Prägekraft der Peergroups und Vereine, denen er angehört, so ist auch das Werteprofil einer Gesellschaft beeinflusst von deren ökonomischen und sozialen Bedingungen. Wenn in einer Gesellschaft der Wohlstand gewachsen ist, ergibt sich oft auch ein Wertewandel: An die Stelle von *Pflichtwerten* treten *postmaterielle* und *Selbstverwirklichungswerte.* Dann werden Tugenden wie Fleiß und Sparsamkeit („Schaffe, schaffe, Häusle baue") ersetzt durch Werthaltungen, die individuelle Selbstverwirklichung, ästhetische Kreativität und Schutz der Natur anstreben. Solche Einsichten bestätigt die Lebenserfahrung: Väter und Großväter haben sich ganz auf das Berufsleben konzentriert und ihr Privatleben diesen Zielen untergeordnet; ihre Söhne und Töchter suchen einen individuellen Lebensstil, der gestattet, die Grenze zwischen Arbeit und Freizeit weniger scharf zu ziehen. Ihre Sehnsucht gilt einer Berufstätigkeit, die individuelle kreative Selbstverwirklichung im Beruf selbst oder im ganzen Lebenszuschnitt erlaubt.

Auch die Strukturveränderungen im Berufsleben bilden neue Werthaltungen heraus und lassen andere als weniger wichtig erscheinen. Während früher z.B. die langjährige Zugehörigkeit zu einem Unternehmen als hoher Wert galt, erfordert eine mobile Arbeits- und Berufswelt *Flexibilität* und *Lernbereitschaft.* Wo die Arbeit in wechselnden Projekten eingespielte Arbeitsabläufe ersetzt, werden *Kommunikationsfähigkeit* und *Kreativität* zu erwünschten Haltungen.

Verklärung der Vergangenheit oder Klagen über die Gegenwart helfen wenig. Besser ist es, zu fragen:

Stichworte zur Beurteilung

- Welche neuen Lebensmöglichkeiten eröffnet der Wertewandel?
- Zulasten welcher Werte entwickeln sich neue Werte?
- Wer profitiert von den Folgen des Wertewandels?
- Wem werden die menschlichen und finanziellen Kosten des Wandels aufgebürdet?

7.2.3 Wie frei sind wir?

Definition

Freiheit ist ein emotionsgeladener Schlüssel- und Kampfbegriff der Moderne und deshalb schillernd und mehrdeutig. Im weitesten Sinne bedeutet Freiheit negativ die *Unabhängigkeit von Fremdbestimmung* und positiv die *Fähigkeit zur Selbstbestimmung*.

Politische Freiheit

Unter *politischer Freiheit* versteht man zunächst die Souveränität eines Staates, dessen Gesetze nicht von außen auferlegt, sondern von ihm selbst gegeben werden. Nach innen ist eine Gesellschaft in dem Maße frei, wie sie ihre Mitglieder vor Einschränkungen direkter und indirekter Art (Manipulation durch Werbung, Indoktrination, Propaganda) schützt und ihnen erlaubt, sich gemäß eigener Lebensentwürfe zu entfalten. *Individuelle Freiheiten*, wie Recht auf Leben, Meinungsfreiheit, Versammlungsfreiheit, Freiheit des Eigentums u.a.m., werden in den Grundrechten garantiert. Sie werden durch Gesetze so gestützt, dass zum Schutz der Freiheit aller die Freiheiten der Einzelnen eingeschränkt und dadurch zugleich gesichert werden. Gewaltenteilung, insbesondere ein unabhängiges Gerichtswesen, ein demokratisch gewähltes, die Regierung kontrollierendes Parlament sowie die Dezentralisierung der Macht sind weitere Sicherungen, die die innere Freiheit eines Gemeinwesens fördern.

Für die Ethik ist die Unterscheidung von *Handlungsfreiheit* und *Willensfreiheit* hilfreich.

Handlungsfreiheit

Die *Handlungsfreiheit* besteht darin, dass jemand unterschiedliche Möglichkeiten des Verhaltens sieht, eine davon auswählen und andere verwerfen kann. Zur Handlungsfreiheit gehört die Fähigkeit der Menschen, aus sich heraus Lebensentwürfe zu entwickeln und diese auch umzusetzen. Handlungsfreiheit ist keine angeborene Eigenschaft, sondern eine Möglichkeit, die es zu entwickeln gilt. Ein Mensch ist umso freier, je mehr Handlungsmöglichkeiten sich ihm bieten und er wahrzunehmen in der Lage ist. Dem Kind, den Kranken, den Armen oder den Schwachen sind dabei engere Grenzen gesetzt als den Erwachsenen, den Gesunden, den Mächtigen. Auch erweitert sich der Freiheitsspielraum mit dem Grad der Bildung, der Erfahrung und der Fähigkeit, die eigenen Emotionen zu beherrschen.

Willensfreiheit

Von der Handlungsfreiheit ist die *Willensfreiheit* zu unterscheiden. Sie besteht darin, dass ein Mensch seinen Willen aus sich heraus bilden kann und nicht den Antrieben des Unbewussten oder sozialen Zwängen unterliegt.

Determinismus

Die Willensfreiheit wird bestritten durch verschiedene Richtungen des *Determinismus* (lat. determinare: abgrenzen, schließen), die folgende Prägungen und Zwänge als Argumente gegen die Willensfreiheit ins Feld führen:

- die genetische Programmierung und Fixierung,
- die Gesetzmäßigkeiten der Gehirnphysiologie,
- die durch Familie und Erziehung grundgelegte Persönlichkeitsstruktur,
- die Abhängigkeit von der sozialen Schicht und der Gruppenzugehörigkeit,
- die Triebstruktur und das körperliche Befinden.

Ist der Wille frei?

Umgekehrt wird die Erfahrung, dass Menschen zu Handlungen aus freiem Willen fähig sind, gestützt durch

- das subjektive Gefühl der Verantwortlichkeit und das Erleben von Entscheidungssituationen,
- die Erfahrung, dass sich der Mensch im Laufe des Lebens verändern und Reifungsprozesse durchlaufen kann,
- den Widerspruch gegen gesellschaftliche Normen und Selbstverständlichkeiten,
- die bewusste Orientierung an selbst gesteckten Zielen und die Arbeit an der eigenen Persönlichkeit,
- die spontane oder reflektierte Verurteilung und Schuldzuweisung.

Die Annahme menschlicher Freiheit ist zudem eine wichtige Voraussetzung für das Rechtssystem, das sich zum Schuldstrafrecht bekennt. Auch eine Erziehung, die an Einsicht und Verantwortung appelliert, statt auf Indoktrination und Dressur zu setzen, rechnet mit der Freiheit des Menschen.

Fazit

Zwar wissen wir heute deutlicher als frühere Generationen, in welch hohem Maß Menschen determiniert sind. Dieses Wissen versetzt uns aber auch in die Lage, diese Determinationen zu durchschauen: sie zu benennen, zu beurteilen und produktiv mit ihnen umzugehen, d.h. in (selbst-)erzieherischen, therapeutischen und politischen Prozessen auf ihre Überwindung hinzuarbeiten. Deshalb ist der freie Wille eher als eine Option* denn als empirische Tatsache zu deuten: *Freiheit ist das, was der Mensch aus dem macht, was die Verhältnisse aus ihm gemacht haben* (JEAN PAUL SARTRE).

7.3 Grundbegriffe ethischer Argumentation

Gelegentlich mag das Beharren auf klaren Begriffen als Pedanterie und Schulmeisterei erscheinen. Aber zur Verständigung über kontroverse Fragen muss man auf Begriffe zurückgreifen können, über deren Bedeutung zuvor Einvernehmen hergestellt wurde. Dies gilt besonders für ethische Fragen, da diese oft in einem Klima erhitzter Gefühle diskutiert und Begriffe unterschiedlich gebraucht werden.

Was ist Ethik?

Ethik (gr. ethos: Sitte, Handeln) ist die wissenschaftliche Disziplin, die Aussagen über das gute und gerechte Handeln erarbeitet. Dabei orientiert sie sich an einer Leitvorstellung vom gelingenden Leben.
Ihr Augenmerk richtet sie in gleicher Weise auf die Lebensführung der Einzelnen (*Individualethik*) wie auf das Zusammenleben in der Gesellschaft (*Sozialethik*).

Worin besteht „gelingendes Leben“?

Was unter einem *gelingenden (guten, glücklichen, richtigen) Leben* verstanden wird, hängt davon ab, in welche weltanschaulichen Zusammenhänge man die Menschen verortet und welche Ziele für das menschliche Leben als vordringlich angesehen werden. Als Königswege zum Glück hebt die ethische Tradition z.B. das Leben in Übereinstimmung mit der Natur (→ 7.4.4), den Gehorsam gegenüber dem Willen Gottes (→ 7.5.1) oder auch die allseitige Entfaltung der Persönlichkeit hervor. Unter heutigen gesellschaftlichen Bedingungen wird das gelingende Leben umschrieben als eine Lebensform, der der Einzelne *zustimmen* kann und der er deshalb den Vorzug gegenüber anderen Lebensmodellen gibt (→ 7.1).

Philosophische Ethik

Die ethische Reflexion wird systematisch und methodisch betrieben in der Philosophie (*Praktische Philosophie*) und in der Theologie (*Moraltheologie/Theologische Ethik*). Sie ist insbesondere nachgefragt, wenn aufgrund raschen gesellschaftlichen

Wandels und wissenschaftlichen Fortschritts bisher gültige Lebensformen und Institutionen ihre Geltung einbüßen. Auch wenn bestehende ethische Forderungen nicht mehr überzeugend begründet werden können oder wenn neue Probleme einer ethischen Antwort bedürfen, erwartet man von der Ethik Klärung und Hilfe.

Aufgaben der Ethik

Die Ethik kommt dieser Aufgabe nach, indem sie mithilfe wissenschaftlicher Methoden klärt,

- was man unter dem *gelingenden Leben* versteht,
- wie der Entwurf eines gelingenden Lebens zu *begründen* ist,
- auf welchen Wegen (z.B. persönliches Verhalten, politisches Handeln, gesellschaftliche Einstellungen) das gelingende Leben zu erreichen ist,
- in welchen Werthaltungen sich das gelingende Leben ausdrückt und
- welche Normen das gelingende Leben am besten schützen.

Erkenntnisquellen der philosophischen Ethik sind Vernunfteinsicht, die gelebte Moral und die Erträge des ethischen Nachdenkens in der Vergangenheit, z.B. die ethischen Entwürfe des SOKRATES, des ARISTOTELES oder IMMANUEL KANTS.

Theologische Ethik

Die theologische Ethik versucht, aus dem christlichen Glauben Folgerungen für verantwortliches Handeln zu ziehen. Für die katholische Ethik (Moraltheologie) sind dabei folgende Erkenntnisquellen maßgebend:

- die Vernunfteinsicht, ähnlich der Philosophie,
- die biblischen Schriften,
- der Erfahrungsschatz der Glaubensgemeinschaft und
- die Äußerungen des kirchlichen Lehramts.

Die evangelische Ethik versteht sich demgegenüber stärker als Auslegung der Heiligen Schrift angesichts der heutigen Lebenswirklichkeit.

Zur Einordnung und kritischen Würdigung ethischer Entwürfe sind einige begriffliche Unterscheidungen hilfreich:

Deontologische und teleologische Ethik

Man unterscheidet zwischen deontologischen und teleologischen Ethiken.

- Unter dem Begriff *deontologische Ethik* (gr. deon: das Erforderliche, die Pflicht) fasst man Ethiken zusammen, die ein bestimmtes Handeln zur *Pflicht* machen, weil es sich aus dem Willen Gottes herleitet oder auf Grundsätzen beruht, die in sich gut sind, z.B. der kategorische Imperativ KANTS (→ 7.4.2).
- Die *teleologischen Ethiken* (griech. telos: Ziel, Zweck) machen dagegen den Wert einer Handlung eher von den angestrebten Zielen oder von den durch die Handlung bewirkten Folgen abhängig: Die Wahrheit zu sagen, ist nicht deshalb gut, weil Gott es gebietet, sondern weil dadurch das Vertrauen unter den Menschen gefördert wird.

Im Zuge der modernen Freiheitsgeschichte hat sich die Unterscheidung zwischen *heteronomer* und *autonomer Ethik* eingebürgert. Als heteronome Ethiken (gr. heteros: der andere) bezeichnet man Ethiken, bei denen die Normen von außen, z.B. von Gott oder der Heiligen Schrift, festgelegt werden. Darunter lassen sich aber auch die Ethiken von Staats- und Wirtschaftsideologien fassen, wenn sie oberste Ziele propagieren, die nicht hinterfragt werden dürfen (z.B. klassenlose Gesellschaft oder Wirtschaftswachstum).

Unter autonomen Ethiken (gr. autos: selbst) versteht man Ethiken, deren Normen Resultate menschlicher Überlegungen und Setzungen und frei von Sonderinteressen sind.

Gesinnungs- und Verantwortungsethik

Eine andere häufig anzutreffende Unterscheidung geht auf den Sozialökonomen MAX WEBER (1864 – 1920) zurück.
Er grenzt die *Gesinnungsethik* von der *Verantwortungsethik* ab.

- Danach neigt der *Gesinnungsethiker* dazu, sich von Idealen leiten zu lassen, auch wenn die Folgen zweifelhaft sind. Ein Gesinnungsethiker, der immer und auf jeden Fall die Wahrheit oder den Umweltschutz durchsetzen will, neigt dazu, andere Werte und Notwendigkeiten nicht angemessen zu berücksichtigen, und wird darüber leicht zum Rigoristen.

- Der *Verantwortungsethiker* hingegen berücksichtigt eher die komplexe und häufig von Wertkonflikten geprägte Entscheidungssituation. Er ist bereit, kurzfristig um eines höheren Wertes und des langfristigen Erfolgs willen gegen eine Norm zu verstoßen und dafür die Verantwortung zu übernehmen.

Ethik und Moral

Umgangssprachlich wird der Begriff *Moral* (lat. mos, pl. mores: Sitte, Gewohnheit, Brauch) oft mit Ethik gleichgesetzt. Für die Argumentation ist es aber hilfreich zu unterscheiden:

Während „*Ethik*" die Wissenschaften bezeichnet, die das sittliche Handeln reflektieren, bezeichnet „*Moral*" das komplexe Normengeflecht, das unser Verhalten bestimmt. Dies setzt sich zusammen aus zahlreichen Verhaltensregeln, Wertmaßstäben und Sinnvorstellungen, die für die ganze Gesellschaft oder für gesellschaftliche Teilgruppen charakteristisch sind. Sie werden durch Erziehung, durch Nachahmung, durch Leitbilder, durch verbale oder nichtverbale Billigung und Missbilligung angeeignet und verfestigen sich zu persönlichen Haltungen.

7.4 Philosophische Entwürfe des richtigen Lebens

Philosophen denken gründlich und grundsätzlich. Sie tun dies auch in der Frage, worin das richtige Leben besteht. Es geht ihnen dabei weniger um Hilfen bei der Bewältigung konkreter Lebenssituationen; ihr Ziel ist es vielmehr, solche Lebensmodelle zu entwerfen und zu begründen, die allgemeine Gültigkeit beanspruchen können. Einige dieser Entwürfe sind „klassisch" geworden, da sie ihre Überzeugungskraft über die Zeiten hin bewahrt haben. Ihre Argumentationsfiguren gehören zum Handwerkszeug der ethischen Diskussion und sind zu bleibenden Bezugspunkten ethischen Denkens geworden. Wenn wir am ethischen Diskurs* teilnehmen, brauchen wir deshalb nicht bei null anzufangen; wir finden Gedankengänge vor, die wir aufnehmen und fortentwickeln können.

7.4.1 Epikur und die Ethik des Glücks

Zeithintergrund

Immer wieder gibt es Zeiten, in denen sich gesellschaftliche Ordnungen und Formen des Zusammenlebens verändern. Dann stellt sich die Frage: Woran kann man sich orientieren, wenn die Lebensmuster früherer Generationen nicht mehr überzeugen?

In einer derartigen Phase lebte der griechische Philosoph EPIKUR (341 – 271/270 v.Chr.). Zu seiner Zeit löste sich die politische und gesellschaftliche Ordnung der griechischen Stadtstaaten auf. Angesichts der Unsicherheit, die die Menschen ergriff, bewegte EPIKUR die Frage, wie man in dieser Krisensituation sein Leben einrichten sollte.

Epikur ist Realist. Er schaut auf das tatsächliche Verhalten der Menschen und begründet daraus seine Ethik.

Alle Menschen wollen glücklich werden

Was unmittelbar einleuchtet, ist die Tatsache, dass alle Menschen glücklich werden wollen. Das Streben nach Glück liegt offensichtlich in der Natur des Menschen. Zum Glück gehört vor allem die Vermeidung von Schmerz und, positiv gewendet, das Streben nach Lust. Darum kann Epikur sagen: *Die Lust ist Ursprung und Ziel des glücklichen Lebens.*

Epikurs Glückskalkül

Epikur sieht aber deutlich, dass ein unkontrolliertes Streben nach Lust Menschen nicht glücklicher macht, sondern beschädigt. Deshalb proklamiert er als Ideal einen Genuss, der von der *Vernunft* geleitet ist. Dann vermag er abzuwägen, wann es sinnvoll ist, auf rasche Triebbefriedigung zu verzichten, um später einen höheren Genuss zu erreichen.

Das vernünftige Glück

Rauschhafte Zustände (Alkohol, Musik, Drogen, Sport ...) mögen augenblicklich ein starkes Glücksgefühl auslösen. Epikur bezweifelt aber, dass dadurch dauerhaftes Glück erreicht wird. Deshalb rät er auch, zwischen höheren und niederen Bedürfnissen zu unterscheiden. Niedere Bedürfnisse sind für Epikur die alltäglichen Freuden des Essens und des Trinkens. Wichtiger sind das Gespräch mit Freunden und die Liebe. Höherwertig aber sind für ihn die Freuden, die aus dem Betrachten von Kunstwerken und vor allem aus der Beschäftigung mit der Philosophie erwachsen. Sie führen die Menschen zum wahren Glück: zu innerer Ausgeglichenheit und Unerschütterlichkeit. So werden sie unempfindlich gegen Ängste, die aus dem eigenen Innern aufsteigen, und gegen Krisen, die sie von außen bedrohen.

Die ethische Argumentation des Epikur hat man auch *Hedonismus* (gr. hedonä: die Freude, die Lust) genannt, weil die Lust Ausgangspunkt seiner Philosophie ist. Heute aber versteht man unter *Hedonismus* meist eine stark konsumorientierte Bedürfnisbefriedigung, die in modernen Wohlstandsgesellschaften verbreitet ist und sich in Bildern der Werbung beobachten lässt.

Einwände

Einwände gegen die Ethik Epikurs lauten: Argumentiert sie nicht zu individualistisch? Vernachlässigt sie nicht Fragen der gesellschaftlichen und der politischen Ordnung? (→ 7.4.3; → 7.4.5)

7.4.2 Immanuel Kant: Leben unter dem Anspruch der Autonomie

Epochenwandel: Aufklärung

Im 18. Jahrhundert ändert das abendländische Denken seine Richtung. Bis dahin war es selbstverständlich, dass das menschliche Leben eingebunden war in einen göttlichen Heilsplan. Das Streben nach dem ewigen Leben im Himmel galt als wichtigstes Lebensziel. Seit der Aufklärung (→ 2.3.7) wird die Entfaltung des menschlichen Lebens im Diesseits mehr und mehr als höchstes Gut proklamiert. Anzustreben ist das Ideal der Humanität, die vernunftgeleitete Entfaltung menschlicher Möglichkeiten im Leben der Einzelnen, in der Gemeinschaft und in der Ordnung des Staates.

Neue Fragen

Das ethische Denken der Aufklärung stellt deshalb drei Fragen in den Mittelpunkt:

- Wie können die Einzelnen alle ihre humanen Möglichkeiten entwickeln? Konkret heißt das: am Leben reifen, anderen ohne Vorurteile und mit Wohlwollen begegnen und durch tätiges Leben Gutes bewirken *(Humanitätsideal)*.
- Wie kann der (wirtschaftliche) Erfolg der Einzelnen durch Wohltätigkeit, Stiftungen und bürgerschaftliches Engagement dem Wohlergehen der Gesellschaft im Ganzen dienen? *(Ideal der Philanthropie)*
- Wie kann man die staatliche Ordnung von den unveräußerlichen Rechten der Einzelmenschen her begründen? *(Idee des Verfassungsstaates und der Menschenrechte)*

Der neue Ansatz: Handeln gemäß der Vernunft

Damit beginnt auch eine neue Epoche im ethischen Denken. Die Philosophie sucht Antwort auf folgende Fragen:

- Lässt sich das richtige Handeln durch vernunftgemäße Einsichten begründen?
- Kann man Menschen die Fähigkeit zutrauen, aus eigenem Antrieb sittlich gut zu handeln?
- Welche Verfassung braucht ein Staat, um die freie Entfaltung seiner Bürger – und damit das Glück aller – zu sichern?

Immanuel Kants große Leistung besteht zunächst darin, dass er die Grundsätze sittlichen Handelns allein aus der menschlichen Vernunft herleitet. Dies gelingt ihm durch eine formale Begründung im sogenannten *kategorischen Imperativ: Handle nur nach derjenigen Maxime, durch die du zugleich wollen kannst, dass sie ein allgemeines Gesetz werde.*
Dieser Grundsatz heißt „kategorisch", weil er immer und grundsätzlich gelten soll, unabhängig vom Einzelnen und einer bestimmten gesellschaftlichen Situation. Formal nennt man diese Ethik, weil sie keine sittlichen Inhalte (z.B. Gerechtigkeit, Freiheit, Liebe) als höchste Werte benennt, sondern eine methodische Regel formuliert, wie man zu einem sicheren ethischen Urteil gelangt.

Die Fähigkeit zum autonomen sittlichen Handeln spricht Kant den Menschen zu, weil er ein großes Vertrauen in ihre Vernunft hat. Sittliches Handeln ergibt sich demnach nicht aus der Entfaltung natürlicher Anlagen, sondern es erwächst aus vernünftigen Grundsätzen, die ein Mensch sich und anderen auferlegt. Deshalb macht erst die Überformung der natürlichen Antriebe durch die Pflicht das sittliche Handeln aus.

Würdigung

Aus heutiger Sicht besteht die Leistung Kants darin, dass er seine Ethik auf die Freiheit und Mündigkeit der Person gründet und diese auffordert, vernünftig und selbstverantwortlich zu handeln. Zudem ruft er dazu auf, auch den ethischen Autoritäten und Traditionen kritisch gegenüberzutreten.

Man kann aber auch einwenden: Blockiert Kants Ethik nicht die spontane Güte und Herzlichkeit? Kann ich noch authentisch handeln, wenn ich jedes Mal prüfen muss, ob meine ethischen Grundsätze verallgemeinerbar sind?

Kants kategorischer Imperativ verknüpft die Verantwortung der Einzelnen mit den Pflichten gegenüber dem Gemeinwesen. Wenn sich nun eine Ideologie entwickelt, die den Vorrang des Staates gegenüber den Einzelnen proklamiert, sieht man in den Staatsbürgern in erster Linie Diener des Staates. Pflicht kann dann zum Gehorsam gegenüber Autoritäten und Befehlen pervertieren und ist nicht mehr Ergebnis freier moralischer Entscheidung, wie KANT es gewollt hat.

Im 20. Jahrhundert kristallisiert sich eine weitere Kritik an der ethischen Position KANTS heraus: Moderne Gesellschaften sind komplex und unübersichtlich geworden. Deshalb können die Einzelnen oft nicht mehr allein entscheiden, welches Verhalten für sie und für die Gesellschaft am besten ist. Fragen der Ökologie, des Friedens, der Euthanasie oder der sozialen Gerechtigkeit müssen deshalb in aufwändigen gesellschaftlichen Verständigungsprozessen geklärt und entscheidungsreif gemacht werden.

7.4.3 Der Utilitarismus oder das Prinzip der Nützlichkeit

Ist es verwerflich, wenn Menschen nach Reichtum streben? Die Antwort des Neuen Testaments scheint eindeutig: *Eher geht ein Kamel durch ein Nadelöhr, als dass ein Reicher in das Reich Gottes gelangt* (MK 10,25). Für moderne Industriegesellschaften ist das Streben nach Reichtum hingegen der entscheidende Motor zum wirtschaftlichen Erfolg. Technologische Innovationen, Fabriken und Arbeitsplätze entstehen nur, weil Unternehmen dadurch Gewinn erzielen wollen. Vor diesem Hintergrund versucht der Utilitarismus, das Streben nach Reichtum neu zu bewerten.

Das größte Glück für die größte Zahl

Wie EPIKUR (→ 7.4.1) setzt auch der Utilitarismus (lat. utilis: nützlich) auf das Glück als höchsten Wert, weil dieses die Erfüllung menschlicher Bedürfnisse verspricht. Im Unterschied zu EPIKUR geht es dem Utilitarismus aber nicht nur um das Glück der Einzelnen, sondern um die Wohlfahrt der ganzen Gesellschaft. Entsprechend lautet das Credo des wichtigsten Theoretikers des Utilitarismus JEREMY BENTHAM (1748 – 1832): *Das größtmögliche Glück für die größtmögliche Zahl von Menschen.*

Damit wird ein Maßstab für die Beurteilung von Handlungen gewonnen: Für die Bewertung einer Handlung sind nicht die Absichten der Handelnden oder die Ideale, die sie zu verwirklichen suchen, maßgebend, sondern vor allem die Folgen, die sie zeitigt. Eine Handlung ist dann gut, wenn ihre Folgen den größtmöglichen Nutzen bringen. – Mehrere Philosophen dieser Schule gehen davon aus, dass es im Allgemeinen keinen Widerspruch zwischen dem Nutzen für den Einzelnen und dem Nutzen für die Allgemeinheit gibt. Denn persönliche Tüchtigkeit und Gewinnstreben wirken sich positiv auf das gesamte Wirtschaftsleben aus.

Adam Smith (1723 – 1790), einer der profiliertesten Denker des Utilitarismus, stimmt diesem Grundgedanken zu: *Was der Einzelne aus egoistischen Motiven tut, kann durch eine „unsichtbare Hand" die Wohlfahrt der gesamten Gesellschaft fördern.* Gegen die Auswüchse eines reinen Kapitalismus fordert er aber einen starken Staat, in dessen Verantwortung vor allem die Landesverteidigung, die innere Sicherheit und das Bildungswesen fallen. Den Unternehmern und den Wohlhabenden empfiehlt er die Haltung der „benevolence", der Güte gegenüber dem Mitmenschen.

Bewertung

Oft als „Nützlichkeitsmoral" abgestempelt, entwickelte sich der Utilitarismus in den angelsächsischen Ländern zu einem differenzierten Instrument empirisch-rationaler Normbegründung und Gesellschaftsreform. – Der Utilitarismus verbindet rationale Elemente (Nützlichkeitsprinzip) und empirische Bemühungen, Sicherheit über die Folgen einer Handlung zu erlangen; darin liegt seine Stärke. Dieser rational-pragmatische Charakter trägt wesentlich zur Verbreitung des Utilitarismus in der gegenwärtigen philosophischen Ethik bei.

Die Schwäche des Utilitarismus ist die Gerechtigkeit. Wo Entscheidungen im Sinne des maximalen Nutzens für die größte Zahl getroffen werden, besteht die Gefahr, dass Grundrechte oder berechtigte Ansprüche von Minderheiten auf dem Altar des kollektiven Nutzens geopfert werden.

7.4.4 Das natürliche Sittengesetz

Der Gedanke

Aus der Ordnung und Gesetzmäßigkeit der Natur folgerten schon antike Philosophen, dass die Welt durch eine ihr zugrunde liegende Vernunft strukturiert sei. Diese Ordnung wird sichtbar in den astronomischen, physikalischen und biologischen Gesetzmäßigkeiten der Welt. Im Kosmos – der geordneten Welt – fühlt sich der Mensch geschützt vor den ruinösen Mächten des Chaos. – Ähnlich wie die Natur durch Gesetze geordnet ist, so unterliegt auch das menschliche Leben allgemeingültigen Gesetzmäßigkeiten.

Diese lassen sich ermitteln durch Einsicht in das menschliche Leben. Aus diesen Erkenntnissen schließen die Naturrechtsethiker auf das (idealisierte) Wesen des Menschen und gewinnen daraus allgemeingültige Normen. Ein Beispiel: In vielen Situationen beklagen sich Menschen, dass sie ungerecht behandelt werden. Das Verlangen nach Gerechtigkeit scheint damit zum Wesen des Menschen zu gehören. Der Staat und jeder Einzelne haben deshalb die Verpflichtung, gerecht zu handeln. Was Gerechtigkeit in einer bestimmten Situation fordert, wie hoch z.B. ein gerechter Lohn sein muss, ergibt sich aus den jeweiligen ökonomischen und gesellschaftlichen Rahmenbedingungen.

Ähnlich verhält es sich mit so allgemeinen Forderungen wie dem Verbot, andere Menschen körperlich zu schädigen, oder der Verpflichtung zur Treue gegenüber eingegangenen Verträgen, Versprechen und Bindungen.

Solche Denkansätze wurden schon in der Antike von der Stoa entwickelt, d.h. von der Philosophenschule, die sich auf Aristoteles berief. Das christliche philosophische Denken konnte diese Argumentationsweise übernehmen, indem es die Natur auf einen *Schöpfergott* zurückführte. Damit wurden die Normen, die – mithilfe der Vernunft – aus der Natur gewonnen wurden, zugleich als Äußerungen des göttlichen Willens verstanden.

Kritik

Mit den geistesgeschichtlichen Verschiebungen der Neuzeit geriet das Naturrechtsdenken in eine Krise:

Die Erfahrung der Geschichtlichkeit und der Zeitabhängigkeit von Denken und Moral erzeugen Skepsis gegenüber allgemeingültigen überzeitlichen Normen. Ein Beispiel: War es für die antike Gesellschaft „natürlich", dass bestimmte Menschen zu Sklaven geboren waren, ist für uns heute „natürlich", dass alle Menschen gleich und frei geboren werden.

Mit dem Aufstieg der Naturwissenschaften tritt ein Paradigmenwechsel ein: Während in der Vergangenheit die Natur als organische Einheit und als Spiegel des Göttlichen gesehen wurde, entkleiden die Naturwissenschaften die Natur ihres mythischen Charakters und machen sie zum Gegenstand analysierender Beobachtung.

Der Mensch tritt gegenüber der Natur in ein Subjekt-Objekt-Verhältnis und beansprucht ihr gegenüber Autonomie. Damit verliert die Ableitung sittlicher Normen aus der natürlichen Ordnung an Plausibilität und wird von den Kritikern als „naturalistischer Fehlschluss" kritisiert.

7.4.5 Hans Jonas: Das Prinzip Verantwortung

Probleme

Berücksichtigen die traditionellen Ethiken, dass die Rohstoffe begrenzt sind und dass heutige Generationen über die Lebensmöglichkeiten künftiger Generationen entscheiden? Durch diese Fragen herausgefordert, ist der Philosoph Hans Jonas (1903 – 1993) mit einem eigenständigen ethischen Entwurf unter dem Titel „Das Prinzip Verantwortung" (1979) hervorgetreten.

Kritik bisheriger Ethik

Ausgangspunkt seines Denkens ist die moderne Technik. Sie verheißt Fortschritt und ein besseres Leben; gleichzeitig gehen von ihr aber auch Gefahren aus, die für die Natur und den Fortbestand menschlichen Lebens als bedrohlich empfunden werden.

Der bisherigen Ethik wirft Jonas vor, dass sie sich zu sehr auf den Menschen und den unmittelbaren Umkreis seiner Handlungen konzentriert hat. Auch hat sie den Menschen zu sehr als ein gleichbleibendes Wesen gedeutet und zu wenig beachtet, dass er sich im Laufe der Geschichte verändert. Er selbst wird Objekt technischer und genmanipulativer Veränderungen. Durch diese Blickverengung werden die Fernwirkungen menschlichen Handelns für die Menschen selbst und für die außermenschliche Umwelt übersehen.

Jonas möchte diese Beschränkungen bisheriger Ethik überwinden, indem er den Horizont ethischen Nachdenkens erweitert:

Thesen zur Verantwortungsethik

- Er schließt in die ethische Verantwortung der Menschen auch die *außermenschliche Natur* ein. Ihr, die bisher der menschlichen Macht unterworfen war, kommt ein eigenes Recht zu, und die Menschheit muss um ihres eigenen Überlebens willen dieses Recht anerkennen.
- Die Zentrierung der Ethik auf den Menschen hat im kategorischen Imperativ Kants (→ 7.4.2) ihren klassischen Ausdruck gefunden. Entsprechend seiner Konzeption formuliert Jonas neu: *Handle so, dass die Wirkungen deiner Handlungen verträglich sind mit der Permanenz (Dauerhaftigkeit) echten menschlichen Lebens auf Erden.*
- Jonas entwickelt die Vorstellung von einem „echten" menschlichen Leben. Damit kritisiert er die neuzeitliche Entwicklung, in der sich der Mensch der Natur bemächtigt und sich ihr zugleich entfremdet. Diesen Prozess wertet Jonas als Verlust.
- Die heute lebenden Menschen haben nicht das Recht, durch ökologisches Fehlverhalten zugunsten ihres Lebenskomforts das Leben künftiger Generationen zu opfern.

Würdigung

Bei der letzten Aussage stellt sich die Frage, warum wir dieses Recht nicht haben. Wenn sich auch unser Gefühl spontan dagegen wehrt, das Leben künftiger Generationen aufs Spiel zu setzen: Ihnen kann dennoch kein Leid angetan werden, wenn sie nicht existieren. Die Frage kann nicht mehr ethisch beantwortet werden, sondern nur, indem dem *Sein, wovon die Idee des Menschen ein Teil ist*, ein nicht mehr zu hinterfragender Wert zuerkannt wird. Damit nähert sich JONAS der klassischen Metaphysik, die sich Aussagen über die Gesamtheit des Seins zutraute.

Auch in einem anderen Punkt erweist sich JONAS als „vormodern“: Für ihn ergibt sich die ethische Verantwortung für das Leben aus dem Sein oder der Natur. Deren erkennbarer Zweck aber ist die Hervorbringung von Leben. Damit zieht er einen wichtigen Grundsatz neuzeitlichen ethischen Denkens – aus dem Sein lassen sich keine ethischen Forderungen ableiten – in Zweifel.

Mit seinem Versuch, Verantwortung und damit ethische Normen im Sein zu begründen, nähert sich JONAS auch christlichen Argumentationen an, ohne deren religiöse Voraussetzungen zu teilen.

7.4.6 Tugendethik

Ansatz

Schon die Alltagsbeobachtung zeigt, dass menschliches Handeln weit mehr von Gewohnheiten und Konventionen bestimmt wird als von überlegt getroffenen ethischen Entscheidungen. Auf dieser Erfahrung gründet ein klassischer Ansatz der Ethik, den erstmals ARISTOTELES (384 – 322 v.Chr.) entwickelt hat: die Tugendethik.

Ihre Renaissance in der Gegenwartsphilosophie geht auf ein Unbehagen gegenüber ethischen Richtungen zurück, die sich in den Augen ihrer Kritiker zu sehr auf die rationale Begründung und Ableitung einzelner Normen fixieren (gemeint sind meist die Ethik KANTS und der Utilitarismus). Diesen ethischen Richtungen wird vorgeworfen, dass sie allzu leicht den Menschen als Subjekt ethischer Entscheidungen und seine Beheimatung in einer bestimmten Lebenswelt aus den Augen verlieren. Deshalb setzen die Tugendethiker bei der Persönlichkeit des Handelnden an. Sie messen den intellektuellen und emotionalen Fähigkeiten, die sich ein Mensch angeeignet hat, eine zentrale Bedeutung für sein moralisches Verhalten zu und glauben, dass diese ihn befähigen, auch in Entscheidungssituationen das Richtige zu tun.

Grundfrage

Die Grundfrage der Tugendethik ist deshalb nicht: Welche Handlung ist die moralisch richtige? Sondern: *Welche Eigenschaften und Verhaltensweisen sind notwendig, damit ich mich dauerhaft moralisch verhalte?* Die moralische Qualität des Handelns beruht auf erworbenen Haltungen und Fertigkeiten, also auf *Tugenden*. Deren Beachtung stabilisiert den Einzelnen und dient dem Zusammenleben in der Gesellschaft: Tugendhaftigkeit fördert das allgemeine Wohl.

Notwendige Rahmenbedingungen

Erworben werden die Tugenden durch Gewöhnung und Belehrung. Deshalb betonen die Vertreter der Tugendethik den Wert der moralischen Erziehung (→ 7.2.1). Diese bedarf aber der Ergänzung und Unterstützung: Gesellschaftliche Rahmenbedingungen und die Rechtsordnung müssen so beschaffen sein, dass moralisch sensible Menschen nicht an Verhältnissen zerbrechen, in denen Korruption, rücksichtsloser Egoismus, Verantwortungslosigkeit, Diskriminierung, Unterdrückung u.a.m. an der Tagesordnung sind. Eine Tugendethik für sich genommen bietet nicht genügend Möglichkeiten, diesen Verfehlungen Grenzen zu setzen. Sie ist angewiesen auf klare moralische und rechtliche Regeln hinsichtlich dessen, was tolerierbar ist und was nicht.

Die theoretischen Entwürfe der Tugendethik erfahren eine zusätzliche Schubkraft durch Fehlentwicklungen und Krisen in Wirtschaft und Gesellschaft. Als Reaktion darauf erleben auch Tugenden, die vielfach als Ideale einer vergangenen Zeit belächelt wurden, eine auffällige Revitalisierung: Ehrlichkeit, Verlässlichkeit, Verantwortung, Fleiß, Sparsamkeit, Mäßigkeit, Anstand, Höflichkeit, Pünktlichkeit u.a.m.

Einwände

Gegen die Tugendethik werden im Wesentlichen zwei Einwände erhoben:

- Vor allem „Sekundärtugenden", wie Fleiß, Pünktlichkeit oder Ordnungsliebe, können für die falsche Sache, z.B. zur Verteidigung einer Diktatur, eingesetzt werden. Diesem Einwand begegnen Tugendethiker mit einer Hierarchisierung der Tugenden. Moralische Tugenden (Primärtugenden), wie Gerechtigkeit, Zivilcourage, Hilfsbereitschaft oder Toleranz, genießen einen höheren Rang als instrumentelle Tugenden (Sekundärtugenden). Es ist Sache der Vernunft und Klugheit, zwischen universalen ethischen Werten und den Mitteln, sie zu verwirklichen, zu unterscheiden und beide in ein angemessenes Verhältnis zueinander zu setzen.

- Außerdem bemängeln Kritiker, dass als Antwort auf komplexe oder globale ethische Fragen, wie Sterbehilfe, Embryonenschutz, Bewahrung der Umwelt und Bekämpfung von Armut, der Appell an die Tugend nicht ausreicht. Deshalb müssen die berechtigten Anliegen der Tugendethik ergänzt werden durch den ethischen Diskurs. Zu ihm gehören die Orientierung an wissenschaftlichen Erkenntnissen, die argumentative Auseinandersetzung, aber auch die öffentliche Diskussion ethisch umstrittener Fragen (→ 7.4.7; 7.5.3; 7.5.4).

7.4.7 Normenfindung durch Diskurs

Wie kann man sich über strittige ethische Fragen in pluralistischen Gesellschaften verständigen? Wie kann man politische und soziale Entscheidungen treffen, wenn die Bürgerinnen und Bürger eines Staates unterschiedlichen Wertüberzeugungen anhängen?

Auf diese Fragen versucht die in den Achtzigerjahren des letzten Jahrhunderts von Jürgen Habermas (*1929) und Karl-Otto Apel (*1922) entwickelte *Diskurs- oder Kommunikationsethik* eine Antwort zu geben.

Der Diskurs

Grundlage ethischer Entscheidungsfindung ist der *Diskurs.* Darunter versteht man den Austausch von Argumenten oder guten Gründen mit dem Ziel der Verständigung. Voraussetzung ist die wechselseitige Anerkennung der Diskurspartner als mündige Personen, zwischen denen eine vernünftige Verständigung grundsätzlich möglich ist. Weil die Ergebnisse des Diskurses über individuelle Glücks- und Nutzenserwartungen hinausgehen, vielmehr als Vernunfteinsichten überpersönliche (universale) Geltung beanspruchen, ist die Diskursethik der Pflichtethik KANTS (→ 7.4.2) verwandt.

Kommentar

Das Gelingen solcher Diskurse in kleinen Kreisen, an runden Tischen, in Ethikkommissionen oder in gesamtgesellschaftlichen Klärungsprozessen hängt wesentlich ab

- von einem Klima der *Sachlichkeit* und des *Verständigungswillens,*
- von der *Überzeugungskraft* der Experten und
- von der Art der *Berichterstattung* in den Medien.

Auf allen Ebenen besteht die Gefahr, dass sich Emotionen aufschaukeln oder der Diskurs sich in unfruchtbaren Streitereien erschöpft. Dennoch führt in offenen, demokratischen Gesellschaften, in denen Traditionen ihre selbstverständliche Geltung einbüßen und sich die autoritative Normsetzung durch den Staat oder einflussreiche Gruppen verbietet, kein Weg an öffentlich ausgetragenen Verständigungsprozessen vorbei. Wie sehr diese das Bewusstsein prägen und das Ethos verändern können, zeigt der Einstellungswandel, der sich in den letzten Jahrzehnten auf den Gebieten der Umwelt, des Friedens, der Frauenemanzipation oder der Homosexualität vollzogen hat.

Anhänger theonomer oder naturrechtlich argumentierender Ethiken kritisieren die Diskursethik. Sie werfen ihr vor, dass sie unaufgebbare Werte Mehrheitsentscheidungen unterwirft (z.B. Schwangerschaftsabbruch, Euthanasie*, Asylrecht).

7.5 Ethische Impulse aus dem christlichen Glauben

Ethik als Diskurs

Welche Gestalt das richtige, das gelingende Leben hat, muss in jeder Zeit neu ausgehandelt werden. Lebensbedingungen ändern sich fortwährend und die Leitbilder für „richtiges" Leben ebenfalls. – Welche Rolle kann in diesen Klärungsprozessen das Christentum spielen, und welche Beiträge leistet die christliche Ethik bei der Suche nach Werten und Normen?

Christliche Werte im allgemeinen ethischen Bewusstsein

Die wichtigsten ethischen Impulse des Christentums (z.B. Nächstenliebe, Streben nach Frieden und Gerechtigkeit, Schutz des Lebens) sind unstrittig. Sie sind verankert im europäischen Wertekonsens, und oft ist unklar, ob sie aus christlicher oder aus allgemein humaner Motivation vertreten werden. Im Abendland hat sich die christliche Ethik im Dialog mit der philosophischen Ethik entwickelt; und umgekehrt hat sich seit der späten Antike die philosophische Ethik im Dialog mit dem christlichen Glauben entfaltet. Deshalb ist es nicht erstaunlich, dass es immer wieder Übereinstimmungen zwischen philosophischer und theologischer Ethik gibt. Worin liegt dann die Besonderheit des Christlichen?

Werte und Normen als göttliche Weisungen

Aus ihrer Sicht sind Christen verpflichtet, bestimmte Werte und Normen öffentlich zu propagieren und einzufordern. Sie ergeben sich nämlich aus den biblischen Grundlagen ihres Glaubens und haben sich geschichtlich bewährt. Zentrale Werte, die das Leben fördern, sind für die Christen im Glauben an einen Gott begründet, der am Wohlergehen der Menschen interessiert ist und den die Bibel als Schöpfer, als Befreier und als Anwalt der Gerechtigkeit charakterisiert.

Für nicht-christliche Kritiker dieser Position vertreten Christen damit eine *heteronome Moral*, denn sie führen eine Instanz in die ethische Debatte ein (den Willen Gottes), die sich dem Urteil der menschlichen Vernunft grundsätzlich entzieht.

Die Frage nach einer autonomen christlichen Ethik

Damit ergibt sich eine zentrale Frage: Wie können ethische Auffassungen der Christen in den heutigen ethischen Diskurs eingebracht werden? Wie dringlich ein derartiger Diskurs ist, zeigt sich immer wieder in neuen Fragestellungen, für die eine Gesellschaft Lösungen finden muss. – Etwa: Ist es erlaubt, einen Menschen zu töten, der unheilbar krank ist, der keine Lebensqualität und keinen Lebenswillen mehr hat? – Ist es sittlich gefordert, möglichst viele Flüchtlinge aus den Armutsländern aufzunehmen, oder haben die wohlhabenden Völker das Recht, sie abzuweisen? – Darf man in der EU die Unterdrückung von Frauen in Familien dulden, die aus einem außereuropäischen Kulturkreis stammen und denen die Gleichberechtigung der Frau fremd ist?

Doppelte Wirkung des ethischen Diskurses

Wenn sich Christen an der Debatte um derartige Probleme beteiligen, können daraus Chancen für die Gesellschaft als Ganze und zugleich für die Kirchen erwachsen: Aus der ethischen Tradition und aus der Praxis der Kirchen (z.B. Armenfürsorge, Familienberatung, Entwicklungshilfe, Friedensarbeit) ergeben sich Impulse für das allgemeine ethische Bewusstsein. Und umgekehrt können aus ethischen Diskursen Anstöße für eine bessere kirchliche Theorie und Praxis erwachsen (z.B. Stellung der Frau in der Kirche; Einstellung der Kirchen zur Homosexualität; Mitbestimmung und Meinungsbildung in der Kirche).

7.5.1 Ethische Traditionen aus dem Alten Testament

Wer ethische Impulse in der Hebräischen Bibel sucht, findet sie vor allem in der Tora, in einigen Schriften der Propheten und in der (späten) Weisheitsliteratur (→ 3.2).

In der Tora stehen hauptsächlich Vorschriften, die das Zusammenleben regeln sollen und die vor Gericht einklagbar sind.

Der Dekalog („Zehn Gebote“)

Eingebettet in die Erzählung vom Bundesschluss am Sinai sind grundlegende sittliche Verpflichtungen im *Dekalog* (Ex 20,2-17; Dtn 5,6-21) niedergelegt:
Geschützt ist der *Monotheismus* („Erste Tafel“ des Dekalogs). Die notwendigen Normen für das Zusammenleben formuliert die „Zweite Tafel“: die *Sorge für die Eltern* im hilfsbedürftigen Alter, den *Schutz des Lebens*, des *Eigentums*, der *Ehe* und der *Wahrheitsfindung vor Gericht.*
Der Dekalog ist angelegt als Vertrag zwischen dem Volk Israel und Gott, der das Volk aus der Sklaverei in Ägypten befreit hat. Seine Besonderheit besteht darin, dass das Bekenntnis zu JHWH soziale Pflichten einschließt, sodass wesentliche Teile der Ethik als Antwort auf das befreiende Handeln Gottes verstanden werden.

Entfaltung des Dekalogs in der Tora

Im Anschluss an den Dekalog werden *Rechtssammlungen* eingefügt: im Buch Exodus das Bundesbuch (Ex 20,22 – 23,33) und im Buch Deuteronomium das umfangreichere deuteronomistische Gesetz (Dtn 5 – 28). Diese literarische Gestaltung macht auf einen wesentlichen Unterschied zwischen den Juden und ihren Nachbarvölkern aufmerksam: Im Alten Orient sind die Gesetze königliches Recht; in Israel wird Gott an die Stelle des Königs gesetzt; er ist der eigentliche Garant des Rechts.

Jetzt wird entfaltet, welchen Umfang die sittliche Verpflichtung annimmt, die sich aus dem Bund Israels mit JHWH ergibt, der an Gerechtigkeit und am Wohl des Volkes interessiert ist.

Bis ins Einzelne werden Regelungen für alle Bereiche des damaligen privaten, öffentlichen und religiösen Lebens getroffen. Beispielsweise: die Verpflichtung zur Nachbarschaftshilfe (Dtn 22,4), die Befreiung Neuvermählter vom Kriegsdienst (24,5), das Verbot der Sippenhaft (24,16), der Schutz der sozial Schwachen – der Fremden, Waisen und Witwen (24,17f.); aber auch der Schutz der Tiere und der Natur: eine Vogelmutter, die ihre Brut pflegt, darf nicht gefangen werden (22,6f), dem Ochsen soll man beim Dreschen keinen Maulkorb anlegen (25,4), und der Baumbestand des Feindes soll im Kriege geschont werden (20,19).

Fortsetzung Seite 323

Der Dekalog

All diese Worte sagte Gott:

[2]ICH, JHWH, DEIN GOTT.

Ich bin es, der dich herausgeführt hat aus dem Land Ägypten,
aus dem Haus der Sklaven.

I. [3]Das sollst du nicht: andere Götter für dich, mir ins Angesicht.

II. [4]Das sollst du nicht: Ein Gottesbild machen oder irgendein Abbild
von dem, was im Himmel droben, auf der Erde hier unten oder
im Wasser unter der Erde ist. [5]Und du sollst dich nicht nieder-
werfen vor den anderen Göttern und ihnen wie ein Sklave die-
nen, denn ich JHWH, dein Gott, bin ein eifersüchtiger Gott. Ge-
nau prüfe ich bis in die dritte und vierte Generation, ob die
Kinder mich hassen wie ihre Eltern. [6]Aber verlässlich und treu
bleibe ich bis in die tausendste Generation denen, die mich lie-
ben und meine Gebote halten.

III. [7]Das sollst du nicht: den Namen JHWHs, deines Gottes, leicht-
fertig gebrauchen. Denn nicht ungestraft lässt JHWH den, der
seinen Namen leichtfertig gebraucht.

IV. [8]Halte lebendig den Sabbat-Tag, damit du dich an den Heiligen
erinnerst. [9]Sechs Tage sollst du arbeiten und tun, was nötig ist.
[10]Der siebte Tag ist Sabbat für JHWH, deinen Gott. Keinerlei Ar-
beit sollst du tun: du nicht, nicht dein Sohn und deine Tochter;
nicht dein Sklave, deine Magd und dein Vieh; selbst dein Frem-
der nicht, der in deinen Toren wohnt. [11]Denn in sechs Tagen hat
JHWH den Himmel und die Erde gemacht, das Meer und alles,
was in ihnen ist; am siebten Tag aber hat er geruht. Deshalb hat
JHWH den Tag des Sabbats gesegnet und ihn geheiligt.

V. [12]Ehre deinen Vater und deine Mutter, damit dein Leben lange
währt auf dem Erdboden, den JHWH, dein Gott, dir geben will.

VI. [13]Das sollst du nicht: morden!

VII. [14]Das sollst du nicht: ehebrechen!

VIII. [15]Das sollst du nicht: stehlen!

IX. [16]Das sollst du nicht: falsch aussagen gegen deinen Nächsten!

X. [17]Das sollst du nicht: begehren Hab und Gut deines Nächsten:
nicht die Frau deines Nächsten, nicht seinen Sklaven und seine
Magd; auch nicht sein Rind und seinen Esel oder irgendetwas,
was deinem Nächsten gehört.

Exodus 20,2–17

Prophetische Kritik

Wie alle Institutionen neigt auch die Religion zur Erstarrung. Sie fügt sich ein in gesellschaftliche Gewohnheiten und erklärt allzu leicht das Bestehende zur gottgegebenen Ordnung. Gottesverehrung wird leicht zur Routine des Gottesdienstes, und die Amtsträger der Religion erhalten selbst eine bevorzugte Stellung in der Gesellschaft.

Gegen diese Erstarrung der Religion treten immer wieder Kritiker und Reformer auf. Beispielsweise betonen AMOS und HOSEA (beide 8. Jahrhundert v.u.Z.) die soziale Verpflichtung des Glaubens an JHWH: Der Gottesdienst wird zur Lüge und zur Beleidigung Gottes, wenn er Unrecht und Unterdrückung zudeckt. Darüber hinaus unterstreichen viele Propheten, dass der Glaube nicht nur äußerer Vollzug ist, sondern aus innerer Leidenschaft für die Sache JHWHs erwachsen soll.

> Aus heutiger Sicht gehören die Propheten zu den frühesten Vertretern einer Ethik, die die Verantwortung und die Rechte der Einzelnen hervorhebt.

Ethos der Weisheit

Einen breiten Raum nehmen ethische Themen auch in der alttestamentlichen Weisheitsliteratur ein. In ihr geht es vorrangig um die rechte Bewältigung des Lebens durch den Einzelnen. Fast alle Bereiche des damaligen Lebens können zu Gegenständen der Weisheit werden, die auf *Vernunft* und *Lebenserfahrung* gründet. Als literarische Formen wählen die Autoren Sprichwörter und Sinnsprüche, die sich dem Gedächtnis leicht einprägen. Neben Aussagen über das rechte Verhalten zu Gott und zum Nächsten treten Mahnungen zu Fleiß und Bescheidenheit, zur Beherrschung der Emotionen, die Warnung vor Trunksucht, vor leichtfertiger Rede und den Verstrickungen der Sexualität.

Da das Weisheitsethos auf ein gelingendes Leben zielt, ist für seine Argumentation der *Tun-Ergehen-Zusammenhang* charakteristisch: Wie jemand handelt, so wird es ihm im Leben ergehen; wer Gutes tut, dem geht es gut, wer Schlechtes tut, dem geht es schlecht.

Wer die ethischen Ratschläge des Alten Testaments auf die Gegenwart übertragen will, steht vor drei Schwierigkeiten:

Schwierigkeiten der Übertragung

1. *Kulturgeschichtliche Differenz:* Wir leben in einer technisch-industriellen Welt. Regelungen, die sich im Agrarzeitalter bewährt haben, können nicht unmittelbar übernommen werden.
2. *Religionsgeschichtliche Differenz*: Durch die Wirkung des Neuen Testaments und die Geschichte des Christentums hat sich unsere Sicht des Alten Testaments verschoben (→ 3.6; 3.7).
3. *Geistesgeschichtliche Differenz*: Durch die Säkularisierung weiter Lebensbereiche werden auch sittliche Forderungen weitgehend profan begründet (→ 7.4.7).

Was bleibt

Trotz dieser Differenzen behalten zentrale Grundsätze des AT für Christen ihren Verpflichtungscharakter; vor allem

- die Verbindung von Gottesverehrung und Sittlichkeit,
- das Gebot der Gottes- und Nächstenliebe (LEV 19,18),
- der Schutz von Leben, Eigentum und Wahrheit,
- die Verpflichtung zur Gerechtigkeit und zum Schutz der Schwachen.

7.5.2 Ethische Impulse der Botschaft Jesu

→ 4.4; → 5.2; → 5.3; → 5.4

Voraussetzungen

Jesus war kein Theologieprofessor, und er hat auch kein Buch über christliche Ethik geschrieben. Als Wanderprediger hat er – oft aus konkretem Anlass – Gleichnisse erzählt, und er hat seine Auffassungen vom richtigen Leben in sprichwortartiger Form dargelegt. Vor allem aber hat er durch sein eigenes Verhalten gezeigt, worauf es ihm ankommt (→ 5.2; → 5.3).

Das Ethos Jesu in Stichwörtern

Vereinfacht lässt sich sein Ethos in wenigen Stichwörtern zusammenfassen: bedingungslose Güte, Barmherzigkeit gegenüber den Sündern, Zuwendung zu den Ausgegrenzten, Mahlgemeinschaft mit Menschen, die von andern verachtet werden, gleiche Würde für Frauen und Männer, Hilfe für diejenigen, die krank und hilflos sind.

Ethik und Gottesbild

Diese Vorstellungen Jesu vom Umgang der Menschen miteinander sind für ihn *eng verknüpft mit seinem Bild von Gott.* Für Jesus verkörpert Gott grenzenlose und vorbehaltlose Liebe gegenüber allen Menschen. Deshalb sind seine Zuhörerinnen und Zuhörer aufgefordert, ihren Gott nachzuahmen, es ihm gleichzutun in Barmherzigkeit und Güte. Wenn das geschieht, verändern sich menschliche Beziehungen, und es werden Spuren der „Herrschaft Gottes" sichtbar. Mit dieser Metapher bezeichnen die Evangelien einen vollkommenen Zustand, der im Zusammenspiel von Gott und Menschen bald anbrechen soll (→ 5.4).

Ethik der Bergpredigt – eine Überforderung?

Wenn Jesus vom Leben unter der Herrschaft Gottes erzählt, neigt er zur Zuspitzung: Die Güte gegenüber anderen soll so grenzenlos sein, dass das eigene Interesse nicht zählen darf. Daher wirken einige Impulse der Bergpredigt als Überforderung: *Wer dich auf die rechte Wange schlägt, dem halte auch die linke hin. Wer dich zwingt, eine Meile mit ihm zu gehen, mit dem geh zwei!* (Mt 5,39.41). – Ähnlich überschreitet das Gleichnis von den Arbeitern im Weinberg alle vernünftigen Grundsätze der Entlohnung. – Wie soll man das verstehen?
Vielleicht ist es so: Das Ideal Jesu ist ein Mensch, der sich so sehr geliebt weiß, dass er egoistische Wünsche und eigene Interessen zurückstellen kann. Aus dem Vertrauen auf Gott erwächst ihm eine innere Stärke, die so ausgeprägt ist, dass die Sorge um das eigene Leben zweitrangig wird.

Falls das so ist, ergibt sich nun eine entscheidende Frage: Ist das Konzept, für das Jesus wirbt, überhaupt brauchbar als Grundlage einer allgemeinen (christlichen) Ethik? – Der Streit darüber durchzieht die Geschichte der christlichen Kirchen. Dabei gab es immer wieder Versuche radikaler Nachfolge Jesu (Leben in Armut und Einfachheit; universale Barmherzigkeit als alltägliche Praxis;

Aus dem Evangelium nach Lukas

Sorgt euch nicht um das Leben,
um die Nahrung, die ihr braucht.
Auch nicht um den Leib,
um die Kleider, die ihr braucht.
Denn das Leben ist mehr als die Nahrung,
und der Leib mehr als die Kleidung.
Betrachtet die Raben:
Sie säen nicht und sie ernten nicht,
sie haben keinen Speicher und keine Scheune,
und Gott ernährt sie.
Wieviel mehr seid ihr wert als diese Vögel!
Wer von euch kann denn mit all seinen Sorgen
sein Leben auch nur um eine einzige Stunde verlängern?
Wenn ihr nicht einmal so etwas Einfaches könnt,
warum macht ihr euch dann Sorgen um das Übrige?
Betrachtet die Lilien, wie sie wachsen.
Sie arbeiten nicht und sie weben nicht.
Doch ich sage euch:
Selbst Salomo in all seiner Pracht
war nicht gekleidet wie eine von ihnen.
Wenn aber Gott schon das Gras so prächtig kleidet,
das heute auf dem Feld steht
und morgen in den Ofen geworfen wird,
wieviel mehr dann euch, ihr Kleingläubigen!
Darum fragt nicht wie die Völker der Welt:
Was werden wir essen? Was werden wir trinken?
Und macht euch keine Sorgen!
Euer Vater weiß doch, was ihr braucht.
Sucht zuerst das Reich Gottes –
und alles andere wird euch dazugegeben.

Lukas 12,22-31

Euch aber, die ihr mir zuhört, sage ich:
Liebt eure Feinde!
Tut denen wohl, die euch hassen.
Segnet, die euch verfluchen.
Betet für die, die euch misshandeln.

Wenn dich einer auf eine Wange schlägt,
dann halte ihm auch die andere hin.
Dem, der dir deinen Mantel wegnimmt,
dem gib auch dein Hemd!
Jedem, der dich um etwas bittet, dem gib;
und wenn dir einer etwas von deinem Besitz wegnimmt,
verlang es nicht zurück.
Und wie ihr wollt, dass die anderen mit euch umgehen,
so sollt auch ihr mit ihnen umgehen.
Wenn ihr nur die liebt, die euch lieben,
welchen Dank erwartet ihr dann?
Denn auch die Sünder lieben diejenigen,
von denen sie geliebt werden. [...]
Und wenn ihr nur denen etwas leiht,
die euch dafür etwas zurückgeben,
welchen Dank erwartet ihr dafür?
Auch Sünder leihen den Sündern,
wenn sie das Gleiche dafür wiederbekommen.
Ihr aber liebt eure Feinde.
Tut Gutes und verleiht,
ohne etwas zu erwarten.
Und ihr werdet reich beschenkt.
Ihr werdet Söhne und Töchter des Höchsten sein.
Denn er ist gütig auch gegen die Undankbaren und Bösen.
Werdet also barmherzig, wie euer Vater barmherzig ist.

Lukas 6,27-32.34-36

z.B. bei Franz von Assisi und Mutter Teresa). – Solche Personen werden oft bewundert, aber viele Christen sehen sich nicht in der Lage, so zu leben wie sie. – Bleiben sie dann hinter dem Anspruch der Evangelien zurück?

Vielleicht hilft die folgende Überlegung weiter:

Ethik des NT als transmoralische Ethik

Was das Neue Testament entfaltet, kann man als eine *transmoralische Ethik* bezeichnen. Das heißt, die Evangelien stellen Muster guten Handelns vor, die das sittlich Geforderte weit überbieten. Daher lassen sich aus diesen Impulsen auch keine allgemeingültigen ethischen Normen herleiten.

Falls das richtig ist, stellt sich aber erneut die Frage, welche praktischen Folgen diese radikale Ethik haben soll.

Eine erste Wirkung dieser „extravaganten" Überlieferungen besteht darin, dass sie die *ethische Fantasie erweitern*. Es entstehen Spielräume jenseits der Routine und des rechtlich Korrekten. Denn es gibt einen verlockenden Lebensstil, in dem Großzügigkeit und Gutmütigkeit herrschen.
Darüber hinaus entwerfen die ethischen Impulse der Evangelien *ein Menschenbild*, das inspirierend bleibt. Auf seiner Grundlage lassen sich durchaus verpflichtende Maßstäbe gewinnen. Etwa die Forderung, dass keiner verloren gehen darf, dass auch der Verbrecher das Recht auf einen neuen Anfang hat, dass diejenigen, die sich nicht mehr selbst helfen können, den Anspruch haben, dass andere sie unterstützen und ihnen helfen, usw.

Jesus in den Auseinandersetzungen seiner Zeit

Über viele Jahrhunderte waren Christen überzeugt, Jesus stehe mit seinen radikalen Vorstellungen im Widerspruch zum Judentum. Das ist offensichtlich falsch. Man nimmt heute an, dass sich Jesus mit seiner Kritik am jüdischen Gesetz an einer Auseinandersetzung beteiligt, die das Judentum damals intensiv bewegt hat. Jesus schließt sich mit seiner Position jenen Kritikern an, die eine formalistische und unbarmherzige Interpretation der Tora bekämpfen. *Aus dieser Sicht ist Jesus Teil einer innerjüdischen Reformbewegung.*

Wie dramatisch die Auseinandersetzungen damals waren, lässt sich ablesen an der Schärfe, mit der Jesus und die Evangelien gegen diejenigen Juden zu Felde ziehen, die auf formaler Gesetzestreue und auf religiös motivierten Ausgrenzungen bestehen. Die Hartherzigkeit seiner Gegner prangert Jesus immer wieder an. Er wirft ihnen vor, dass sie das Bild von Gott verdunkeln und die Religion missbrauchen, um Menschen zu knechten; deshalb droht er ihnen auch mit der Verurteilung vor dem Gericht Gottes am Jüngsten Tag.

Wie sehr Jesus damit die zentralen – auch die zentralen religiösen – Interessen der Priesterschaft in Jerusalem gestört hat, zeigt sein Schicksal: Er wird von den jüdischen Machthabern verfolgt, verhaftet und mithilfe der Römer als Aufrührer ermordet. – Der Tod am Kreuz erscheint so als innere Konsequenz der radikalen ethischen Grundsätze Jesu.

7.5.3 Christliche Ethik heute

Differenz zwischen der Welt der Bibel und der Gegenwart

Zwischen der Bibel und unserer heutigen Welt liegt ein breiter Graben, der auch für die christliche Ethik ein Problem darstellt: Sind Gebote und Vorschriften, die das Volk Israel vor etwa 2.500 Jahren festgelegt hat, im Zeitalter der Globalisierung noch praktikabel? – Ähnlich problematisch ist eine Ethik geworden, die sich auf das Naturrecht (→ 7.4.4) beruft: Lassen sich heutige Probleme der Arbeitswelt und der Familien nach Grundsätzen regeln, die aus einer vorindustriellen Gesellschaft stammen? – Diese Fragen verdeutlichen eine grundlegende Schwierigkeit christlicher Ethik: Unsere modernen Gesellschaften müssen ethische Probleme lösen, die es in dieser Form im Alten Orient und im Mittelalter nicht gegeben hat.

Ein Modell ethischer Argumentation

Auf diese Fragen muss die Moraltheologie eine Antwort finden, die den Grundlagen der christlichen Ethik ebenso gerecht wird wie den heutigen Denkweisen und Problemlagen. Einen Lösungsansatz hat der Theologe Alfons Auer (1915 – 2005) in seiner

Fortsetzung Seite 332

Die Werke der Barmherzigkeit

Die Werke der Barmherzigkeit sind ein häufig wiederkehrendes Motiv der christlichen Kunst. Ihre biblische Grundlage ist Jesu Rede vom Weltgericht (Mt 25,31–46), nach der diejenigen in das Himmelreich eingehen werden, die sich einem *der geringsten Brüder* Jesu gegenüber barmherzig erwiesen haben.
Die sechs Werke sind:

den Hungrigen zu essen und
den Durstigen zu trinken geben,
den Fremden beherbergen,
den Nackten bekleiden,
den Kranken und
den Gefangenen besuchen.

Das Glasfenster (um 1260) im Freiburger Münster zeigt in den Zwischenräumen eines sechsspeichigen Rades diese Werke: Ein und dieselbe weibliche Gestalt in blauem Oberkleid – oben links beginnend im Uhrzeigersinn – besucht einen Gefangenen, reicht einem Durstigen den Becher, bittet einen Wanderer (Stab) in ihr Haus, reicht einem bis auf das Unterkleid Ausgezogenen ein Oberkleid, umsorgt einen Kranken und reicht einem Hungrigen ein Stück Brot. In diesem Bild gewordenen „Tugendkatalog“ spiegeln sich zentrale Motive des neutestamentlichen Ethos.

Autonomen Moral im christlichen Kontext entwickelt. Dieses Modell zeigt einen Weg, auf dem man zu ethischen Orientierungen und Normen gelangen kann.

In Anlehnung an das Konzept von Alfons Auer lassen sich dabei folgende Schritte unterscheiden:

Erhebung des Ist-Zustands

1. Erhebung des Ist-Zustandes
Durch Beobachtungen, durch Meinungsumfragen, durch Medienanalysen oder durch statistische Erhebungen kann man ermitteln, was Menschen im Hinblick auf ein bestimmtes Problem denken und wie sie sich tatsächlich verhalten. Dabei wird meistens schon deutlich, wie ungesichert und umstritten ethische Urteile und Verhaltensweisen sind.

Wissenschaftliche Analyse

2. Wissenschaftliche Analyse des Problems
2.1 Einsichten der Human- und Sozialwissenschaften
Mit dem Ziel, größere Klarheit über die anstehende Entscheidung zu gewinnen, sucht man Auskünfte bei den infrage kommenden Human- und Sozialwissenschaften (z.B. Psychologie, Soziologie, Verhaltensbiologie, Kriminologie, Pädagogik, Wirtschaftswissenschaften). Diese können die Zusammenhänge aufzeigen, die bei dem konkreten Problem wirksam werden, etwa seelische und biologische Abläufe, gesellschaftliche Prägungen und Entwicklungen, wirtschaftliche Ursachen und Folgen.

2.2 *Integration der Teilantworten in ein Menschenbild*
Die Teilantworten der genannten Wissenschaften sind aus sich heraus häufig widersprüchlich oder auch wertneutral. Die Frage nach dem gelingenden oder guten Leben kann deshalb nicht von den empirischen Wissenschaften allein beantwortet werden. Deshalb ist zu fragen: Welches Menschenbild und welche Vorstellungen von sozialer Gerechtigkeit sollen für die ethische Entscheidung maßgeblich sein?

In unseren westeuropäischen Gesellschaften geben die Verfassungen (Menschenrechte im Grundgesetz) schon grundlegende Orientierungen. Weitere Impulse zur Klärung erwachsen aus dem öffentlichen Diskurs (Anhörung von Experten, Ethikkommissionen, Medien, → 7.4.7), der Rechtsprechung der höchsten Gerichte und auch aus der philosophischen Anthropologie*. – Diese Instanzen greifen die empirischen Befunde auf und ordnen sie in ein Wertgefüge ein.

2.3 Ethische Urteilsfindung

Erst jetzt beginnt die eigentliche Aufgabe der Ethik. Sie führt die Ergebnisse der wissenschaftlichen Analysen und des öffentlichen Diskurses zusammen. Dadurch kann sie Dringlichkeiten oder gar Notwendigkeiten herausarbeiten, die das Leben der Einzelnen und das Zusammenleben in der Gesellschaft mehr fördern als andere.

Die Ethik übersetzt diese Dringlichkeiten in die Sprache ethischer Verbindlichkeit (Was soll getan werden? Oder: Was darf nicht getan werden?). Ihre Modelle und Normen wirken dann überzeugend, wenn nachvollziehbar ist, dass empirische Analysen, der Prozess der Urteilsbildung und die Orientierung an humanen Werten angemessen miteinander verknüpft wurden.

3. Beiträge der christlichen Ethik

Beiträge der christlichen Ethik

Die *christliche Ethik* löst diese Argumentationsreihe nicht durch fertige Antworten auf, sondern beteiligt sich am Prozess der Urteilsbildung, indem sie

- aufgrund ihres Menschenbildes und ihrer geschichtlichen Erfahrung hoffnungslos pessimistische oder naiv utopische Verzerrungen des Humanen kritisiert *(kritische Funktion),*
- sich aufgrund der ethischen Traditionen der Bibel und der Kirchengeschichte nicht mit dem ethischen Minimum begnügt, sondern zur Suche nach immer besseren Lösungen motiviert *(stimulierende Funktion),*
- übergreifende Sinnzusammenhänge in Erinnerung ruft und so Einzelentscheidungen einbindet in die christliche Deutung des Lebens im Ganzen *(integrierende Funktion).*

Offene Fragen

Nach dieser Auffassung ist die christliche Ethik der *Sonderfall einer humanen Moral.* Ihre Merkmale sind Offenheit und Revidierbarkeit. Zwei grundsätzliche Fragen kann man aus christlicher Perspektive an das Konzept der „autonomen Moral" stellen:

- Berücksichtigt sie in ausreichender Weise inhaltliche Festlegungen der biblisch-christlichen Ethik?
- Falls das bejaht werden kann: Bleibt angesichts der biblischen Vorgaben noch genügend Raum für eine „autonome" Entscheidung der Menschen?

Dieses moraltheologische Konzept setzt das neuzeitliche Autonomiedenken (→ 7.4.2) voraus und berücksichtigt, dass Normen heute nur dann eine Chance haben, akzeptiert zu werden, wenn sie durch eine vernünftige Begründung überzeugend wirken. Zugleich sucht die *Autonome Moral im christlichen Kontext* eine Antwort auf die Frage, welche Rolle dem christlichen Glauben in einem weltlichen Ethos zukommt, das sich nicht unmittelbar aus christlichen Prinzipien herleiten lässt.

7.5.4 Wie soll man mit illegalen Immigranten umgehen?

Das Konzept einer *Autonomen Moral im christlichen Kontext* ist anspruchsvoll und wirkt auf den ersten Blick recht abstrakt. Deshalb wird hier an einem Beispiel verdeutlicht, wie mit diesem Konzept gearbeitet werden kann.

Ein ethisches Problem: illegale Einwanderung in die EU

Seit Jahren versuchen Menschen aus Schwarzafrika, illegal in die Europäische Union (EU) zu gelangen. Vor allem Spanien und Italien müssen auf dieses unerwünschte Eindringen von Fremden reagieren. Damit ist ein ethisches Problem entstanden. Es lautet: *Wie soll sich die EU (Regierungen und Gesellschaften) gegenüber den illegalen Einwanderern aus Schwarzafrika verhalten?*

Nach dem Konzept einer *Autonomen Moral im christlichen Kontext* (→ 7.5.3) bieten sich die folgenden Schritte zur Klärung dieses Problems an:

1. Erhebung des Ist-Zustands

Erhebung des Ist-Zustands

Statistisch lässt sich ermitteln, wie viele Menschen in den letzten Jahren illegal in die EU eingedrungen sind und welche Belastungen daraus für Spanien und Italien erwachsen sind. – Sodann ist zu klären: Auf welchen Wegen gelangen diese Menschen in die EU und unter welchen Umständen? Aus welchen Motiven und mit welchen Erwartungen kommen sie? Wie gehen die Behörden mit ihnen um? Wie reagiert die Bevölkerung der EU-Staaten auf dieses

Problem? Welche Erfahrungen hat man bisher mit den illegalen Einwanderern gemacht? (Integrationsbereitschaft; soziale und psychische Probleme, Arbeitslosigkeit, Kriminalität ...)

2. Wissenschaftliche Analyse des Problems

Wissenschaftliche Analyse

2.1 Einsichten der Human- und Sozialwissenschaften

Nach dieser ersten Sichtung ist eine gründlichere Analyse notwendig, damit die Zusammenhänge und Ursachen beachtet werden, die im konkreten Problem eine Rolle spielen. – Beispielsweise: Was verursacht diesen starken Einwanderungsdruck aus Schwarzafrika? Welche Bevölkerungsschichten kommen nach Europa? Welche Rolle spielt dabei organisierte Kriminalität (Schlepperbanden)? Wie verhalten sich die Regierungen der Heimatländer? Welche Normen setzt das Ausländerrecht? Mit welchen Konzepten arbeiten die europäischen Regierungen bisher? Welchen Erfolg haben sie damit? Wie wirken sich die derzeitigen Abläufe aus auf die illegalen Einwanderer? Welche Probleme haben die aufnehmenden Länder? Welche Reaktionen entwickelt – psychologisch betrachtet – die Bevölkerung der Gastländer?

2.2 Integration der Teilantworten in ein Menschenbild

Im nächsten Schritt soll in öffentlicher Debatte geklärt werden, welche Vorstellungen vom Menschen und von sozialer Gerechtigkeit für die ethische Entscheidung maßgeblich sein sollen.

Einen Orientierungsrahmen bietet schon das Grundgesetz. Es schreibt fest, dass die Würde eines jeden Menschen – unabhängig von seinem Geschlecht, seiner Rasse, Religion oder Herkunft – geachtet und geschützt werden muss. Darüber hinaus verpflichtet sich der Sozialstaat, jedem Menschen, der sich im Staatsgebiet aufhält und der nicht selbst für sich sorgen kann, Hilfe zum Lebensunterhalt zu gewähren.

Derartige Grundsätze bilden den Rahmen für die ethische Klärung, enthalten aber noch keine Lösung für den konkreten Fall.

2.3 Normative Funktion der Ethik

Damit beginnt die eigentliche Aufgabe der Ethik. Sie führt die Ergebnisse der wissenschaftlichen Analysen und des öffentlichen Diskurses zusammen. Ihr Ziel ist es, herauszuarbeiten, was getan werden soll oder was nicht getan werden darf.

Im konkreten Fall sind dabei folgende Fragen zu prüfen:

Welche Maßnahmen verletzen eindeutig die Würde der illegalen Einwanderer und sind deshalb zu unterlassen?

Wie kann man Schlepperbanden mit polizeilichen Mitteln wirksam bekämpfen?

Was kann die EU politisch erreichen, damit die wirtschaftliche Lage in den Heimatländern der Illegalen sich bessert?

Welche Formen der Solidarität brauchen die illegalen Einwanderer, und welche ethischen Forderungen erwachsen daraus für die Regierungen und für die Bevölkerung der EU-Staaten?

Welche Beiträge zur Integration sollen die Einwanderer leisten?

Wo liegen die Grenzen der Aufnahmefähigkeit der EU? Und wie können bei wünschenswerten Veränderungen die Grundsätze des Rechts gewahrt und durchgesetzt werden?

An diesen Fragen wird deutlich, dass der ethische Entscheidungsgang nicht zu einfachen und eindeutigen Antworten führen kann. Erforderlich ist vielmehr ein längerer Argumentationsweg, in dem ethische Notwendigkeit, Spielräume des Handelns und pragmatische Regelungen miteinander verknüpft werden müssen.

Beiträge der christlichen Ethik

3. Beiträge der christlichen Ethik

Die *christliche Ethik* löst diese Argumentationsreihe nicht durch fertige Antworten auf, sondern beteiligt sich am Prozess der Urteilsbildung. Dabei bringt sie Impulse der biblischen Tradition und kulturgeschichtliche Erfahrungen des Christentums in die eigene Urteilsbildung und in die öffentliche Debatte ein.

Im konkreten Fall wird die christliche Ethik daran erinnern, dass Asylsuche aus wirtschaftlicher Not ein Schicksal ist, das schon in biblischer Zeit Menschen bewegt hat, ihre Heimat zu verlassen und dort Aufnahme zu suchen, wo Wohlstand und Sicherheit herrschten. Ausdrücklich formuliert die Tora *Schutzrechte für die Fremden* (→ 7.5.1). Aus der Hebräischen Bibel und aus den ethischen Impulsen der Evangelien leiten christliche Theologen die *Option für die Armen* ab (→ 7.5.2). Konkret heißt das: Die Parteinahme für die Armen ist ein Postulat der biblischen Tradition. Die christliche Caritas begründet von daher auch ihre vielfältigen Formen der Solidarität mit den Leidenden und Benachteiligten.

- Auf diesen Grundlagen wird die christliche Ethik diejenigen kritisieren, die nur dafür sorgen wollen, dass die Europäer ihren Wohlstand verteidigen und dabei die Menschenwürde der Illegalen aus Schwarzafrika missachten *(kritische Funktion)*.

- Christliche Ethik wird dafür plädieren, dass möglichst viele Anstrengungen unternommen werden, damit die Asylsuchenden ein selbstbestimmtes Leben in der EU führen können. Sie wird sich auch dafür einsetzen, dass in den Heimatländern der illegalen Zuwanderer die Lebensbedingungen verbessert werden *(stimulierende Funktion)*.

- Darüber hinaus wird die christliche Ethik darauf hinweisen, dass der Wirtschaftsegoismus der reichen Länder die Entwicklung der armen Länder oft blockiert. Auch internationale Wirtschaftspolitik muss nach Solidarität und Gerechtigkeit streben. Leitbild sollte eine Völkerfamilie sein, die in Frieden und Gerechtigkeit lebt – und nicht ein System, in dem die mächtigsten Staaten ihre Wirtschaftsinteressen durchsetzen (*integrierende Funktion*).

Wenn man diesem Argumentationsweg folgt, kann auch die christliche Ethik kein Patentrezept für das Problem der illegalen Einwanderung anbieten. Aber sie kann sich mit einem relativ klaren Profil an der öffentlichen Suche nach den ethisch besten Regelungen beteiligen. Freilich wird auch die christliche Ethik dabei die Einsichten der Human- und Sozialwissenschaften berücksichtigen. Sonst würde sie nur einen weltfremden Idealismus predigen.

Natürlich unterscheidet sich ein solcher Prozess der Normfindung von der stringenten Lösung einer Mathematikaufgabe. Der ethische Diskurs ist mühsam und wird oft leidenschaftlich geführt. Denn in ihm stoßen Vorurteile und Ressentiments, weltanschauliche Prägungen und religiöse Bekenntnisse, Lebenserfahrungen und natürlich auch Interessen in einem schwer entwirrbaren Knäuel aufeinander.

Psalm 90

Ein Bittgebet.
Von MOSE, dem Mann Gottes

1 Herr, Haus der Zuflucht bist du uns gewesen
von Geschlecht zu Geschlecht.
2 Ehe die Berge geboren wurden
und du Erde und Erdkreis hervorgebracht hast,
von Ewigkeit zu Ewigkeit bist du: unser Gott!
3 Zurückkehren lässt du die Sterblichen zu Staub
und sprichst: Kehrt zurück, Adamskinder!
4 Selbst tausend Jahre – ein Tag nur in deinen Augen,
vergangen wie der gestrige Tag, wie eine Wache in der Nacht.
5 Du säst die Menschen aus, Jahr für Jahr.
Sie sind wie das Gras, das sprießt und vergeht.
6 Am Morgen sprießt es und blüht,
am Abend welkt es und verdorrt.
7 Ja, wir vergehen durch deinen Zorn;
in der Glut deines Zorns ersticken wir.
8 Unsere Sünden legst du offen – vor dein Angesicht;
auch was wir verbergen, du bringst es ans Licht.
9 Ja, all unsere Tage vergehen vor deinem Zorn;
ein Stöhnen nur, und unsere Jahre sind dahin.

[10] Unsere Tage sind gezählt: siebzig Jahre sind es,
vielleicht, wenn du uns stärkst, werden es achtzig.
Und ihr Glück: nur Mühsal und Nichtigkeit!
Ja, sie ziehen eilends vorüber, vergehen im Flug.
[11] Wer erfasst deinen Zorn in seiner Gewalt,
wer die Wucht deiner Empörung?
[12] Unsere Tage zu zählen, das lehre uns,
und wir gewinnen ein weises Herz.

[13] Kehre doch um, JHWH! Wie lange noch willst du zusehen
ohne Mitleid mit uns, deinen Knechten?
[14] Lass uns satt werden schon am Morgen von deiner Güte,
dass wir jubeln und uns freuen an all unseren Tagen.
[15] Wie du uns bedrückt hast, so lass uns auch Freude erleben
für all die Jahre, die wir im Unglück gelebt haben.
[16] Lass deine Knechte dein Wirken spüren,
an ihren Kindern zeige deine Herrlichkeit.
[17] Und die Freundlichkeit des Herrn sei über uns;
dem Werk unserer Hände gib Bestand,
ja, dem Werk unserer Hände gib Bestand.

Worterklärungen

Ablass: in der katholischen Kirche: Vergebung zeitlicher Sündenstrafen aufgrund einer Bußleistung. Dahinter steht die (mittelalterliche) Auffassung, dass die Verstorbenen im Fegefeuer für ihre Sünden büßen müssen. Damit wird ein gleichwertiger Ausgleich für die Schuld geleistet, die sie in ihrem Leben auf sich geladen haben. Durch Gebet und Sühneleistungen kann die Zeit im Fegefeuer aber verkürzt werden. Diesen Ablass können Christen für sich selbst, aber auch stellvertretend für Verstorbene erwerben. – An der Verzerrung des Ablasswesens entzündete sich die Kritik der Reformation.

Absoluter Komparativ: Steigerungsform ohne Vergleichspunkt: Gott ist immer größer. Der a. K. verzichtet auf eine Festlegung des Vergleichspunkts und überlässt es dem Leser, aus seiner Erfahrung den Satz zu ergänzen.

Anthropologie (gr.): Wissenschaft vom Menschen. Theorien und Bilder vom Menschen entwickeln vor allem die Biologie, die Philosophie und die Theologie. In der Theologie werden „anthropologisch" oder „anthropozentrisch" häufig als Gegenbegriffe zu „jenseitig" gebraucht.

appellativ (lat.): eine Funktion sprachlicher Äußerungen. Diese übermitteln nicht nur Informationen, sondern können auf den Gesprächspartner aufmunternd, anspornend oder als Aufforderung, das Verhalten zu ändern, wirken.

Arianismus: auf den Priester Arius (260 – 336) aus Alexandrien zurückgehende Bewegung, die die Wesensgleichheit von Jesus Christus und Gott leugnete. Sie wurde auf dem Konzil von Nicäa (325) als Irrlehre verurteilt (→ 5.9).

Aura (lat.): die geheimnisvolle Atmosphäre oder Ausstrahlung, die von einem Raum ausgeht, die einen Gegenstand oder eine Persönlichkeit umgibt

Bar-Mizwa (hebr.: Sohn der Pflicht) heißt ein jüdischer Junge, der – mit 13 Jahren – rechtsmündig geworden ist. In der Bar-Mizwa-Feier werden die Jungen aufgerufen, zum ersten Mal einen Abschnitt der Tora im Gottesdienst vorzulesen. – Mädchen entsprechenden Alters heißen Bat-Mizwa (Tochter der Pflicht): In jüdischen Reformgemeinden wird auch die Bat-Mizwa in einem Gottesdienst gefeiert.

Bergpredigt: in Mt 5 – 7 überlieferte Rede Jesu auf einem nicht näher bezeichneten Berg. Bei der B. handelt es sich um eine Redekomposition, in der der Evangelist die ethischen Forderungen Jesu zusammengestellt hat und Jesus als neuen Mose stilisiert (→ 7.5.2).

Bischofssynode: → Synode

Charisma (gr.-lat.): die besondere Ausstrahlung und die darauf beruhende Überzeugungskraft eines Menschen

Dekalog (gr.): die Zehn Gebote (→ 7.5.1)

diaphan (gr.): wörtl.: durchscheinend, transparent; sprachwiss.: die Eigenschaft bestimmter Stilmittel, vor allem der Metapher, die Grenzen der vordergründigen Wirklichkeit zu überschreiten (→ 1.6)

Diskurs (gr.-lat.): in der Sozialphilosophie von Jürgen Habermas eine Form der Entscheidungsfindung in demokratischen Gesellschaften. Diskurs ist der Austausch von Argumenten mit dem Ziel der Verständigung über umstrittene Fragen. Er setzt die Anerkennung der Diskussionspartner als mündige und verständigungsbereite Personen voraus (→ 4.7.6).

Edikt (lat.): amtlicher Erlass römischer Kaiser

Erbsünde: auf Augustinus zurückgehende Glaubensvorstellung, wonach die Stammeltern im Paradies, Adam und Eva, durch Ungehorsam gegen Gott gesündigt haben. Deren Schuld (Sünde) überträgt sich durch Zeugung und Geburt auf alle nachgeborenen Menschen und kann nur durch die Taufe aufgehoben werden.

Das Denkmodell des Augustinus ist unbrauchbar geworden, dennoch benennt es eine allgemein gültige Erfahrung: Vom Tag ihrer Geburt an wachsen Kinder nicht nur in beglückende Verhältnisse, sondern auch in Schuldzusammenhänge hinein. Dazu gehören: eine ungerechte Wirtschaftsordnung, die fortschreitende Zerstörung der Umwelt, eine Familie, die zu seelischen Schäden führt, ein vergiftetes politisches Klima, religiöse oder nationale Vorurteile. Diese Schuldzusammenhänge hat ein Mensch nicht persönlich zu verantworten, dennoch belasten sie als „Erbschuld“ sein Verhalten und vermindern seine Fähigkeit, gut zu sein.

Eschatologie (gr.): theologische Lehre von den „Letzten Dingen“. Darunter versteht man z.B. die Deutung des Todes, Erwartungen für die Zeit nach dem Tod und Vorstellungen vom Ende der Welt.

Ethos (gr.): das Wertbewusstsein oder die Wertvorstellungen, von denen sich eine Person oder eine Gruppe leiten lässt, z.B. das Ethos des Arztberufs

Euthanasie (gr.): wörtl. „schöner, leichter Tod“. Im Mittelalter verstand man unter E. die religiöse Vorbereitung auf das Sterben und eine entsprechende Sterbebegleitung. Heute bezeichnet E. die Bemühungen der Medizin, das Sterben zu erleichtern. Dabei wird die Frage diskutiert, ob Ärzte das Leben eines leidenden, todkranken Menschen auf dessen Wunsch hin beenden dürfen. Der Begriff E. ist in Deutschland belastet, weil die Nationalsozialisten die Vernichtung sog. „lebensunwerten Lebens“ ebenfalls als Euthanasie bezeichneten.

Exegese (gr.): Erklärung und Auslegung von Texten, vor allem der Bibel

Fegefeuer: → Ablass

Feminismus (lat.): Frauenbewegung, die von den Interessen der Frauen ausgehend die Gleichstellung der Frauen in allen Bereichen der Gesellschaft einfordert. Sie tritt ein für die Berücksichtigung von Denkweisen, Werten und Lebensentwürfen von Frauen. Feministische Forschungsansätze und Blickrichtungen haben sich in den Geisteswissenschaften und in der Theologie durchgesetzt (→ 4.10; 6.5).

Gehirnphysiologie (gr.-lat.): Wissenschaft von der Beschaffenheit und den Funktionsweisen des menschlichen Gehirns

Hadith (arab.): Mitteilung. Hadithe sind Überlieferungen aus dem Leben Muhammads (Aussprüche, die dem Propheten zugeschrieben werden, und Lehrerzählungen). Hadith-Sammlungen bilden eine wichtige Quelle für die Lebensgestaltung vieler Muslime und für die Begründung islamischer Rechtsvorschriften.

Hellenismus: wörtl. „Griechentum". Unter H. versteht man die Kulturepoche zwischen ALEXANDER D.GR. bis AUGUSTUS (3. Jahrhundert v.Chr. – 1. Jahrhundert n.Chr.), in der sich die griechische Kultur mit orientalischen Kulturen vermischte. Orthodoxe Richtungen des Judentums haben in der Hellenisierung eine Gefahr für den monotheistischen Jahweglauben gesehen. Den Theologen der ersten sechs Jahrhunderte (Kirchenväter) gelang die Integration von biblischem Glauben und hellenistischer Philosophie zu einem christlichen Lehrgebäude (→ 4.5; → 5.9).

Heterodoxie (gr.): H. ist der Gegenbegriff zu „Orthodoxie" (Rechtgläubigkeit) und bezeichnet einen von der herrschenden Lehre abweichenden Glauben.

Heteronome Moral (gr.): Gegenbegriff zu „autonomer Moral". Während diese ihre Werte und Normen allein aufgrund menschlicher Einsicht entwickelt, sind für die heteronome Moral Instanzen maßgebend, die dem Einzelnen übergeordnet sind (Wille Gottes, Nation, Partei usw.).

Hierarchie/hierarchisch (gr.): wörtl. „heilige Ordnung"; Rangordnung der Amtsträger in der katholischen Kirche und Gesamtheit derer, die zu dieser Führungsschicht gehören (Papst, Bischöfe, Priester)

Ikonografie (gr.): wissenschaftliche Beschreibung und Einordnung von (alten) Bildwerken

Initiationsritus (lat.): die von festgelegten Bräuchen begleitete Aufnahme in eine Standes- oder Altersgemeinschaft, z.B. Taufe, Konfirmation, Jugendweihe, Priesterweihe, → Passageriten

Inquisition (lat.): wörtl. „Untersuchung". Seit dem Mittelalter kirchliches Untersuchungs- und Gerichtsverfahren, das die Bekämpfung von Häretikern (Ketzern) zum Ziel hatte. Obwohl das Verfahren juristisch streng geregelt war, geriet die I. in Misskredit, weil die Folter zur Erlangung von Geständnissen eingesetzt wurde, die Strafen häufig grausam waren (Tod durch Verbrennen) und die I. zur Vernichtung missliebiger Bevölkerungsgruppen benutzt wurde. Im 15. Jahrhundert wurde die I. auch zur Verfolgung angeblicher Hexen eingesetzt.

Kalif (arab.): das Wort bedeutet „Nachfolger" oder „Stellvertreter". Damit werden die Männer bezeichnet, die als Nachfolger des Propheten Muhammad in islamischen Ländern herrschten. Seit 1924 gibt es die Einrichtung des Kalifats nicht mehr.

Kalima (arab.): „Wort", bezeichnet in der islamischen Theologie das Schöpferwort Gottes. Jesus/Isa wurde durch dieses Schöpferwort im Leib der Maria/Maryam geschaffen (Sure 4,171).

Kalligrafie (gr.): „Schönschrift", bezeichnet im Islam die kunstvolle Schrift, in der Koranverse oder Worte des Propheten dargestellt werden. Die K. hat einen so hohen Stellenwert, weil der Islam sich streng an das biblische Bilderverbot hält: Gott – und seine Geschöpfe – sollen nicht bildlich dargestellt werden. Da Allah sich aber in der Schrift geoffenbart hat, kann der Koran als Heilige Schrift an die Stelle des heiligen Bildes treten. Daher werden in Moscheen und religiösen Schriften Koranverse oft in Kalligrafien abgebildet, die die Qualität von Kunstwerken haben.

Katakomben: unterirdische Grabanlagen, vor allem in der Umgebung Roms

Ketzerbewegungen: religiöse Bewegungen, deren Glauben von der orthodoxen Lehre der Kirche abwich und die deshalb als „Irrlehren" verfolgt wurden. Der Name ist abgeleitet von den Katharern, einer neben den Waldensern im 12. und 13. Jahrhundert vor allem in Südfrankreich verbreiteten religiösen Reformbewegung.

Konfuzianismus: auf der Lehre des KONFUZIUS (551 – 479 v.Chr.) beruhende weltanschaulich-ethische Grundhaltung. Im Mittelpunkt stehen Ideale wie Menschlichkeit, Rechtschaffenheit, Selbstlosigkeit, Treue und Weisheit. Der K. war bis 1912 Staatsphilosophie in China, hat aber weit in den asiatischen Raum hinein gewirkt.

Kongregationen (lat.): 1. Kirchliche Vereinigungen, (häufig) mit mönchsähnlichen Regeln (Ehelosigkeit), die sich religiösen, sozialen oder karitativen Aufgaben widmen. Die Gründung solcher Kongregationen ohne Bindung an ein festes Kloster ist für das 19. Jahrhundert typisch (→ 6.4). 2. Oberste Behörde der kirchlichen Verwaltung in Rom, vergleichbar einem Ministerium.

kontrovers (lat.): strittig, umstritten

Konzil (lat.): Versammlung der katholischen Bischöfe, die unter Leitung des Papstes über Fragen des Glaubens und des kirchlichen Lebens beraten und entscheiden. Die meisten christlichen Kirchen anerkennen die christologischen Entscheidungen der Konzilien von Nicäa (325) und Chalcedon (451) als Grundlagen des christlichen Glaubens. Für die katholische Kirche der Gegenwart hat das Zweite Vatikanische Konzil (1962 – 1965) eine maßgebende Bedeutung erlangt.

Kopten: Angehörige der christlichen Kirche in Ägypten, die sich im 5. Jahrhundert von der Großkirche abgespalten hat

Kreationismus (lat.): Oberbegriff für verschiedene Richtungen des Schöpfungsglaubens. Er hält im Widerspruch zu Darwins Evolutionslehre mit Berufung auf den biblischen Schöpfungsbericht am Einfluss eines persönlichen Gottes auf die Entstehung der Welt fest.

Laizismus: vor allem in den romanischen Ländern verbreitete religions- und kirchenkritische Bewegung, die die radikale Trennung von Kirche und Staat fordert. Nach französischem Vorbild führte Kemal Atatürk die Trennung von Staat und Religion auch in der Türkei ein.

Messias (hebr.): wörtl. „der Gesalbte“; gr. „Christos“; der erwartete Befreier Israels. Das Christentum sieht in Jesus von Nazaret diesen erwarteten Erlöser.

Metaphysik (gr.): auf Aristoteles zurückgehende philosophische Disziplin, die nach den letzten Gründen und Zusammenhängen des Seins fragt und dabei die empirischen Erkenntnismöglichkeiten überschreitet. Wegen dieser Grenzüberschreitung ist die Metaphysik in den sprachanalytischen und empirischen Richtungen heutiger Philosophie umstritten.

Mysterium (gr.): „Geheimnis“. In der theologischen Sprache bezeichnet Mysterium ein Glaubensgeheimnis, das sich der rationalen Erkenntnis entzieht.

Mystik (gr.): besonders intensive Form religiösen Erlebens, bei der der Mensch durch Versenkung und Askese zu einer spirituellen Erfahrung gelangt, die in der Vereinigung mit dem Unendlichen (Unio mystica) ihren Höhepunkt findet (→ 6.5).

Ökumene (gr.): wörtl. „die bewohnte Erde“ als menschlicher Lebens- und Siedlungsraum; relig.: die Gesamtheit der Christen. Als ökumenische Bewegung bezeichnet man das Bemühen, durch Zusammenarbeit und Suche nach verbindenden Gemeinsamkeiten die christlichen Kirchen einander anzunähern und konfessionelle Spaltungen zu überwinden.

Option (lat.): wörtl. „freie Wahl“; philos.: Entscheidung für eine Haltung oder Lehre, die zwar nicht als richtig bewiesen ist, für die aber gute Gründe beigebracht werden können.

Orthodoxie (gr.): Rechtgläubigkeit, richtige Lehre; Selbstbezeichnung der von der römischen Kirche getrennten Ostkirche (→ 2.3.3)

Paradigma/Paradigmenwechsel (gr.): radikaler Wechsel einer Gesamtkonstellation von Überzeugungen, Werten und Verhaltensweisen, der Grundlage für weitere Veränderungen ist

Paradoxon (gr.): eine Aussage, die in sich widersprüchlich ist. Ein P. wird oft bewusst als Stilmittel der religiösen Sprache eingesetzt, z.B. *Wenn du Gott verstanden hast, ist es nicht Gott* (→ 4.9).

Passageriten: (nlat.-frz.): Sitten und Bräuche, die den Wechsel von einer Altersstufe in eine andere oder in einen neuen Stand begleiten, z.B. Hochzeitsbräuche, Junggesellenabschied, Abiturfeier, Firmung, → Initiationsritus

Pathos (gr.): Leidenschaft, Ergriffenheit, Gefühlsüberschwang

performativ (lat.): in der Sprachwissenschaft bezeichnet p. eine sprachliche Äußerung, die verändernd auf die Wirklichkeit einwirkt, z.B. das Ja-Wort bei der Eheschließung oder der Ausspruch Jesu *Deine Sünden sind dir vergeben* (Mk 2,5).

Philanthropie (gr.): Menschenfreundlichkeit

Philosophische Anthropologie (gr.): Zweig der Philosophie, der sich mit dem Wesen der Menschen und ihrer Stellung in Welt und Gesellschaft beschäftigt

Präexistenz/präexistent (lat.): wörtl. „Vorexistenz"; das Dasein von Menschen und Gegenständen vor ihrer zeitlichen Erscheinung. Die christliche Theologie spricht Jesus Christus P. zu, weil er als Sohn vor seinem irdischen Leben bei Gott existierte.

Psychoanalyse/psychoanalytisch (gr.): medizinisches Verfahren zur Untersuchung und Behandlung seelischer Krankheiten und seelischen Fehlverhaltens

Ramadan (arab.): muslimischer Fastenmonat

Sakramente (lat.): unter S. versteht man rituelle Handlungen, die zentrale Glaubensüberzeugungen zeichenhaft zum Ausdruck bringen, z.B. Taufe und Abendmahl. Die katholische Kirche versteht unter S. von Christus eingesetzte Zeichen, die in sinnlich wahrnehmbarer Weise die Gnade Gottes übermitteln.

Sarkophag (gr.): wörtl. „Fleischfresser"; aus Stein gefertigter Sarg, häufig mit Skulpturen geschmückt, in dem bedeutende Persönlichkeiten beigesetzt wurden

Scharia (arab.): wörtl. „Weg zur Tränke". Bezeichnet im weiten Sinn den von Allah gewiesenen rechten Weg, dem alle Muslime folgen sollen. Im engeren Sinn ist damit das islamische Rechtssystem gemeint, das die Aufgabe hat, in islamischen Gemeinschaften ein Leben nach den Grundsätzen des Korans zu sichern. Die Scharia regelt vor allem Familien- und Erbrecht sowie Fragen der religiösen Praxis. – Es gibt im Islam unterschiedliche Rechtsschulen, und die Sch. wurde nie als geschlossene Rechtssammlung fixiert. Daher gibt es unter Muslimen auch erhebliche Unterschiede in der Rechtsauffassung und in der Auslegung einzelner Vorschriften des Korans.

Sprachanalyse (gr.): Bezeichnung für unterschiedliche Richtungen der Philosophie des 20. Jahrhunderts, die u.a. die Logik und Bedeutung sprachlicher Äußerungen untersuchen

Synode (gr.): kirchliche Zusammenkunft zur Beratung von Fragen der Lehre und Kirchenordnung

supranatural (lat.): übernatürlich, jenseitig

Sutra: einprägsam formulierter Lehrsatz der religiösen Literatur Indiens

Talmud (hebr.): wörtl. „Lehre"; Sammlung von Kommentaren und Erzählungen, die die jüdische Auslegungstradition der (Hebräischen) Bibel festhält. Die Arbeit an diesem umfangreichen Kommentar wurde im 6. Jahrhundert abgeschlossen.

Tanach (auch Tenach), Kunstwort für die Hebräische Bibel, das aus den Anfangsbuchstaben der drei Gruppen biblischer Bücher gebildet wurde: Tora, Nebiim (= Propheten) und Ketubim (= Schriften).

Theonomie (gr.): Ausrichtung einer Ethik an den Gesetzen Gottes – im Gegensatz zu autonomen Ethiken, die sich auf die Vernunfteinsicht der Menschen gründen

Umma (arab.): die weltweite Gemeinschaft aller Musliminnen und Muslime. Idealtypisch soll sie eine vollkommene Gemeinschaft sein, weil in ihr jene Menschen versammelt sind, die sich der Rechtleitung Allahs, d.h. dem Koran und seiner Auslegung, unterworfen haben. Allerdings kann die Berufung auf den Geist der Umma auch dazu dienen, missliebige Kritik an der islamischen Praxis zu unterdrücken.

Veden: heilige Schriften der altindischen Religion

Wulfila (ca. 311 – 383): westgotischer Bischof, der die Bibel ins Gotische übersetzt hat

Literaturhinweise

Wer in einem deutschsprachigen Land ein Kompendium wie dieses schreibt, hat Glück: Ihm steht eine reichhaltige und umfangreiche theologische Fachliteratur zur Verfügung. Dafür sind auch wir dankbar. Es wäre aber weder praktisch noch sinnvoll, alle Veröffentlichungen aufzulisten, die uns geholfen haben. Nur die wichtigsten sollen genannt sein. Sie sind zugleich Empfehlungen für Leserinnen und Leser, die ihr religiöses Wissen vertiefen möchten:

Zum 1. Kapitel

Michael von Brück, Einführung in den Buddhismus, Frankfurt 2007

Friedrich Wilhelm Graf, Die Wiederkehr der Götter. Religion in der modernen Kultur, München 2007

Jürgen Habermas, Zwischen Naturalismus und Religion. Philosophische Aufsätze, Frankfurt a. M. 2005

Karl-Heinz Ohlig, Religion in der Geschichte der Menschheit. Die Entwicklung des religiösen Bewusstseins, Darmstadt 2002

Andreas Renz / Stephan Leimgruber, Christen und Muslime. Was sie verbindet – was sie unterscheidet, München ²2005

Hans Hermann Henrix, Judentum und Christentum. Gemeinschaft wider Willen, München ²2008

Uwe Justus Wenzel (Hg.), Was ist eine gute Religion? Zwanzig Antworten, München 2007

Zum 2. Kapitel

Norbert Brox, Kirchengeschichte des Altertums, Düsseldorf ⁴1992

Friedrich Wilhelm Graf / Klaus Wiegand, Die Anfänge des Christentums, Frankfurt 2009

Hubertus Halbfas, Das Christentum, Düsseldorf 2004

Rüdiger Kaldewey / Aloys Wener, Das Christentum. Geschichte, Politik, Kultur, Düsseldorf 2004
Hans Küng, Das Christentum. Wesen und Geschichte, München 1994
Lutz E. von Padberg, Christianisierung im Mittelalter. Darmstadt 2006
Klaus Schatz, Kirchengeschichte der Neuzeit II, Düsseldorf 1989
Heribert Smolinsky, Kirchengeschichte der Neuzeit I, Düsseldorf 1993

Zum 3. Kapitel

Volker Eid, Und es ist doch wahr. Auf der Suche nach der Wahrheit des Neuen Testaments, Augsburg 2008
Franz W. Niehl, Bibel verstehen. Zugänge und Auslegungswege. Impulse für die Praxis der Bibelarbeit, München 2006
Annemarie Ohler, dtv-Atlas Bibel, München ^{2}2005
Thomas Staubli, Begleiter durch das Erste Testament, Düsseldorf 1997
Erich Zenger u.a., Einleitung in das Alte Testament, Stuttgart ^{3}1998
Erich Zenger (Hg.), Lebendige Welt der Bibel. Entdeckungsreise durch das Alte Testament, Freiburg 1997

Zum 4. Kapitel

Jacques le Goff, Der Gott des Mittelalters. Eine europäische Geschichte, Freiburg 2005
Konrad Hilpert / Karl-Heinz Ohlig (Hgg.), Der eine Gott in vielen Kulturen. Inkulturation und christliche Gottesvorstellung, Zürich 1993
Dorothee Sölle, Mystik und Widerstand, „Du stilles Geschrei", Hamburg 1997
Jürgen Werbick, Bilder sind Wege. Eine Gotteslehre, München 1992
Erich Zenger, Am Fuß des Sinai. Gottesbilder des Ersten Testaments, Düsseldorf 1993

Zum 5. Kapitel

DAVID FLUSSER, Jesus, Reinbek [4]2006

HUBERT FRANKEMÖLLE (HG.), Lebendige Welt Jesu und des Neuen Testaments. Eine Entdeckungsreise, Freiburg 2000

FRANZ-JOSEF NOCKE, Liebe, Tod und Auferstehung. Die Mitte des christlichen Glaubens, München 2005

JOSEPH RATZINGER / BENEDIKT XVI., Jesus von Nazareth, Freiburg 2007

GERD THEISEN / ANNETTE MERZ, Der historische Jesus. Ein Lehrbuch, Göttingen [3]2001

GERD THEISEN, Die Religion der ersten Christen. Eine Theorie des Urchristentums, Gütersloh 2000

Zum 6. Kapitel

HANSJAKOB BECKER U.A., Geistliches Wunderhorn. Große deutsche Kirchenlieder, München 2001

JACQUES DALARUN (HG.), Das leuchtende Mittelalter, Darmstadt 2005

CHRISTOPH MARKSCHIES, Das antike Christentum, München 2006

HANS CONRAD ZANDER, Als die Religion noch nicht langweilig war. Die Geschichte der Wüstenväter, Köln 2004

Zum 7. Kapitel

ARNO ANZENBACHER, Einführung in die Ethik, Düsseldorf 1992

ALFONS AUER, Autonome Moral und christlicher Glaube, Düsseldorf 1971

FRIEDRICH WILHELM GRAF, Moses Vermächtnis. Über göttliche und menschliche Gesetze, München 2006

MAX JOSEF SUDA, Ethik. Ein Überblick über die Theorien vom richtigen Leben, Wien 2005

KONRAD HILPERT, Zentrale Fragen christlicher Ethik. Für Schule und Erwachsenenbildung, Regensburg 2009

Allgemein

PETER EICHER (HG.), Neues Handbuch theologischer Grundbegriffe, München 2005

Stichwort- und Personenregister

Stichwörter, die sich auf die eingestreuen Bilder, Texte und Lieder beziehen, sind *kursiv* gedruckt.

Verzeichnis der Texte und Bilder

S. 29

Der wahre Weg

In: Peter Weber-Schäfer: Zen-Aussprüche und Verse der Zen-Meister © Insel-Verlag, Frankfurt 1964, S. 25

S. 34/35

Michelangelo: Die Erschaffung Adams, um 1511

Sixtinische Kapelle, Vatikan. Aufnahme nach der Restaurierung in: Meisterwerke der Kunst, Folge 30/1982, Landesstelle für Erziehung und Unterricht Stuttgart © akg-images/Erich Lessing, Berlin

Pico della Mirandola: Über die Würde des Menschen

hg. und übers. v. Gerd von der Gönna, Stuttgart (Reclams UB Nr. 9658) 2001, S. 9 © für die Übersetzung Philipp Reclam jun. GmbH & Co. KG, Stuttgart

S. 51

Erbarmen. Arabische Legende

In: Weisheit des Islam. Ausgewählt, übers. und hg. v. Annemarie Schimmel, Stuttgart (Reclams UB 18247) 2003, S. 132f (Zeichensetzung vereinfacht) © Philipp Reclam jun. GmbH & Co. KG, Stuttgart

S. 54/55

Zweites Vatikanisches Konzil: Über die nichtchristlichen Religionen

In: Zweites Vatikanisches Konzil: Die Erklärung über das Verhältnis der Kirche zu den nichtchristlichen Religionen „Nostra aetate", Nr. 1–2 (Auszug)

S. 58

Kirche und Synagoge

Initiale T aus dem Codex Th. 26, 14. Jh., Arsenal-Bibliothek, Paris. Nachzeichnung: Cahier-Martin in: Ecclesia und Synagoga. Das Judentum in der christlichen Kunst, Ausstellungskatalog, hg. v. Herbert Jochum, Alte Synagoge Essen und Regionalgeschichtliches Museum Saarbrücken 1993, S. 69

S. 62/63

Unser Verhältnis zum Judentum. Hirtenschreiben der Deutschen Bischofskonferenz

In: Deutsche Bischofskonferenz: „Gerechter Friede", Hirtenschreiben vom 27. September 2000, Nr. 184–186 (Auszüge)

S. 65
Höre, Israel!

S. 70
Das Apostolische Glaubensbekenntnis

S. 71
Dorothee Sölle: Glaubensbekenntnis
In: D. Sölle: Meditationen & Gebrauchstexte. Gedichte
© Wolfgang Fietkau Verlag, Kleinmachnow 1969

S. 82/83
Ein Bild der Reichskirche
Miniatur aus dem Menologium Basilius II., MS Vat. Graec. 1613, fol. 108, 10. Jh.
In: Hermann Josef Sieben: Konzilsdarstellungen – Konzilsvorstellungen, Würzburg (Echter) 1990, S.11

S. 102/103
Aus tiefer Not schrei ich zu dir
In: Evangelisches Gesangbuch Nr. 299, T/M: Martin Luther, aus dem Chorbüchlein Johann Walters, Wittenberg 1524

S. 108/109
Über Wahrheit, Humanität und das Zusammenleben der Religionen. Gotthold Ephraim Lessing: Ringparabel
In: G. E. Lessing: Nathan der Weise. In: Werke, hg. v. Herbert G. Göpfert, Bd. 2, München (Hanser) 1971, S. 279f

S. 164/165
Gottesbild – Menschenbild
Heilsbronner Rechtfertigungsbild von 1151 aus dem Marienaltar im Münster Heilsbronn von Sebastian Dayg
© Oberfränkischer Ansichtskartenverlag Bouillon, Bayreuth

S. 172
Christian Fürchtegott Gellert: Die Ehre Gottes aus der Natur
In: C. F. Gellert: Geistliche Lieder und Oden, Leipzig 1757, zit. nach: Friedhelm Kemp, Deutsche Geistliche Dichtung aus tausend Jahren, München 1958

S. 180
Das Mitleiden Gottes
Misericordia Dei
Gotischer Holzschnitt, Bibliothèque Nationale, Paris

S. 181
Der dreifaltige Gott
Gnadenstuhl in der Basilika von St. Wendel
Foto: Anneliese Schumacher, Tholey

S. 186/187
Die Wette
Joseph Wohlmuth und Franz W. Niehl nach Blaise Pascal

S. 192/193
Friedrich Nietzsche: Der tolle Mensch
In: F. Nietzsche: Die fröhliche Wissenschaft III, 125. In: Werke in drei Bänden, hg. v. Karl Schlechta, Bd. 2, München (Hanser Verlag) 1966, S. 126ff

S. 196
ELIE WIESEL: Der Tausch
In: E. WIESEL: Die Stadt jenseits der Mauer. Epilog zum Roman „Gezeiten des Schweigens"
© Verlag Herder GmbH, Freiburg i. Br. ²1987, S. 176

S. 202
PAUL TILLICH: Was dem Leben Tiefe gibt
In: P. TILLICH: In der Tiefe ist Wahrheit. Religiöse Reden, Bd. 1, Frankfurt (Evangelisches Verlagswerk) ⁸1978, S. 60f (gekürzt), jetzt erhältlich in: P. TILLICH: Religiöse Reden, Berlin/New York (© de Gruyter) 1987, S. 55f

S. 203
LUDWIG WITTGENSTEIN: Was heißt: an einen Gott glauben?
In: L. WITTGENSTEIN: Tagebücher 1914–1916, Schriften, Bd. 1
© Suhrkamp-Verlag, Frankfurt 1969

S. 216–218
JOSEPH BEUYS: Kreuzigung, 1962/63
Holz, Plastikflaschen, Nägel, Elektrokabel, Draht, Nadel, Zeitungspapier, Farbe, Gips, 42,5 x 19 x 15 cm, Staatsgalerie Stuttgart. In: Joseph Beuys: Skulpturen und Objekte, hg. v. HEINER BASTIAN, München (Schirmer-Mosel) 1988, S. 151
© VG Bild-Kunst, Bonn 2009

S. 223
MARIE LUISE KASCHNITZ: Auferstehung
In: M. L. KASCHNITZ: Überall-nie. Ausgewählte Gedichte 1928 – 1965
© Claasen Verlag in der Ullstein Buchverlage GmbH, Berlin 1998, S. 13

S. 230/231
Der Prolog des Johannesevangeliums: JOH 1,1-18
Einheitsübersetzung der Heiligen Schrift
© Katholische Bibelanstalt, Stuttgart 1980

S. 234
IRENÄUS VON LYON: Warum Gott Mensch wurde
In: IRENÄUS VON LYON: Gegen die Häresien III, 19, BKV 3, München (Kösel) 1912, S. 293f

S. 240/241
OSCAR WILDE: Das Geheimnis Christi
In: O. WILDE: Werke in zwei Bänden, übers. v. Christine Koschel und Inge von Weidenbaum, Bd. 1
© Carl Hanser Verlag, München 1970

S. 244
DOROTHEE SÖLLE: Das Geheimnis Jesu
In: D. SÖLLE: Es muß doch mehr als alles geben – Nachdenken über Gott
© Hoffmann und Campe Verlag, Hamburg 1992, S. 121–122

S. 246
ADOLF HOLL: Eine Christusbegegnung
In: Religionen, Stuttgart (Deutsche Verlagsanstalt)

1981, S. 70
© Rechte beim Autor

S. 249
Jesus und der Besitzer des Ackers. Islamische Legende
Nacherzählt nach: Ernst Ludwig Dietrich: Jesus im Islam. In: Eleonore von Dungeren: Das große Gespräch der Religionen, München (Ernst Reinhardt Verlag) 1964, S. 123

S. 262/263
Sprüche der Wüstenväter
In: Weisung der Väter. Apophthegmata Patrum, auch Gerontikon oder Alphabeticum genannt, eingeleitet und übersetzt von Bonifaz Miller
© Lambertus-Verlag, Freiburg i. Br. 1965

S. 264–266
Aus der Regel des hl. Benedikt
www.benediktiner.de: Homepage der Benediktiner im deutschsprachigen Raum – Die Regel des heiligen Benedikt (Auszüge)

S. 268/269
Franz von Assisi: Sonnengesang
In: Das Erbe eines Armen. Die Schriften des Franz von Assisi, hg. v. Leonhard Lehmann OFMCap., Kevelaer (Topos Plus) 2003 (zitiert nach www.franziskaner.de)

S. 276/277
Stephan Lochner: Maria im Rosenhag
In: Meisterwerke der Kunst, Folge 36/1988, Landesinstitut für Erziehung und Unterricht Stuttgart,
Foto: © Blauel/Gnamm–Artothek, Weilheim

S. 285
Silja Walter: Eine große Stadt entsteht
T: Silja Walter, (1965) 1966/M: Josef Anton Saladin, 1972. In: Gotteslob. Katholisches Gebet- und Gesangbuch, Nr. 642
© T: Verein für die Herausgabe des Kath. Kirchengesangbuches der Schweiz, CH-Immensee
© M: Verlag Herder GmbH, Freiburg i. Br.

S. 322
Der Dekalog
Übersetzung: Heinz-Günther Schöttler und Franz W. Niehl

S. 326/327
Aus dem Evangelium nach Lukas
Übersetzung: Franz-Josef Basner und Franz W. Niehl

S. 330/331
Die Werke der Barmherzigkeit
Glasfenster (um 1260) im nördlichen Querhaus des Freiburger Münsters
In: Konrad Hilpert und Stephan Leimgruber (Hg.): Theologie im Durchblick. Ein Grundkurs, Freiburg (Herder) 2008, S. 170f

S. 338/339
Psalm 90
Übersetzung: Heinz-Günther Schöttler und Franz W. Niehl